EMBEDDED FORMATIVE
ASSESSMENT

당신이 모르던
형성평가
이야기

평가는 어떻게 학생의 학습을 돕는가

Dylan Wiliam 저 | 손원숙 · 김동욱 · 노현종 · 박상현 공역

학지사

역자 서문

이 책의 저자 Dylan Wiliam은 형성평가에 대한 혁신적인 접근으로 교육계에 큰 영향을 미쳤다. 그가 속한 영국의 평가개혁그룹(Assessment Reform Group: ARG)에서는 형성평가 개념을 '학습을 위한 평가(Assessment for Learning: AFL)'로 재정의하며, 평가를 단순한 성적 측정 도구가 아닌 학습을 촉진하는 과정으로 바라보았다. 형성평가는 학생들의 현재 이해 수준을 파악하고, 그들이 도달해야 할 목표를 명확히 하며, 그 간극을 줄이기 위한 전략을 제공한다. 이 접근법은 교사와 학생 모두에게 즉각적이고 유용한 피드백을 제공하여, 학습 과정을 지속적으로 조정하고 개선할 수 있게 한다. Wiliam의 이론은 교실 평가의 패러다임을 바꾸어, 평가가 학습의 종착점이 아닌 학습 향상의 핵심 도구로 인식되게 하였고, 우리나라의 '과정중심평가'와도 맥을 같이한다. 이는 학생들의 진정한 학업적 성장을 지원하는 데 큰 시사점을 제공하며, 현대 교육에서 교사의 역할이 얼마나 중요한지를 다시 한번 강조한다.

이러한 패러다임의 변화에도 불구하고 학교 현장에서는 형성평가를 단순히 수업 중에 수시로 결과를 확인하는 평가로 인식하거나 과정중심평가 계획에 따라 지정된 방식으로 실시하는 등 형성평가의 취지를 살리지 못하는 경우가 많다. 저자는 각종 증거들을 통해 형성평가가 실제로 학업성취에 어떤 역할을 하고, 무엇이 형성평가인지 아닌지를 설명하고 있어 실제 교육 현장에서 형성평가의 올바른 사용을 도와주고 있다.

최근 생성형 인공지능, AI 디지털 교과서 등 다양한 첨단 학습 도구가 등장하고 있지만, 교사의 역할은 여전히 학생들의 진정한 학습 향상에 필수적이다. 인공지능과 AI 디지털 교과서가 정보 전달과 자기주도학습 및 학생 개개인에 대한 맞춤형 교육을 지원하는 반면, 교사는 학생의 특성과 요구를 종합적으로 이해하여 인지적 지원은 물론 정서적 지원도 함께 제공할 수 있다. 특히 수업과 긴밀히 연계된 형성평가를 통해 교사는 학생들의 이해도를 실시간으로 파악하고, 즉각적인 피드백을 제공하며, 학생의 인지적·정서적 반응을 즉각 확인하여 학습 방향을 유연하게 조정할 수 있다. 이러한 교사의 전문성과 세심한 관찰은 학생들의 학업적 성장을 촉진하는 데 결정적인 역할을 한다. 이 책에서도 교육의 본질적인 목표인 학생들의 학업성취 향상에 초점을 맞추고 있다. 저자는 교육 시스템의 가장 중요한 요소가 교사의 질이라는 점을 강조하면서, 현직 교사들의 역량 강화가 학생들의 학업성취에 핵심이라고 주장한다. 이는 단순히 교육 정책의 변화나 시설 개선만으로는 충분하지 않다는 것을 의미하며, 교사의 전문성 향상이 학생들의 학습 성과 개선으로 이어진다는 저자의 주장은 우리나라 교육 현장에도 시사하는 바가 크다.

이 책에서 소개하는 형성평가의 5가지 핵심 전략은 우리 교육 현장에 즉시 적용할 수 있는 실용적인 방법들이며, 수업과 평가를 설계하고 실행하는 데 있어 유용한 프레임으로 활용할 수 있다. 저자가 소개하는 형성평가의 5가지 핵심 전략은 다음과 같다. 첫째, 학습 의도와 성취기준을 명확히 공유하는 것은 학생들이 무엇을 배워야 하는지 정확히 이해하도록 돕는다. 둘째, 효과적인 학습 증거 수집 방법은 교사가 학생들의 현재 이해 수준을 파악하는 데 도움을 준다. 셋째, 건설적인 피드백 제공은 학생들이 자신의 학습을 개선할 수 있는 구체적인 방향을 제시한다. 넷째, 학생들 간의 상호 학습 촉진은 협력적 학습 환경을 조성하여 다양한 관점을 공유하고 깊이 있는 이해를 도모한다. 다섯째, 자기주도적 학습 능력 개발은 학생들이 평생 학습자로 성장할 수 있는 기반을 마련한다. 이러한 전략들은 모든 교실에서 실천할 수 있으며, 학생들의 학습 경험을 풍부하게 만들어 줄 것이다.

또한 저자가 제시하는 70개 이상의 형성평가 기법들이 비록 새로운 것은 아닐지 모르지만, 이를 체계적으로 정리하고 그 효과성을 입증하는 연구 결과를 함께 제시했다는 것이 이 책의 가장 큰 강점이다. 각 기법은 실제 교실 상황에서 관찰되거나 문헌을 통해 검증된 방법으로, 교사가 즉시 적용해 볼 수 있다는 면에서 실용적이다. 이러한 기법들은 단순히 나열된 것이 아니라, 형성평가의 프레임워크 안에서 어떻게 상호 연관되는지를 보여 준다. 이는 교사가 자신의 교수법을 개선하고 학생들의 학습 성과를 높이는 데 실질적인 도움이 될 것이다. 또한 이 책은 이러한 기법들이 학생 참여를 높이고 교사가 학생의 요구에 더 잘 반응하도록 돕는 강력한 방법임을 보여 주는 연구들을 제시함으로써 그 효과성에 대한 신뢰를 높이고 있다.

또 다른 특징은 유치원과 초·중·고교뿐만 아니라 대학 교육에서도 적용 가능한 전략과 기법들을 소개하고 있다는 점이다. 내신 성적이 중요하게 작용하는 중·고등학교에서는 상대적으로 형성평가의 중요성을 인식하면서도 적절하게 활용하기 힘든 제약이 따르는 것이 현실이다. 하지만 특별한 평가 방식을 안내하는 것이 아니라 수업과 밀접하게 연계된 실천적인 전략을 다루고 있어 유용성이 있을 것이다. 아울러 대학의 강의 환경에서 형성평가를 수행할 때 적용할 수 있는 실용적인 기법의 여러 사례 또한 제공하고 있어, 고등 교육 현장에서도 유용하게 활용될 수 있다. 이러한 점은 유치원, 초·중·고교 학생들을 가르치기 위해 수업과 평가 방법을 익히는 예비교사들에게도 유용할 것이다. 또한 변화하는 학습 환경을 반영한 최신 연구 결과를 포함하여 현대 교육 현장의 요구에 부응하는 내용들을 담고 있다. 이는 디지털 기술의 발전과 함께 변화하는 교육 환경에서도 형성평가의 원리가 여전히 유효하며, 오히려 더욱 중요해지고 있음을 보여 준다.

이 책의 원제 『EMBEDDED formative assessment』를 통해 알 수 있듯이, 잘 설계된 평가는 수업과 구분할 수 없으며 수업이 곧 평가가 될 수 있다. 이 책을 통해 수업과 연계된 활동으로서 형성평가의 중요성과 그 실천 방법을 배울 수 있을 것이다. 각 장의 독립적인 구성으로 인해 관심 있는 부분부터 선택적으로 읽을 수 있으며, 제시된 기법들을 자신의 교육 환경에 맞게 적용해 보기를 권장한다. 이 책은 단순히 이론적인 내용만을 다루는 것이 아니라, 실제 교실에서 활용할 수 있는 구체적인 방법들을 제시하고 있어 매우 실용적이다. 또한 각 전략과 기법의 효과성에 대한 연구 결과를 함께 제시함으로써, 교사들이 자신의 교수 방법을 개선하는 데 확신을 가질 수 있도록 돕고 있다.

역자들은 이 책이 우리나라 교육의 질적 향상에 기여하고, 교사들에게 실질적인 도움이 되기를 바란다. 학생들의 잠재력을 최대한 끌어올리고, 그들의 미래를 밝히는 데 이 책이 작은 디딤돌이 되길 희망한다. 형성평가는 단순히 학생들의 학업성취도를 높이는 것을 넘어, 그들이 스스로 학습하고 성장할 수 있는 능력을 키워 주는 강력한 도구다. 이 책을 통해 우리 교육 현장에 긍정적인 변화가 일어나고, 더 나아가 학생들이 미래 사회의 주역으로 성장하는 데 필요한 역량을 갖출 수 있기를 기대한다.

이 책의 번역을 위해 총 4명의 교육평가 전공 연구자들(손원숙, 김동욱, 노현종, 박상현)이 참여하였다. 이들은 모두 교육 현장에서 수업과 평가를 연계하여 실천하고 있으며 교실평가와 관련된 다양한 연구를 수행하였다. 역자들은 이 책의 사용 과정에서 발견된 문제점이나 개선 사항을 지속적으로 수용하고 수정 및 보완함으로써 보다 좋은 책이 될 수 있도록 노력할 예정이다. 끝으로, 이 책이 출간되기까지 노고를 아끼지 않으신 학지사 김진환 사장님 이하 편집진 모두에게 감사드린다.

2025년 3월

역자 일동

저자 서문

저자는 런던의 한 공립학교에서 수학과 과학을 가르쳤지만, 1984년에 교사를 그만두고 런던 대학교에서 진행하는 형성평가 연구 프로젝트에 참여하게 되었다. 사반세기가 지난 지금 이 책은 그 여정의 결과물이다.

이 책의 두 가지 주요한 목적은 다음과 같다. 첫째, 이 책은 모든 교사가 자신의 교수법을 개발하기 위해 교실에서 만들 수 있는 변화에 대한 간단하고 실용적인 아이디어를 제공하고자 한다. 둘째, 이러한 변화가 학습자에게 개선된 결과를 가져올 것이라는 증거를 제공하고자 한다.

제1장에서는 학업성취가 왜 중요한지 그리고 이러한 학업성취를 높이는 것이 왜 우선순위가 되어야 하는지를 다룰 것이다. 교육 수준이 높을수록 사람들은 더 건강해지고 더 오래 살며 사회에 더 많이 기여하고 더 많은 돈을 벌 수 있다. 사회적으로는 형사 사법 비용 감소, 의료 비용 감소 및 경제성장 증가라는 혜택도 있다.

또한 저자는 학교교육 구조나 학교의 거버넌스, 교육과정 등의 변화 혹은 디지털 기술의 역할 증가 등과 같은 개혁 시도가 대체로 비효율적이었다는 점을 간략하게 설명할 것이다. 이러한 개혁 노력은 다음과 같은 세 가지 중요한 사항을 고려하지 못하였다.

1. 교육 시스템에서 유일무이한 가장 중요한 요소는 교사의 질이다.
2. 교사의 질은 매우 다양하다.
3. 교사의 질이 학생에게 미치는 영향은 학생에 따라서 다를 수 있다.

제1장에서는 신임 교사의 질을 향상시키거나 비효율적인 현직 교사를 해고하려는 시도가 실현되기에는 시간적으로 한 세대나 소요되지만, 그 효과는 매우 작다는

점을 보여 줄 것이다. 따라서 제1장에서는 미래의 경제적 번영을 보장하기 위해 현직 교사들이 향상될 수 있도록 도와주어야 한다는 것이 근본적인 주장이다.

제2장에서는 교사가 개발할 수 있는 몇 가지 교육방법을 살펴보고 이러한 변화가 학생 성취도에 얼마나 큰 영향을 미칠지 추정할 것이다. 학습 스타일과 같은 일부 인기 있는 교육방법은 학생 성취도에 전혀 눈에 띄는 영향을 미치지 않고, 교사의 내용 지식 증가와 같은 방법은 학생 성취도를 향상시키지만 (사람들이 일반적으로 기대하는 것보다) 그 효과는 훨씬 작다. 제2장의 후반부에서는 교실의 형성평가 실제에 대한 연구를 요약하고 이러한 실제가 대부분의 다른 교육방법 개혁보다 학생 성취도에 훨씬 더 큰 영향을 미친다는 점을 보여 줄 것이다. 제2장에서는 무엇이 형성평가이고 무엇이 아닌지를 설명하고, 형성평가의 5가지 핵심 전략을 소개할 것이다.

제3장에서 제7장까지에서는 형성평가의 5가지 핵심 전략을 차례로 다룰 것이다.
1. 학습 의도 및 성취기준의 명료화, 공유 및 이해하기
2. 학습 증거 도출하기
3. 학습을 향상시키는 피드백 제공하기
4. 서로를 위한 교육 자원으로서 학습자 활성화시키기
5. 학습자를 자기 학습의 주인이 되도록 활성화시키기

한편, 제3~제7장 각각에서는 해당 전략의 효과를 보여 주는 연구를 요약해서 제시할 것이고, 또한 교사들이 이러한 전략과 자신의 수업 실제를 통합하기 위해 사용해 온 다양한 실용적인 기법(문헌 또는 저자가 교실 수업에서 관찰한 것들)을 제공할 것이다. 이 5개의 장은 전체적으로 배열되어 있기는 하나, 가능한 한 각 장을 독립적으로 구성하였다.

전체적으로 이 5개의 장은 70개 이상의 실용적인 형성평가 기법들을 설명할 것이다. 이러한 기법의 대부분은 새로운 것이 아니다. 다만 '새로운 것'은 제2장에 제시된 형성평가를 위한 프레임워크로, 이는 이질적인 형성평가 기법들이 어떻게 함께

어울리는지 보여 줄 것이다. 또한 이러한 기법들이 학생 참여를 높이고 교사가 학생의 요구에 더 잘 반응하도록 돕는 강력한 방법임을 보여 주는 연구들을 제시할 것이다.

저자는 형성평가를 연구하는 동안에 수백 명의 교사를 만났기 때문에 이 책의 모든 사례에 나오는 교사의 구체적인 이름과 관찰 날짜를 기억할 수 없었다. 또한 연구의 하나로 이루어졌던 일부 교실 관찰에서는 교사의 기여에 대한 익명성이 요구되는 경우도 있었다. 따라서 이 책 전반에 걸쳐 나오는 많은 사례와 기법은 직접 인용되지는 않았고, 저자의 개인적 관찰의 시각을 통해서 제시되었다.

한편, 저자는 이 책(제2판)에 소개된 형성평가 전략 및 기법이 K-12 환경에서와 마찬가지로 대학에서도 얼마나 적절한지 보여 줄 것이다. 5가지 형성평가 전략은 대학생(그리고 실제로 성인 학습자)에게도 동일하게 적용할 수 있다. 물론 실제 구현 방법에 있어서는 일부 조정이 필요할 것이다. 제2판에서는 고등교육, 특히 강의 환경에서 형성평가를 수행할 때 적용할 수 있는 실용적인 기법의 여러 사례를 제공하였다.

제2판에서는 변화하는 학습 환경의 특성을 반영한 많은 연구를 업데이트하였다. 또한 학교 개선을 위해 제안된 다양한 아이디어에 대한 연구 증거도 추가하였다(물론 이러한 증거는 변화되었지만, 결론은 그대로이다). 첫째, 이 업데이트된 증거는 가장 최근의 학교 개선 방법이 학교 개선에 그다지 도움이 되지 않았음을 지속적으로 말하고 있다. 둘째, 새롭게 추가된 내용에서는 교실 형성평가가 효과가 있을 뿐만 아니라, 추가적인 자원 없이도 일반 교실에서 형성평가가 쉽게 시행될 수 있다는 많은 증거를 보여 준다. 이는 학생들의 학습을 향상시키는 형성평가의 힘이 엄청나게 강하다는 것을 시사한다. 마지막으로 이 책을 통하여 독자들이 형성평가가 학생 성취도에 미칠 수 있는 영향력을 확신할 수 있기를 바란다. 또한 연구를 실제에 적용하는 일은 어렵고 도전적이지만 가치 있는 작업이다. 이 책이 이러한 일을 시작하는 최선의 방법에 대한 몇 가지 지침을 제공하였기를 기대한다.

—
차례
—

제 1 장

학업성취는
왜
중요한가

학업성취는

왜

중요한가

학업성취는 과거 어느 때보다 중요하며, 개인에게뿐 아니라 사회적으로도 중요성을 갖는다. 개인에게 더 높은 교육 수준은 더 높은 수입, 더 나은 건강, 그리고 더 긴 수명을 의미한다. 반면 사회적으로 높은 교육 수준은 의료 비용 및 형사 사법 비용을 낮추며, 경제성장을 의미한다. 이 장에서 우리는 교육과 교육 성취가 모든 국가의 번영에 왜 필수적인지, 그리고 학생들의 성취도를 향상시키기 위한 정책입안자들의 과거 시도가 대체로 왜 실패했는지를 살펴볼 예정이다. 마지막으로 우리는 3세대에 걸친 학교 효과 연구, 교사의 질이 미치는 영향, 그리고 교사의 질을 높이기 위한 방법(연구로 입증된 방법)에 대해 논의할 것이다.

1. 학업성취의 중요성

교육은 항상 중요했지만 지금만큼 중요한 적은 없었다. 1979년에 학사 학위 소지자의 중간 급여는 고등학교 졸업장 또는 검정고시(GED) 소지자의 중간 급여(2012년 기준)보다 $30,000 더 높았다. 그러나 2012년까지 나타난 이들 간 연봉 격차는 $58,000 이상으로 벌어졌다(Autor, 2014).

한편 더 높은 수준의 교육은 건강과도 관련이 있다. 더 많은 교육을 받은 사람들은 암을 포함한 대다수 질병에 덜 취약하고, 장기간 장애를 가질 가능성도 낮다(Jagger et al., 2007). 이것은 부분적으로는 흡연과 같은 생활 패턴의 선택 때문이라는 것에 의심의 여지가 없지만, 부분적으로는 제한된 교육을 받은 사람들이 갖게 되는 직업 때문이기도 하다. 또한 경제협력개발기구(OECD, 2010)에 따르면, 고등학교를 졸업하지 않은 미국 성인의 약 75%가 스스로 건강하다고 말하는 반면, 대학 학위를 가진 사람들 중에는 약 95% 정도가 자신을 건강하다고 말했다.

또한 더 많은 교육을 받은 사람들은 더 오래 살게 된다. 1915년과 1939년 사이에 적어도 30개의 주는 그들의 아동 노동법과 의무교육 기간을 바꾸었다. 결과적으로 많은 학생이 다른 주의 아이들보다 1년 더 학교에 다녀야 했다. Adriana Lleras-Muney(2005)는 학교에 1년을 더 다닌 사람들의 수명은 약 1.7년 더 연장된다고 추정하였다. 물론 이렇게 학교 재학 기간을 연장하는 것은 비용이 많이 드는 일이다.

한편, 교육적 성취는 개인뿐 아니라 사회를 위해서도 중요하다. 컬럼비아 대학교의 Henry Levin과 그의 동료들은 고등학교 중퇴 한 명을 예방하는 것이 사회에 $209,000의 순이익을 창출한다고 주장하였다(Levin, Belfield, Muennig, & Rouse, 2007). 이 총계의 주요 구성 요소는 다음과 같다.

- $139,000의 세금 추가 납부(개인이 더 많은 돈을 벌게 될 것이기 때문)
- $40,500의 의료 비용 절감(개인이 더 건강해지기도 하지만, 고용주로부터 건강 혜택을 받을 가능성이 더 높아져서 공공 지원에 덜 의존하게 될 것이기 때문)
- $26,600의 형사 사법 비용 절감(개인이 수감될 가능성이 낮아지기 때문)

교육 수준이 높아지면 미국 경제도 더 빠르게 성장할 것이다. Eric Hanushek와 Ludger Woessmann(2015)은 OECD의 국제 학생 성취도 평가 프로그램(PISA) 및 기타 다양한 출처의 데이터를 사용하여 성취도 증가가 경제성장에 미치는 영향력을 조사하였다. 만약 (3년 주기로 시행되는) PISA 평가에서 만 15세 미국 학생들의 점수를 2095년까지 25점(폴란드가 10년 동안 이룬 향상 정도) 향상시킬 수 있다면, 미국 경제는 (그렇지 않을 때보다) 30% 더 성장할 것이라고 추정하였다. 이에 추가하여 만약 미국의 만 15세 학생들이 현대사회에 효과적으로 참여할 수 있는 읽기와 수학 수준(국제 평균 500점과 비교해 볼 때, PISA에서 420점으로 정의됨)을 달성할 수 있다면, 미국 경제는 30조 달러 더 성장할 것이라고 하였다(Hanushek & Woessmann, 2015).

또한 더 높은 수준의 교육이 중요한 이유는 고용주의 교육 요구가 꾸준히 증가하고 있기 때문이다. 이러한 요구는 제조업에서 가장 크다. 미국 노동 통계국(United States Bureau of Labor Statistics, 2016)에 따르면, 1,700만 명의 미국인이 2000년에 제조업에서 일했다. 10년 후, 그 수치는 1,200만 명 미만으로 감소되었다. 이것은 21세기의 첫 10년 동안, 미국 경제가 매일 2,700개의 제조업 일자리를 없앴다는 것을 의미한다. "우리는 더 이상 미국에서 물건을 만들지 않는다"라는 말을 흔히 들을 수 있지만, 이런 말은 사실이 아니다. 왜냐하면 2016년 미국에서 제조된 상품이 역사상 그 어느 때보다 많은 것으로 나타났고, 이는 2008년에 도달했던 역대 최고치를 능가하는 것이기 때문이다(Federal Reserve Band of St. Louise, n.d.). 미국은 그 어느 때보다 더 많은 것을 제조하였지만 대신 인력을 많이 사용하지 않았을 뿐이다. 2002년과 2015년 사이에 미국의 모든 제조업 전반에서 시간당 노동 생산은 47% 증가했다(Levinson, 2016). 미국 제조업의 전성기와 비교하면 2016년에 제조업에 고용된 미국인 근로자의 평균 생산성은 1950년에 고용된 근로자의 시간당 6배 이상이다. 미국 노동자들이 훨씬 더 생산적인 이유는 그들이 더 정교한 기술로 일할 수 있기 때문이지만, 이것은 현대 노동자들이 더 높은 수준의 기술을 필요로 한다는 것을 의미하기도 한다. 2000년 당시 고등학교 졸업장이 필요하지 않았던 제조업 일자리의 거의 절반이 2015년까지 사라졌고, 반면 석사 이상이 필요한 제조업 일자리는 32% 증가하였다(Levinson, 2016). 노동계의 이러한 변화에 대한 일반적인 반응 중 하나는 일자리가 바닥날 것에 대한 두려움이다. 많은 사람은 일자리가 일정할 수밖에 없다고 믿고 있고, 만약 이러한 일자리들 중 일부가 없어진다면 모든 사람에게 충분한 일자리가 없을 것이라고 생각한다. 그러나 이것은 일반적이기는 하지만 잘못된 믿음이다. 제조업에서 수백만 개의 일자리가 사라졌음에도 불구하고, 노동 통계국(미국 노동 통계국, United States Bureau of Labor Statistics, 2017)에 따르면 미국에서 일하는 사람들은 역사상 그 어느 때보다 더 많다(2017년 5월 기준으로 1억 6천만 명).

흥미롭게도 많은 새로운 일자리들은 높은 교육 수준을 요구하지 않는다. 2013년에 나온 미국 통계국의 전망에 따르면, 2012년과 2022년 사이에 미국 경제는 대학 학위를 가진 사람들을 위해 4백만 개 이상의 새로운 일자리를 창출할 것이고, 또한 고등학교 학위가 아닌 일부 교육만을 필요로 하는 3백만 개, 고등학교 졸업장만 필요로 하는 4백만 개, 또한 고등학교 졸업장이 필요 없는 4백만 개의 일자리가 생겨날 것이라고 하였다(미국 노동 통계국, United States Bureau of Labor Statistics, 2013). 즉, 미국에는 교육 수준이 어떻든 간에 일자리가 있을 것이다. 그러므로 젊은이들에게 직업을 갖기 위해서는 좋은 교육을 받아야 한다고 말하는 것은 정확하지 않을 것이지만, '좋은' 직업을 얻기 위해서는 교육이 중요할 것으로 보인다.

우리는 이미 1990년대 후반부터 이러한 변화를 감지하고 있었다. 가장 큰 일자리

파괴는 낮은 수준의 기술을 지닌 근로자에게서 나타난 것이 아니라, (기술 수준과는 상관없이) 틀에 박힌 일상적인 일을 하는 사람에게서 나타났다. 또한 컴퓨터는 로봇보다 단순하고 비용이 적게 들기 때문에 (경제학자들이 'routine cognitive work'라고 부르는) 일상적인 사무 업무는 육체 업무(manual work)보다 자동화하기가 더 쉬웠다(Dvorkin, 2016). 우리는 체스를 두는 것이 인간의 놀라운 업적이라고 생각하지만, 우리는 이제 조금만 돈을 지불하면 지구상의 대부분의 인간을 이길 수 있는 스마트폰 앱을 살 수 있다. 고용주들이 아직 할 수 없는 일은 로봇을 사용하여 슈퍼마켓에서 비용 효율적인 방법으로 선반을 쌓는 일이다. 그래서 인간이 지금 그러한 일을 하고 있다. 하지만 기계가 비용 효율적으로 일을 할 수 있게 되면 곧 로봇이 인간의 일을 대체할 것이라는 전망이 산업혁명 이후의 메시지이다.

따라서 소중한 기술을 갖는 것이 더 이상 고용을 보장하지 않는다면, [Seymour Papert(1998)에 따르면] 고용 가능성을 확신할 수 있는 유일한 방법은 새로운 기술(skill)을 개발할 수 있는 능력을 갖추는 것이다.

> (그래서) 학교에 있을 때나 젊었을 때, 평생 사용할 수 있는 기술을 익혀야 한다는 이야기는 더 이상 적절하지 않다. 한 가지 정도의 기술을 제외하고는, 직장에 들어가서 필요로 할 때쯤이면 그것들은 거의 쓸모없게 될 것이기 때문이다. 물론 정말 경쟁력 있는 기술 하나 정도는 배워야 한다. 이는 학교에서 배운 것에 대해 누가 물어보면 정답을 말할 수 있는 것이 아니라, 학교에서 배운 것의 범위 밖에 있는 상황에 대해 올바른 답을 할 수 있는 기술을 말한다. 즉, 특별히 준비되지 않은 상황에 직면했을 때에도 어떻게 행동해야 하는지를 아는 사람들을 만들어 낼 필요가 있다.

이것이 교육이 ['훈련(training)'과 구분되게] 중요한 이유이다. 교육은 기술을 제공할 뿐만 아니라 새로운 기술을 개발할 수 있는 능력을 만들어 준다. 교육이 미래 경제 번영의 수단이라는 근본적인 생각은 수년 동안 이해되어 왔다. 반면 경험적인 연구들은 교육이 경제성장을 얼마나 증가시키는지, 또는 반대로 낮은 교육 성취로 인해 경제성장이 얼마나 제한되는지를 보여 주고 있다.

2. 학업성취도 향상의 어려움

역대 정부들은 학업성취의 중요성을 이해하고 수많은 정책 이니셔티브를 통해 성취기준(standard)을 높이려고 노력해 왔다. 비록 이것들의 대부분이 그 당시에는 합리적인 조치처럼 보였지만 현실은 그렇지 못했다. 즉, 이러한 조치들의 대부분이 학생들의 성취에 미치는 순 효과가 (실제로는 아니더라도) 거의 없었다.

먼저, 많은 개혁 노력들이 **학교교육의 '구조'**에 초점을 맞추고 있다. **미국에서는 학교 규모를 줄이는 것에 특별한 관심을 기울여 왔다.** 이 논리는 간단하다. 많은 고등학교가 매우 크고 비개인적[1]이다. 따라서 소규모 고등학교의 설립으로 더 통합적인 (inclusive) 학습 공동체를 만들어야 하며, 이는 더 나은 학습으로 이어질 것이라고 기대하였다. 또한 소규모 고등학교의 옹호자들은 미국의 많은 주에서 시험 점수가 가장 높은 고등학교는 소규모라는 증거를 제시해 왔다. 그러나 이들은 가장 낮은 시험 점수 역시 소규모 고등학교에서 나온다는 사실을 간과하고 있었다(Wainer & Zwerling, 2006). 이는 소규모 학교들이 평균적으로 성취가 더 높지 않다는 점을 시사한다. 이들 학교는 규모가 작기 때문에 성취가 높든 낮든 극단적인 결과를 얻을 가능성이 더 높다(Kahneman, 2011). 한 반에 학생 수가 적을수록 특정한 해에 학생들의 학업성취가 매우 높거나 낮을 가능성이 더 커진다. 사실 선생님들이 다양한 내용을 가르쳐야 하고, 전문화할 기회가 적기 때문에 소규모 고등학교들이 실제로 대규모 고등학교들보다 덜 효과적일 가능성이 있다. 시애틀의 한 고등학생은 이렇게 말했다. "영어 선생님 한 분과 수학 선생님 한 분이 있어요. 선생님들은 본인도 잘 모르는 내용을 가르치시는 것 같아요"(Geballe, 2005).

소규모 고등학교의 설립은 또한 다소 비효율적일 수 있다. 학생 수가 3,000명 정도인 대규모 고등학교는 보통 5~6개의 소규모 고등학교로 나누어질 수 있다. 각 학교에는 약 500~600명의 학생들만이 다니게 되지만, 이들 모두는 여전히 같은 건물에서 공부하게 된다. 또한 저자가 관찰한 바에 따르면, 이렇게 함으로써 늘어난 것

---

1) 역자 주: 학생과 교사 간의 상호작용이 제한적이며, 개별 학생의 필요나 관심사를 충분히 반영하지 못하는 경우이다.

은 행정적 비용뿐이다. 이 6개의 소규모 고등학교마다 각각 새로운 교장을 임명해야 하고, 기존 교장은 이들 6명의 (새로 임명된) 교장을 관리해야 하기 때문에 또한 추가적인 보상을 주어야 하므로 행정 비용이 증가된다.

한편 학생들은 소규모 고등학교의 모든 잠재적 이점을 경험하지 못해 왔다. 왜냐하면 지도자들은 소규모 고등학교 설립이 필요한 다른 개혁을 더 쉽게 달성할 수 있는 방법이라고 생각하지 않고, 소규모 고등학교 설립 자체를 목표로 삼았기 때문이다. 지도자들이 바라는 한 가지 이점은 소규모 고등학교를 통하여 교사-학생 관계를 개선하고, 개선된 관계를 통해 학생들을 학습에 더 많이 참여시키게 한다는 점이었다. 학생들은 더 적은 수의 교사들과 상호작용하여 더 나은 교사-학생 관계를 갖게 될 수 있다. 학생들이 무언가를 배울 수 있도록 참여시키는 것은 그들을 참여시키는 무언가를 가르쳐서 참여하게 하는 것보다 훨씬 덜 효율적으로 보일 수 있지만, 이것은 효과적일 수 있다. 하지만 학생들에게는 여전히 국어, 수학, 과학, 사회 선생님들이 모두 있어야만 한다. 따라서 고등학교의 규모는 학생이 하루에 만나는 교사의 수에 크게 영향을 미치지 않는다. 만약 교사가 동일한 학생들을 한 학기 또는 1년 이상 수업을 하도록 한다면 교사와 학생의 관계는 더 돈독해질 수 있다. 하지만 이것은 학사일정을 수정 및 보완해야 하고, 또한 여러 학년을 가르칠 수 있는 교사들이 있어야만 가능할 것이다. 만약 우리가 이 제도를 우선순위로 생각한다면, 대규모 고등학교들이 오히려 이 제도를 쉽게 도입할 수 있을 것이다. 그런데 다른 나라들은 반대 방향으로 가고 있다. 예를 들어, 영국에서는 성취가 높은 고등학교의 교장이 학교들을 연합하여 상대적으로 성취가 낮은 학교들에 대한 책임을 지도록 요구하고 있다. 그러나 아직까지 이것이 효과적이었다는 결과는 나오지 않았다.

둘째, 또 다른 개혁에서는 **학교 거버넌스에 대한 변화**를 꾀하고 있다. 미국에서 가장 널리 퍼진 대표적인 개혁은 **차터 스쿨(charter school)의 도입**이었다. 미국 교육위원회(Education Commision of the States, 2017)에 따르면, 현재 43개 주와 콜롬비아 특별구가 헌장 법(charter law)을 가지고 있지만, 이것이 학생 성취도에 미치는 영향에 명확한 결론은 아직까지 나오지 않았다. 일부 차터 스쿨이 주목할 만한 성공을 거두고 있다는 것은 확실한 듯하지만, 그렇지 않은 경우도 있다. 적어도 실패 사례가 더 많은 것으로 보인다. 2009년, 스탠포드 대학의 교육성과 연구 센터(Center for Research on Education Outcomes: CREDO)에서는 15개 주와 콜롬비아 특별구에서 약 1/2의 차터 스쿨이 전통적인 공립학교와 유사한 성취 결과를 얻었고, 1/3은 더 나쁜 결과를 얻었으며, 1/6은 더 나은 결과를 얻었다고 보고하였다(CREDO, 2009). 운영 초기 20년 동안 차터 스쿨의 순 효과는 학생들의 성취도를 높이기보다는 낮춘 것으로 나타났다(이는 대부분의 차터 스쿨이 학생 한 명당 받는 돈이 적었기 때문으로 보임: Miron & Urschel, 2010). 그러나 KIPP(Knowledge Is Power Program)[2]가 운영하는 일부 차터 스쿨은 전통적인 공립학교보다 훨씬 더 효과적이었다. KIPP 학교의 학생들은 일반적으로 매년 3~4개월 더 많은 성취 향상(즉, 매년 3~4개월 더 많은 학업적 성장을 경험함)을 보였지만, 이를 위하여 그들은 더 긴 수업일, 일부 토요일 수업, 그리고 더 긴 학년을 다녀야 했다(Tuttle et al., 2013). 매년 KIPP 학교 학생들은 학교에서 45% 더 많은 시간을 보내야 하고, 이를 통해 약 30% 정도의 더 많은 향상을 이루었다. 하지만 이는 '수확체감'[3]의 예라고 할 수 있다. 게다가 일부 차터 스쿨은 매우 효과적이지만, 대부분은 그렇지 않다. 시카고에 있는 차터 스쿨에 대한 평가 결과(Hoxby & Rockoff, 2004)에 따르면, 차터 스쿨에 다니는 학생들이 아이오와 기본 능력 테스트(Iowa Test of Basic Skills)에서 더 높은 점수를 받았지만, 읽기는 4%P, 수학은 2%P 증가하는 등 그 효과가 그다지 크지 않다고 보고하였다. 차터 스쿨의 성취도는 전통적인 공립학교에 비해 향상되었지만, (현재 22개 주와 워싱턴 DC를 포함하는) 스탠포드의 CREDO 팀의 보고서에 따르면 그 차이는 미미하였다(CREDO, 2013). 예를 들어, 수학 성취도(괄호 안은 읽기 성취도)는 차터 스쿨 중 29%(56%)의 학교에서 더 높았고, 40%(25%)의 학교에서는 거의 같았으며, 31%(19%)의 학교에서는 오히려 더 낮은 성취를 보였다(CREDO, 2013). 이 점을 고려하면, 평균적으로 미국의 차터 스쿨에 다니

---

2) 역자 주: 미국의 비영리단체로, 전국에 걸쳐 고품질의 차터 스쿨 네트워크를 운영하고, 학생들이 학문적, 인격적, 그리고 사회적으로 성공할 수 있도록 지원하는 것을 목표로 하며, 주로 저소득층 및 소외된 지역의 학생들을 대상으로 한다.

3) 역자 주: 처음에는 투입한 자원(노력, 시간, 돈 등)에 비례하여 산출이 증가하지만, 일정한 시점 이후부터는 추가적인 투입에 비해 산출이 점점 더 적게 증가하는 경우이다.

는 학생은 전통적인 공립학교에 다닐 때보다 4% 정도(약 8일 정도) 더 높은 성취 향상을 보였다. 이것은 물론 가치가 있기는 하나, 우리가 필요로 하는 것에는 많이 못 미치는 결과이다.

물론 성공적인 차터 스쿨의 특성을 잘 파악한다면 차터 스쿨의 성공을 보장할 수 있을 것이다. 그러나 최고로 우수한 차터 스쿨을 운영하는 기관들이 빠르게 확장할 생각이 없어 보이기 때문에 교육시스템 전반에 미치는 영향은 더딜 것이라는 점에 주목할 필요가 있다. 예를 들어, 북미의 학교 인구가 과거처럼 매년 0.7% 정도 증가하고, 차터 스쿨의 수가 매년 25만 개씩 증가한다고 가정한다면(지난 몇 년간 평균 비율), 이 새로운 차터 스쿨들이 KIPP 학교들만큼 좋다고 해도 학생들이 1년에 3주의 추가 학습을 달성하려면 2058년은 되어야 한다(Wiliam, in press a). 물론 차터 스쿨을 더 적극적으로 확대할 수는 있겠지만, 이렇게 되면 질이 떨어져서 그 효과가 약화될 가능성이 크다. 그것의 장점이 무엇이든, 차터 스쿨의 설립은 학생들의 성취에 실질적이고 즉각적인 영향을 미치지 않을 것이다(Carnoy, Jacobsen, Mishel, & Rothstein, 2005).

한편 **영국 정부는 성취도가 낮은 많은 학교를 재건하였다.** 이들은 대체로 자선 단체에 의해 운영되지만, 학교 재건을 위한 거액의 자본 보조금 외에도 공립학교와 동등한 공적 자금을 받는 '학교'이다. 이러한 학교의 교장들은 교직원을 고용하고 해고할 수 있는 훨씬 더 큰 권한을 가지고 있으며, 교사 보상과 혜택에 대한 국가적 합의를 따를 필요가 없고, 또한 국가 교육과정을 따를 필요도 없었다. 이러한 학교들의 학생 시험 점수는 일반 공립학교들보다 더 빨리 향상되었다. 그러나 이러한 학교들은 낮은 성취 수준에서 시작하고, 상대적으로 더 많은 개선의 여지가 있기 때문에 이것은 예측될 수 있는 일이었다. 이들 학교처럼 재건되지는 않았으나 성취도 측면에서 유사하게 낮은 다른 학교들과 비교해 보면 이들의 개선 정도는 거의 유사한 수준인 것으로 나타났다(Machin & Wilson, 2009).

다음으로 학교교육 조직에서 가장 급진적인 실험 중 하나가 스웨덴에서 진행되었다. 1992년 스웨덴 정부는 **영리 기관에게 공립학교의 운영을 맡기게 되었다.** 이러한 시도는 일부 성공을 거두었다는 연구 결과가 보고되었지만, 이러한 연구를 진행할 때 적용한 방법론에는 일부 제한점이 있다는 비판이 지적되었다. 이에 노동 연구소

(Institute for the Study of Labor; Böhlmark & Lindahl, 2008)에서는 이러한 연구의 결함을 수정하여 새로운 평가를 진행하였다. 그 결과, 영리 기관의 도입은 9학년 GPA(Grade Point Average)와 같은 단기적인 성과, 그리고 일반계 고등학교를 선택한 비율 등에서는 약간의 개선이 있는 것으로 나타났다. 하지만 이러한 개선은 상대적으로 부유한 학생들에게 집중된 것처럼 보였고 일시적이었다. 반면 고등학교 GPA나 대학 이수 또는 교육 기간(연수; Böhlmark & Lindahl, 2008)과 같은 장기적인 성과에는 어떠한 영향을 미치지 못하였고, 또한 고용, 소득 및 형사 사법 제도 참여(Wondratschek, Edmark, & Frölich, 2014)에도 영향을 미치지 못한 것으로 나타났다.

영국에서는 1986년부터 중등학교가 미국의 마그넷 스쿨(magnet school)과 마찬가지로 **전문학교(specialist school) 자격을 신청하였다.** 전문학교는 영국의 전통적인 중등학교보다 높은 시험 점수를 받지만 (학생당 연간 $200 정도) 더 많은 돈을 받았다. 전문학교가 달성한 향상 정도는 전통적인 공립학교에 연간 학생당 $200를 추가로 제공했을 때 기대할 수 있는 것과 같았다(Mangan, Pugh, & Gray, 2007). 더욱이 전문학교는 다른 과목보다 그들이 전문화하는 과목에서 오히려 더 나은 결과를 얻지 못한 것으로 나타났다(Smithers & Robinson, 2009).

셋째, 또 다른 개혁은 **교육과정**에 초점을 맞추었다. 거의 모든 나라가 '21세기 교육과정'을 갖기를 바라고 있다. 예를 들어, 스코틀랜드 정부는 '수월성을 위한 교육과정'을 채택했지만, 스코틀랜드 교실에서 어떤 변화가 있는지는 두고 봐야 하며, 단기적인 결과는 그다지 고무적이지 않았다(OECD, 2016). 사실 교육과정의 변화를 통해 학생들의 교실 경험을 바꾸려고 하는 것은 매우 어려운 일이다. 잘 가르친 '나쁜' 교육과정은 대개 잘못 가르친 '좋은' 교육과정보다 학생들에게 더 나은 경험이 될 수 있기 때문이다. 즉, 교수법은 교육과정에 우선한다. 더 정확히 말하면, 교수법은 교육과정이다. 중요한 것은 무엇을(what) 가르쳤느냐가 아니라 어떻게(how) 가르쳤느냐이기 때문이다. '교육과정(curriculum)'에 대한 표준적인 정의는 없다. 이 단어는 원래 (적어도 영어로) 17세기 스코틀랜드 대학의 과목 목록을 지칭했지만, 수년에 걸쳐 "학생들이 의도된 자료를 배우는 것을 돕기 위해 (교육기관에 의해서) 마련된 활동"을 의미하게 되었다. 한편 이 단어가 적용될 수 있는 최소한 세 가지 수준이 있다.

① 의도된(intended), ② 실현된(implemented), ③ 달성된(achieved) 교육과정이 그것이다. 먼저 '의도된' 교육과정은 주나 국가 정부가 학생들이 학교에서 배워야 한다고 결정하는 것들을 포함한다. 반면 '실현된' 교육과정은 학군(예: 시도교육청)이나 학교에서 채택한 교과서나 기타 자료를 말한다. 마지막으로 '달성된' 교육과정은 교실에서 실제로 일어나는 일을 말한다. 당연히 이 세 수준의 교육과정 사이에는 약간의 차이가 있다. 학교가 채택하는 교과서는 의도된 교육과정과 잘 맞지 않는 경우가 있으며(출판사는 그렇지 않다고 주장하지만), 교사들이 이런 자료(교과서)를 사용하는 방식이 교과서를 집필한 사람들의 의도와 일치하지 않는 경우도 있다(Wiliam, 2013).

교사들이 **교과서**를 사용하는 방식이 교과서 출판사의 의도와 항상 일치하는 것은 아니지만, 교과서는 교사들이 가르치는 방식에 영향을 미치기 때문에 어떤 교과서가 더 효과적인지에 대해서 많은 관심을 갖게 되었다. 어떤 교과서는 다른 교과서보다 성취기준에 더 잘 연계(정렬)될 수 있다. 그러나 점점 더 많은 주가 공통 성취기준, 예를 들어 공통 핵심 국가 성취기준(Common Core State Standard: CCSS) 혹은 차세대 과학 성취기준(Next Generation Science Standards), 또는 다른 유사한 지역 성취기준을 채택함에 따라 이러한 연계의 문제는 크지 않았다. 하지만 같은 내용을 가르치더라도 어떤 교과서는 다른 교과서에 비해서 더 효과적일 수 있다는 점은 주목할 필요가 있다(특히 수학 교과에서 더 두드러지게 나타남).

처음에는 교과서 채택에 관한 대부분의 연구에서 교과서의 변화만으로 학생 성취도에 큰 영향을 미친다는 증거가 거의 발견되지 않았다. 그러나 특히 초등학교에서는 교과서를 바꾸는 것만으로도 학생 성취도에 현저히 큰 영향을 미쳐 학생의 학습률을 최대 25%까지 높이는 것으로 나타났다(Agodini & Harris, 2016). 연구자들에 따르면, 학년에 상관없이 (교육) 프로그램이 교사의 교수 실제와 학생 상호작용을 변화시킬 수 있다면 이것이 성취에 유의미한 영향을 준다고 하였다(Slavin & Lake, 2008; Slavin, Lake, Chambers, Cheung, & Davis, 2009; Slavin, Lake, & Groff, 2009). 그러나 현재로서는 어떤 교과서가 가장 효과적일 것인지 예측할 수는 없다. 우리는 교과서가 차이를 만든다는 것을 알고 있지만 무엇이 교과서의 차이를 만드는지 모른다. 따라서 교과서 선택이 중요하기는 하지만 현재로서는 학생 성취도를 향상시키는 확실한 방법이라고 말하기는 어렵다.

한편 많은 개혁이 시범 단계에서는 유망해 보이지만, **그 규모가 확장되면 동일한 효과를 달성하지 못하였다.** 예를 들어, 1998년 토니 블레어의 노동당은 집권 1년도 채 되지 않아 국가 수준 문해력 전략(National Literacy Strategy) 프로그램을 시작했고, 1년 후에는 잉글랜드와 웨일스의 초등학교를 위한 국가 수준 수리 전략(National Numeracy Strategy) 프로그램을 시작하였다. 이러한 프로그램들은 초기 단계에서는 유망한 결과를 보여 주었다. 하지만 이 프로그램이 모든 초등학교에 배포되었을 때, 그 효과는 각 초등학교에서 연간 한 명의 학생이 추가로 우수(proficiency) 성취 수준에 도달하는 것과 같았다(Machin & McNally, 2009). 이상하게도 학생(11세)들에게 가장 빠른 성취 향상이 나타난 과목은 과학이었다. 그러나 역설적이게도 과학은 정부의 개혁 노력의 대상이 되지 않았던 과목이다.

넷째, 컴퓨터와 같은 **에듀테크가 교실에 미치는 잠재적인 영향**을 강조한 또 다른 개혁 노력을 살펴보자. 교육을 변화시킬 수 있는 컴퓨터의 잠재력을 지지하는 근거는 많지만, 이것이 학생 성취도에 미치는 영향에 대한 신뢰할 만한 증거를 찾기는 다소 어렵다. 교육에서 컴퓨터의 역사는 아마도 "과대 판매 및 과소 사용(oversold and underused)"이라는 말로 가장 잘 요약될 것 같다(Cuban, 2002). 물론 이는 컴퓨터가 교육에서 필요 없다는 뜻은 아니다. 일부 컴퓨터 프로그램은 도전적인 내용을 가르치는 데 효과적일 수 있다. 카네기 멜론 대학교에서 20년에 걸쳐 개발된 'Carnegie Learning's Cognitive Tutor: Algebra I'이라는 학습 프로그램의 예를 들어 보자(Ritter, Anderson, Koedinger, & Corbett, 2007). 이 프로그램은 구체적으로 9학년 대수의 절차적 측면을 가르치는 것에 초점을 두고 있고, 따라서 일주일에 두세 시간 정도만 사용된다. 하지만 이 특정 내용을 가르치는 데 있어서 이 프로그램은 많은 교사보다 더 효과적이다(Pane, Griffin, McCaffrey, & Karam, 2014; Ritter et al., 2007). 그러나 이와 같은 사례는 드문 편이고, 컴퓨터는 (지도자들의 예측과는 달리) 우리 교실에 혁명을 일으키지 못하였다(Bulman & Fairlie, 2016). 하인츠 울프(Wulff-Dieter Heintz)가 말한 바와 같이, "미래는 당신이 생각하는 것보다 더 멀리 있다"(Wolff & Jackson, 1983).

또한 전자칠판(interactive whiteboard) 또는 대화형 화이트보드의 잠재력에 관심이 집중되었다. 이는 에듀테크의 놀라운 산물이기는 하지만, 교육 성과를 대규모로 개선하기 위한 도구로는 매우 제한적인 것으로 보인다. 영국의 교육부 장관이었던 찰스 클라크는 전자칠판에 매우 매료되어 런던 학교에 전자칠판의 수를 두 배로 늘리는 기금을 설립하였다. 그러나 이것이 학생 성취도에 미치는 순 영향은 거의 없는 것으로 나타났다(Moss et al., 2007). 하지만 이러한 기술 지지자들은 (전자칠판의 효과가 나타나기 위해서) 에듀테크에 필요한 전문성 개발이 선행되어야 함을 주장하였다. 이것은 그럴 수도 있지만, 전자칠판이 교사들에게 일정 시간의 전문성 개발을 위한 시간이 주어졌을 때에만 효과적이라면 다른 대안을 찾아볼 필요가 있을 것이다. 만약 이와 비슷한 전문성 개발 시간을 쓰지만, 더 유용하고 비용이 적게 들어가는 방안이 있다면 그것을 고려하는 것이 옳을 것이기 때문이다.

마지막으로 대규모로 학생 성취도를 실질적으로 향상시키려는 노력의 예로서 **영국의 '보조교사(teachers' aides)'의 효과**를 살펴볼 수 있다. 이와 관련된 대규모 연구에 따르면, 보조교사는 오히려 (그들이 도움을 주려는) 학생들의 성취를 저하시키는 것으로 나타났다(Blatchford et al., 2009). 대체로 많은 학교에서 보조교사들은 일상적으로 가장 심층적인 학습 요구를 가진 학생들을 돕는 임무를 맡는다. 그러나 이러한 임무는 그들에게는 잘 맞지 않는다. 물론 이것은 보조교사를 활용하는 것이 학생들의 성취도를 증가시킬 수 없다는 것을 의미하지는 않는다. 노스캐롤라이나의 경우를 살펴보면, 보조교사가 관리가 잘되고 적절한 교실 역할을 담당한다면, 특히 소수의 학생들에게 효율적인 것으로 나타났다(Clotfelter, Hemelt, & Ladd, 2016). 하지만 이 모든 것은 두세 명의 보조교사가 한 명의 정규(일반) 교사만큼 효과적일 수 있다는 것을 의미한다. 자격을 갖춘 교사가 부족한 경우, 대신 보조교사를 배치하는 것은 유용한 단기적인 조치가 될 수 있다. 하지만 그것은 전반적인 학생 성취에 큰 영향을 미치지 않을 것 같다.

여기서 논의된 개혁 노력과 많은 다른 개혁 노력의 역사는 대규모 수준에서 교육을 개선하는 것이 우리가 흔히 상상하는 것보다 분명히 더 어렵다는 것을 보여 준다. "왜 우리는 그렇게 오랫동안 비효율적인 정책을 추구해 왔는가?"라는 질문의 답은 우리가 답을 찾기 위해 잘못된 곳을 찾아왔다는 사실에 있을 것이다.

3. 3세대에 걸친 학교 효과 연구

경제학자들은 수년간 경제성장을 위한 교육의 중요성에 대해 알고 있었고, 이는 학교 효과 연구에 대한 관심을 급증시켜 왔다. 어떤 학교들은 지속적으로 좋은 시험 결과를 얻는 것처럼 보였고, 다른 학교들은 지속적으로 나쁜 결과를 얻는 것처럼 보였다. 1970년대에 시작된 **1세대 학교 효과 연구**의 주요 추진력은 가장 효과적인 학교의 특성을 파악하는 것이었다. 이러한 특성이 무엇인지를 파악할 수 있다면, 다른 학교에서도 같은 효과를 재현할 수 있을 것이기 때문이다.

불행하게도 상황은 늘 단순하지 않다. 가장 효과적인 학교의 특성을 따라 하기 위해서는 다음과 같은 세 가지 조치를 취해야 한다.

① 남학생이 없는 여학교를 만들 것! 선진국 전체에서, 심지어 수학과 과학 같은 전통적으로 남학생이 우세한 과목에서도 여학생들이 남학생들을 능가하고 있다(OECD, 2016). 따라서 학교에 더 많은 여학생들이 있을수록 유리하다.

② 교구(parochial) 학교[4]가 될 것! 다시 말하지만 전 세계적으로 교구 학교는 다른 학교보다 더 나은 성취 결과를 보이는 경향이 나타났다. 그러나 교구 학교는 공립학교보다 더 '사회적으로 선택적인' 경향이 있기 때문일 수 있다(예: Cullinane, Hillary, Andrade, & McNamara, 2017 참조).

③ 그리고 가장 중요한 것은 학교를 멋지고, 잎이 무성한 교외 지역으로 옮길 것! 이를 통해 세 가지 즉각적인 이점을 얻을 수 있다. 첫째, 훨씬 더 높은 성취도를 가진 학생들을 갖게 될 것이다. 둘째, 부모는 자식에게 더 많은 지원을 할 것이다(학교와 학교의 임무를 지원하거나 개인 등록금을 지불하는 등 모든 면에서). 셋째, 학교는 더 많은 돈을 갖게 될 것이다(잠재적으로는 더 많이!). 학생 한 명당 연간 $5,000 미만을 받는 학교도 있지만, 미국의 일부 학교들은 학생 한 명당 연간 $40,000 이상을 받고 있다(National Public Radio, 2016).

---

4) 역자 주: 교구학교는 보통 천주교나 개신교 등의 종교 단체에서 설립하고 운영하는 교육기관을 말한다.

즉, 1세대 학교 연구 결과를 요약하면 여학교, 교구 학교, 그리고 부유한 지역의 학교는 상대적으로 더 높은 성취를 나타낸다는 점이다. 그러나 **2세대 학교 효과 연구**에서 지적했듯이, 이는 학교가 얼마나 잘하는지보다는 누가 그 학교에 갔느냐에 따라서 더 나은 시험 점수를 얻게 된다는 점이다(예: Thrupp, 1999 참조). 즉, 학교 간에 나타나는 성취도의 격차는 학교 자체의 교육의 질 차이라기보다는 학교에 다니는 학생들 간의 개인차 때문으로 나타났다. OECD 자료(Programme for International Student Assessment, 2010)를 통해 이를 수치화하여 제시하면 다음과 같다. PISA 데이터에 따르면, 미국의 만 15세 학생들이 나타내는 성취도 차이의 74%는 학교 내(within school)에 기인하고, 나머지 26%가 학교 간(예: 일부 학교는 다른 학교보다 더 좋은 시험 점수를 받음) 차이 때문인 것으로 나타났다. 그러나 학교 간 차이의 약 3분의 2는 해당 학교에 다니는 학생들의 차이로 인해 발생한 것이다. 이것은 학생 성취도 차이의 8%만이 학교에 기인하고, 나머지 92%가 학교에 기인하지 않음을 의미한다(PISA, 2010). 좀 더 구체적으로 이를 해석하면, 만약 한 학급이 30명의 학생으로 구성되었다고 가정하면 '평균'적인 학교에서는 15명이, '좋은' 학교(평균보다 1 표준편차 높은 성취 수준을 지닌 학교 또는 전체 학교 중 가장 우수한 1/3 학교 중 하나)에서는 17명이, '나쁜' 학교(평균보다 1 표준편차 이하의 성취 수준을 지닌 학교)에서는 13명이 '우수한' 성취 수준을 달성할 것이라는 것이다. 이러한 차이는 중간에 위치한 4명 정도[5]의 학생에게는 분명 중요하지만, (저자의 경험에 따르면) 이는 우리가 상상하는 것보다 훨씬 적은 수이다. 그러므로 Basil Bernstein(1970)의 주장이 옳았다고 말할 수 있다. Bernstein은 "교육은 사회를 보상할 수 없다"며 학교가 할 수 있는 것과 할 수 없는 것에 대해 현실적 인식이 필요함을 주장하였다(Thrupp, 1999에서 인용된 바와 같이).

한편 3세대 학교 효과 연구에서는 상대적으로 양질의 자료를 사용할 수 있게 되었고, 따라서 1, 2세대의 연구에 비해 좀 더 심도 있는 학교 효과 연구를 진행할 수 있었다. 특히 경험적 자료를 통해 연초와 연말에 학생의 성취도를 비교할 수 있는 경우에 학교의 부가가치(value added; 학생들이 입학 때 알고 있었던 것과 졸업 때 알고

---

5) 역자 주: 17−15=2, 15−13=2.

있는 것과의 차이)를 추정할 수 있었다. 이를 통해 학생들이 학교에 다니는 한(학교를 다니는 것은 중요함) 어느 학교에 다니는지는 그다지 중요하지 않지만, 어떤 교실에 있는지는 매우 중요하다는 사실을 파악하였다. 미국에서는 교실 효과가 학교 효과보다 최소 4배 이상 큰 것으로 나타났다(PISA, 2007). 예상대로 이러한 차이의 원인에 대해 많은 관심이 집중되었다. 서로 다른 학급에서 학생들이 배우는 양의 실질적인 차이는 학급 규모나 교사가 수업을 위해 학생들을 모둠으로 나누는 방법 또는 학급 간 그룹화 방법(예: 계열, 우열반)과 거의 관련이 없는 것으로 밝혀졌다. 가장 중요한 차이점은 바로 교사의 질이다. 부모들은 좋은 선생님에게 배우는 것이 자녀의 성장에 얼마나 중요한지를 이해해 왔지만, 1990년대 중반 이후에야 비로소 교사의 질이 얼마나 많은 차이를 만들어 내는지 정확히 정량화할 수 있었다.

4. 교사의 질의 중요성

오랫동안 교육에 관련된 많은 사람은 교사의 질과 학생의 성취도 간의 상관관계가 실질적으로 0이라고 생각했던 것 같다. 즉, 적절한 자격을 갖추기만 한다면 모든 교사는 동등하게 우수하다고 가정되어서 학생들은 모든 교실에서 비교적 같은 속도로 성장할 수 있을 것으로 생각했다. 물론 학생들마다 그들의 재능과 적성에 따라 다른 속도로 성장을 할 수도 있지만, 모든 선생님은 유사한 수준이기 때문에 '상품(commodity)'처럼 기능할 수 있다는 가정이었다.[6]

경제학자에게 상품은 수요가 있는 재화이며, 모든 상품은 동일한 품질로 가정되기 때문에 한 상품을 다른 상품으로 대체 가능하다. 정책입안자들이 교사들을 상품으로 취급하는 것은 편리하다. 그러면 그들은 수요와 공급을 기반으로 교사의 보상(대가 지불)을 결정할 수 있기 때문이다. 한 연구에 따르면, 교사 보상은 금융시장의

---

6) 역자 주: 교사들이 개별적이고 고유한 존재가 아니라 서로 대체 가능한 존재로 취급될 수 있다는 의미를 내포하는 것으로, 교육의 개별성이나 교사의 독창성을 무시하고 교사를 단순한 교육 제공자로 보는 관점에서 비롯된 비유라고 볼 수 있다.

거래자들과 마찬가지로 그들이 기여하는 가치에 따라 결정될 수 있지만, 이는 최고의 교사에게 연간 $300,000가 넘는 너무 많은 비용을 지불해야 한다는 것을 의미한다(Chetty et al., 2010). 정치인들은 "자격 있는 교사"에 대한 기준을 정해 그 기준을 충족하는 사람들은 교사가 되도록 하는 것이 편리하다. 그러면 교사의 보수는 각 교실에 자격 있는 교사를 배치하기 위해 필요한 소요 예산, 즉 수요와 공급에 따라 결정될 수 있다(비록 이러한 맥락에서 이것은 정치인들이 자신들의 보수를 결정하는 데 사용하는 근거가 아니라는 점에 주목할 필요가 있다).

모든 교사를 동등하게 대우하려는 교사 조합의 바람은 이해할 수 있다. 왜냐하면 그것은 그들의 구성원들 사이에 연대를 만드는 데 중요하기 때문이다. 하지만 더 중요한 것은 성과 관련 급여는 원칙적으로 공정하게 결정하는 것이 불가능하다. 3학년부터 8학년까지 매년 학생들을 평가한 후 매년 가장 많은 성장을 만들어 낸 교사들을 파악하기 위하여 평가 자료를 사용한다고 가정하자. 이것은 간단해 보이지만 치명적인 결함이 있다. 어떤 평가도 미래의 성장에 중요한 모든 것을 포착할 수는 없다. 만약 독립적이고 협력적인 학습 기술을 개발하는 데 많은 시간을 할애하고, 학생들이 문제 해결에 숙달되도록 하고, 학생들의 읽기, 듣기, 쓰기 능력을 개발하는 데 많은 시간을 할애하는 4학년 교사가 있다고 가정하자. 이 교사가 가르친 학생들은 4학년 수학 및 읽기 평가에서 (평가에 나오는 내용만을 강조해 온) 다른 교사들의 학생들에 비해서 더 높은 점수를 받지 못할 수도 있다. 그런데도 5학년 때 이 학생들을 가르친 선생님은 매우 좋은 시험 결과를 받을 가능성이 높다. 이는 5학년 때 선생님이 한 일 때문이 아니라 4학년 때 선생님이 세워 준 확고한 기초 덕분이다.

또한 학생들의 성취 향상의 대가로 교사들에게 성과급을 지급한다고 하더라도 학생의 성적이 그만큼 올라가지 않는다는 증거가 있다. 2006년에서 2009년 사이에 연구자들은 테네시주 내슈빌에서 무작위로 교사를 선택하여 학생들의 성취도 점수가 상위 5%에 해당할 경우에는 $15,000, 상위 10%이면 $10,000, 상위 20%이면 $5,000의 성과급을 제공하였다. 그러나 이러한 성과급을 평가한 결과에 따르면, 성과급을 받은 교사가 가르치는 학생의 점수는 그렇지 않은 교사가 가르치는 학생의 점수보다 그다지 높지 않은 것으로 나타났다(Springer et al., 2010). 이러한 결과는 많은 경제학자를 놀라게 하는 것 같다. 경제학자들은 사람들의 주된 동기가 경제적 보상이라고 가정하는 경향이 있으므로 사람들이 더 열심히 노력하도록 현금 인센티브를 제공하는 것은 확실히 결과를 향상시켜야 한다고 생각한다. 그러나 그들은 그러한 인센티브가 사람들이 가능한 한 열심히 노력하지 않을 때에만 효과가 있다는 사실을 잊고 있었다. 물론 의심할 여지 없이 학생들이 얼마나 잘하는지에 대해 신경 쓰지 않는 일부 교사들이 있기는 하다. 따라서 그러한 소수의 교사에게는 인센티브가 효과가 있을 수 있다. 그러나 대다수의 교사는 학생들의 성취도를 높이기 위해 최선을 다하고 있다. 누군가 더 많은 돈을 줄 때까지 '분수를 잘할 수 있는 방법'을 가르치지 않고 기다리는 교사가 있다는 증거는 확실히 없다. 그래서 학생 성취도에 따라 교사 급여를 결정하는 것은 공정하게 이행하는 것이 불가능하고, 효과가 없는 것 같으며, 만약 효과가 있다고 하더라도 아직 최선을 다하지 않은 소수의 교사에게서만 나타날 수 있다.

앞에서 언급한 바와 같이, 여러 해 동안 연구자와 정치인들은 (각 교사는 해당 직무에 적절한 자격을 갖추고 있다면) 모두 동등하게 훌륭하다고 가정했다. 1996년에 William Sanders와 June Rivers는 2학년에서 8학년까지 테네시의 모집단 학생의 성취도에 관한 300만 개의 기록을 분석하여 논문을 발표했다. 그들은 각 개별 학생의 진전 정도를 추적하고 매년 그들을 가르쳤던 교사와 연계할 수 있도록 데이터를 수집하였다. 그들은 교사가 누구냐에 따라서 학생들이 배운 것에는 차이가 있었고, 그 차이가 크다는 것을 발견했다. 교사에 따른 차이가 얼마나 큰지 보여 주기 위해 학생들의 진전 정도에 따라 5개의 동일한 크기의 집단(낮음, 평균 이하, 평균, 평균 이상, 높음)으로 교사들을 나누었다. 그런 다음 평균 8세 학생이 어떤 교사에게 배웠는지에 따라 성취도의 변화가 어떠한지를 조사했다. 그들이 발견한 것은 다소 놀라웠다. 성취도를 백분위로 나타내었을 때, 백분위 50%에서 2학년을 시작한 학생은 '우수한' 교사에게 배웠을 때 3년 후에 성취도가 90%가 되었다. 하지만 '우수하지 않은' 교사에게 3년 동안 배정되면 해당 학생의 성취도는 백분위로 37%가 되었다. 따라서 성취의 차이는 약 50%P 이상이었다. 특히 그들은 교사의 질 향상이 성취도가 낮은 학생들에게 매우 효과적이라는 정도를 발견했으며, 이러한 효과는 다른 민족적 배경을 가진 학생들에게도 동일하게 나타났다(Sanders & Rivers, 1996).

한편 후속 연구(예: Rivkin, Hanushek, & Kain, 2005; Rockoff, 2004)에서는 교사의 질과 학생의 성취도(표준화 점수) 사이의 연관성을 확인하였다. 서로 다른 연구들이 약간 다른 결과를 보이기는 하였지만, 현재 연구자들 사이에서는 교사의 질과 학생의 성취 사이의 상관계수는 최소 0.1 정도이며, (〈표 1-1〉 참조) 특히 수학의 경우에는 0.2 이상의 상관관계를 나타내는 것으로 보인다. 상관관계가 0.1이라는 의미는 평균 이상의 교사(예: 평균보다 1 표준편차만큼 질적으로 우수한 교사)에게 배운 학생은 평균적인 교사에게 배운 학생보다 1년에 0.1 표준편차만큼 더 높은 성취도를 보인다는 것을 의미한다. 이러한 연구에서 대부분의 학생의 학습 향상 정도는 1년에 약 0.4 표준편차 수준이므로 그들의 학습 향상률이 약 25% 증가한 것과 같다고 볼 수 있다.

〈표 1-1〉 교사의 질과 학생 성취 간의 상관관계(읽기와 수학)

연구	장소	읽기	수학
Rockoff(2004)	뉴저지	0.1	0.11
Nye, Konstantopoulos, & Hedges (2004)	테네시	0.26	0.36
Rivikin, Hanushek, & Kain(2005)	텍사스	0.15	0.11
Aaronson, Barrow, & Sander(2007)	시카고	—	0.13
Kane, Rockoff, & Staiger(2008)	뉴욕	0.08	0.11
Jacob & Lefgren(2008)	—	0.12	0.26
Kane & Staiger(2008)	—	0.18	0.22
Koedel & Betts(2011)	샌디에고	—	0.23
Rothstein(2010)	노스캐롤라이나	0.11	0.15
Hanushek & Rivikin(2010)	—	—	0.11
Chetty, Friedman, & Rockoff(2014)	—	0.12	0.16

〈표 1-1〉의 상관계수 추정치는 한 해에서 다음 해까지의 표준화 검사 점수의 향상 정도를 기반으로 한다. 만약 다른 성취도 검사 점수를 쓸 경우, 이 상관계수 추정치는 다소 달라질 수도 있지만, 큰 차이는 없을 것이다. 우리가 아는 한 좋은

교사는 과목이나 학생의 나이에 상관없이 차이를 만들기 때문이다.

이 주장에 대한 한 가지 반론은 그들이 좋은 교사이기 때문이 아니라 성적이 높은 학생들을 가르치기 때문에 더 많은 성취 진전을 하는 것처럼 보일 수도 있다는 것이다. 많은 학교에서 연공서열(즉, 근속연수나 연령)이 높은 교사들이 그들이 가르치는 수업에 영향력을 행사한다는 것은 의심의 여지가 없다. 이러한 설명을 입증하기 위해 (Bill and Melinda Gates 재단이 자금을 지원하는) MET(Measures of Effective Teaching) 프로젝트는 한 학교에서 수행이 좋은 교사들을 골라서 (사회경제적 배경이 다양한 학생을 가르칠 수도 있는) 다른 학교에 재배치하였다. 이 프로젝트는 어떤 학교에서 우수한 수행을 보인 교사는 이와는 다른 학교에서도 우수한 수행을 보인다는 것을 파악하게 되었다(Kane, McCaffrey, Miller, & Staiger, 2013). 교사들이 일하는 환경, 즉 교사들이 교육 계획을 세워야 하는 시간, 교육과정의 질, 가르치는 수업의 규모는 의심할 여지 없이 영향을 미치지만, 성공적인 교사들은 그들이 어디에서 일하든 그들을 더 효과적으로 만들 수 있는 무언가를 머릿속에 가지고 있다.

〈표 1-1〉에 나타난 읽기 및 수학 과목에서의 상관계수 평균은 각각 약 0.14 및 0.18이다. 따라서 교사의 질과 학생의 성취 간의 관계는 약 0.15라고 한다면, 이는 합리적인 평균값이라고 할 수 있다. 이것이 의미하는 바는 교사의 질이 1 표준편차만큼 향상되면, 학생 성취가 0.15 표준편차만큼 향상됨을 의미한다. 다시 말해 성취도가 백분위로 50%에 위치하였던 학생이 56%로 향상된다는 의미이다.[7] K-12 전체에서 1년의 성취 향상의 평균은 학생을 성취도의 50번째 백분위수에서 56번째 백분위수로 이동하는 것과 같다. 따라서 평균 이상의 교사(평균보다 1 표준편차 높은 또는 학생의 성취도를 15%P(1년 향상 정도)에 더해 6%P 더 높일 수 있는)는 1년에 5개월의 추가적인 학습 향상을 만들 수 있다. 극단적인 경우에 이러한 효과는 훨씬 더 두드러진다. 50명으로 구성된 교사 집단을 가정해 보자. 이 집단에서 가장 효과적인 교사는 다른 교사들이 1년 안에 가르칠 내용을 6개월 안에 가르칠 것이다. 그리고 이 중 가장 덜 효과적인 교사의 학생들은 같은 내용을 2년 이상 걸려서 배울 것이다. 다른 말로

---

7) 역자 주: z=0.15의 백분위는 약 56%이다.

하자면, 최고의 교사들은 가장 효과적이지 못한 교사들에 비해서 학생들에게 4배에 달하는 내용을 더 가르치게 된다.

마찬가지로 중요한 것은 교사의 질이 결과의 평등을 촉진하는 데 중요한 역할을 한다는 점이다. 미국에서 많은 정책입안자는 수월성(excellence)과 형평성(equity)이 어느 정도 긴장 상태에 있다고 가정하는 것으로 보인다. 즉, 둘 중 하나는 가질 수 있지만 둘 다 가질 수는 없다는 것이다. 그러나 국제 비교 연구에 따르면, 성취도 평균이 높은(수월성) 국가들도 학생들 간 성취도의 개인차가 적은 것(형평성)으로 나타났다(Bursten, 1992; Mullis, Martin, & Foy, 2008; OECD, 2016).

앞서 언급한 바와 같이, Sanders와 Rivers(1996)는 교사의 질 향상이 성취도가 높은 학생들보다 성취도가 낮은 학생들에게 더 큰 혜택을 나타낸다고 보고하였다. 특히 15세와 16세 학생들을 대상으로 한 연구(Slater, Davies, & Burgess, 2008)에서도 우수 교사의 혜택은 저성취 학생들에게 가장 큰 것으로 나타났다(흥미롭게도 고성취 학생들이 평균적인 학생들보다 더 많은 혜택을 받는 것으로 나타남). 유치원과 1학년 교실에서 이루어진 Bridget Hamre와 Robert Pianta(2005)의 연구[인지 능력과 학업성취도의 표준화 검사인 Woodcock-Johnson 심리교육 배터리(개정판)의 검사 점수를 활용함]에 따르면, 읽기와 수학에서 가장 많은 향상을 보인 교실에서는 사회경제적으로 불리한 배경을 가진 학생들은 부유한 가정 출신 학생들만큼이나 성장을 하였고, 또한 행동장애(예: 공격적이거나 반항적인 행동)를 가진 학생들도 그렇지 않은 학생들만큼 성장한 것으로 파악되었다. 즉, 평균적으로 더 효과적인 교사는 위험에 처한 학생들에게는 훨씬 더 효과적인 것으로 나타났다.

이 마지막 결과는 Basil Bernstein의 주장("교육이 사회를 보상할 수 없다")이 틀렸다는 것을 보여 주기 때문에 특히 중요하다. 교육의 질이 높으면 교육은 사회를 보상할 수 있다! 이상적으로는 단기간에 최고의 교사를 가장 필요로 하는 학생들에게 제공할 수 있는 방법을 찾는 것이다. 그렇게 한다면 가장 낮은 점수를 받은 학생들이 최고의 교사에게 배우도록 보장함으로써 공평한 결과를 확보할 수 있을 것이다. 그러나 이것은 (단기적으로 보면) 고성취 학생들로부터 최고의 교사들을 빼앗는 것을 의미하고, 이는 정치적으로 도전적인 일이다.

장기적으로 교사의 자질 향상에 초점을 맞추는 것은 교사 할당(배치)이 더 이상 제로섬 게임(역자 주: 한쪽의 이득과 다른 쪽의 손실을 더하면 제로가 되는 게임)이 아니라는 것을 의미한다. 성취 격차에 대한 우리의 초점은 고성취 학생과 저성취 학생의 차이에 주목하는 것이다. 만약 이것을 격차의 문제로만 생각한다면 가장 낮은 성취자의 성취를 높이거나, 가장 높은 성취자의 성취를 낮춤으로써 격차를 줄일 수 있을 것이다. 이는 형평성은 수월성의 적이라고 간주하는 전통적인 생각이며, 이는 더 이상 신뢰받는 이야기가 아니다. 따라서 학력 격차를 줄이는 것에 대해 생각하기보다는 우리는 모든 학생이 우수 성취 수준에 도달하도록, 즉 모두를 위한 수월성에 대한 목표를 세울 필요가 있다. 그리고 이를 위한 방법은 매우 간단한데, 바로 교사의 질을 높이는 것이다. Michael Barber가 말했듯이, "교육의 질은 교사의 질을 넘어설 수 없다"(Barber & Mourshed, 2007, p. 19).

5. 교사의 질 제고 방안

교사의 질이 교육에서 가장 중요한 단일 변수라는 인식은 교사의 질을 어떻게 하면 향상할 수 있는지에 대한 탐구로 이어졌고, 오직 두 가지 선택지만 있다. 첫 번째는 기존 교사들을 더 나은 교사들로 교체하려는 시도인데, 여기에는 현직 교사들을 해고하는 것과 교사 입문을 위한 기준(신규 교사의 질)을 상향 조정하는 것이 포함된다. 두 번째는 현직 교사의 질을 높이는 것이다. 그러나 현직 교사의 수행을 개선하려는 과거의 시도가 거의 성공하지 못했기 때문에, 일부 저자들은 유일한 개선 방법은 바로 현직 교사 해고와 신규 교사 진입 문턱을 높게 하는 등과 같은 "교사 교체"라고 제안하였다(예: Hanushek, 2010 참조).

물론 교사 해고는 정치적으로 매력적일 수 있다. 비효율적인 교사를 없애는 것에 반대할 사람이 누가 있을까? 하지만 이는 실행하기 어렵고, 실현 가능성이 낮거나 실현되더라도 시간이 오래 걸릴 것이다(예: Winters & Cowen, 2013 참조). 그 이유는 첫째, 교사들이 성취도 차이를 만들 수 있다는 점을 우리가 알고 있지만, 누가 정말 가장 효과적인 교사인지 알아내는 것은 (물론 불가능하지는 않더라도) 매우 어려운 일이다. 둘째, 이 방법이 효과적이기 위해서는 우선 어떤 교사를 해고하면 이 자리를 다른 교사로 대체할 수 있어야 하고, 또한 현직 교사는 아니면서 좋은 잠재력을 지닌 '더 나은' 교사가 있어야만 가능하다. Jack Welch는 매년 가장 낮은 성과를 내는 하위 10%의 직원을 해고해야 한다고 생각하였다(Welch & Welch, 2005). "사기가 좋아질 때까지 해고는 계속될 것"이라는 말은 농담처럼 들릴지도 모른다. 이런 접근이 고용된 사람들에게 부정적인 영향을 미치지 않더라도, 그것은 해고되는 10%의 직원을 더 나은 직원으로 대체할 수 있을 때에만 효과적이다. 만약 새로 채용된 직원들이 해고된 직원들보다 더 우수하지 않다면 이러한 10%의 해고 규칙은 직원의 평균적인 질을 오히려 저하시킬 것이다.

현직 교사를 해고하는 방법의 또 다른 문제점은 그 효과가 매우 느리게 나타난다는 점이다. 즉, 가장 낮은 수행을 보이는 교사(하위 10%)를 약간 더 나은 교사로 대체하는 것은 평균적인 교사의 질에 눈에 띄는 영향을 미치는 데까지 거의 수년이 걸릴 것이다. 이와 같이 적절한 교사를 뽑는 것이 어렵다는 점을 감안할 때, 당연히 신규교사의 질을 향상시키는 것에 많은 관심이 집중된다.

교육적 성취를 향상시키는 방법을 찾을 때, 많은 사람은 핀란드나 싱가포르와 같이 학생 성취도가 높은 국가들에 주목한다(Tucker, 2011). 그러므로 (놀랄 것도 없이) 많은 사람이 교사가 되기를 원하기 때문에 예비 교사 양성 프로그램(예: 사범대학, 교육대학) 입학을 위한 경쟁이 치열하다. 예를 들어, 12학년 말에 핀란드 고등학생들은 졸업시험을 본다. 또한 핀란드에서는 대학에 가기를 원하는 모든 학생은 국가 필기시험을 봐야 하고, 성적이 좋은 사람들은 지원한 대학에서 정한 두 번째 시험을 보게 된다. 2014년 120명을 뽑는 헬싱키 대학교의 예비 교사 프로그램에 총 1,650명이 지원하였다(Sahlberg, 2015). 이 대학은 고교 졸업 시험과 대학 입학 시험 점수를 조합하여 대략 70명의 학생을 선발했고, 대학 시험만으로 50명의 학생을 선발하였다. 이처럼 핀란드는 가장 성취도가 높은 학생들만 모집한다고 말하는 것은 사실이 아니지만, 확실히 가장 성취도가 높은 학생의 3분의 1 정도는 모집한다(Ingersoll, 2007).

대조적으로 미국에서는 대학 성적이 낮은 학생들이 주로 교사가 되는 경향이 있다. Marigee Bacolod(2007)에 따르면, 1980년대 중반에는 신임 교사의 약 10%만이 고등학교에서 성적이 좋았던 사람(상위 20%)들인 반면, 다른 직업들의 경우에는 약 60% 이상이 고등학교 때 성취도가 높았던 사람들이었다. 이런 현상은 예상대로 교사를 모집할 때, 학업성취도가 높은 사람들을 더 많이 모집해야 한다는 요구로 이어졌다. 하지만 이러한 해결책의 문제는 성취도가 교사의 질과 관련이 있다는 증거가 거의 없다(Harris & Sass, 2009)는 사실이다. 물론 이것은 가르치는 데 있어서 학업 능력이 중요하지 않다는 것을 의미하지는 않는다. 교사가 되기 위해서는 분명히 어느 정도의 학업 능력이 필요하므로 교사에게 대학 학위를 요구하는 것이다. 그러나 놀라운 것은 '학위 자격'은 크게 중요하지 않다는 점이다(Harris & Sass, 2009). 평균 대학 성적이 높은 교사들은 다른 교사들보다 더 효과적인 것 같지 않다. 더욱 놀라운 것은 교육학 석사 학위를 가진 교사들이 단지 학사 학위를 가진 교사들보다 더 효과적이지도 않았다(Harris & Sass, 2009). 일부 연구자들은 학생들이 얼마나 많이 배울 것인지를 일관되게 예측하는 유일한 교사 변수는 교사 IQ(Hanushek & Rivkin, 2006)라고 주장하기까지 했다. 반면 다른 연구(Harris & Sass, 2009)에서는 교사의 지적 능력과 학생들의 성취 향상 사이에 일관된 관계가 없다고 보고하였다.

한편 21세기 연구자들은 어떤 종류의 교사 지식이 학생들의 성취 향상에 기여하는지를 파악하는 데 기여하였다. 예를 들어, 초등학교 교사들의 수학 교수 지식(Mathematical Knowledge for Teaching: MKT) 점수는 학생들의 수학 성취 향상과 통계적으로 유의한 상관관계가 있었다(Hill, Rowan, & Ball, 2005). 비록 그 효과가 사회경제적 지위나 인종 변수보다는 더 컸지만, 실질적으로 그 효과는 작은 편이다. 교사의 수학 교수 지식이 1 표준편차 단위만큼 상승하면 학생의 학습률은 4% 정도 향상되었다. 다르게 표현하면, MKT에서 높은 점수를 보인 교사의 학생(즉, 평균보다 1 표준편차 높은)은 평균 점수를 받은 교사의 학생이 52주 동안 학습할 내용을 50주 내에 학습할 것이다. 이처럼 차이가 있기는 하지만 크지는 않다. 이미 앞에서 우리가 고찰하였듯이, 교사의 질이 1 표준편차만큼 향상되면 학생들의 학습률을 40% 정도 증가시켰다. 반면 MKT 점수가 1 표준편차만큼 향상되면 학생들의 학습률을 4%까지 증가시킨다는 것을 방금 확인하였다. 이는 교과 지식은 교사 질의 분산(편차)의 오직 10% 정도만 설명할 수 있음을 시사한다.

Hill 등(2005)의 연구에서 교사 지식이 학생들의 성취 향상에 미치는 영향은 실망스러울 정도로 작을 수 있지만, 이것은 사실 선행 연구에서 나타난 가장 강력한 영향 요인 중 하나이다. 13,000명 이상의 교사를 대상으로 한 연구(이 연구는 LA 통합 학군(LAUSD)의 30만 명 이상의 학생을 대상으로 하고, 거의 100만 개의 문항에 대한 학생 응답을 포함하고 있음)에 따르면 학생들의 성취 향상은 교사 자격 시험 점수와도 무관했고, 또한 고급 학위(advanced degree)를 가진 교사에게서 더 효과적이지도 않았다(Buddin & Zamarro, 2009). 가장 놀라운 것은 이 연구에서 (모든 초등학교 교사가 반드시 통과해야 하는) 읽기 지도 능력 평가 점수와 학생들의 읽기 점수 사이에는 아무런 관계가 없다는 것이다. 그러나 이 시험은 모든 초등학교 교사의 필수 요건으로서 이 시험에 불합격한 교사는 수업을 할 수 없다. 따라서 연구자들 스스로도 지적했듯이, 이 시험이 부족한 교사를 가려내는 데 효과적이지 않다고 단정 짓기는 어렵다. 그러나 이 결과는 교사의 읽기 교수 지식과 학생의 읽기 성취 간의 관계는 매우 미미하거나 거의 존재하지 않음을 시사한다(Buddin & Zamarro, 2009).

〈New Yorker〉의 한 기사에서 Malcolm Gladwell(2008a)은 이 상황을 미식축구 리그(NFL)에서 좋은 쿼터백을 찾는 어려움에 비유하였다. 분명히 대부분의 포지션은 대학 시절 해당 선수의 수행이 NFL에서의 수행을 예측하지만, 쿼터백 선수의 경우 대학에서 얼마나 잘하였는지 여부가 프로에서 얼마나 잘 뛸지를 예측하는 데 도움이 되지 않는다. 대학 때 우수했던 쿼터백이 NFL에서 잘 뛰지 못하는 한 가지 가능한 이유로는 프로 경기가 매우 복잡하기 때문이다(Gladwell, 2008a). 이러한 불일치를 줄이기 위해 NFL로 선발된 모든 선수는 이제 Wonderlic 인사 평가를 받도록 되어 있다(이 평가는 50개 문항으로 구성되었고, 수리, 기하학, 논리적·언어적 추론 평가이다). 불행하게도 여러 연구에서 보여 주었듯이(예: Mirabile, 2005), Wonderlic 평가 점수와 NFL에서 쿼터백이 얼마나 잘하는지 간에는 명확한 관계가 없는 것으로 나타났다. 예를 들어, 1999년 드래프트의 첫 라운드에서 선택된 5명의 쿼터백 중 단 한 명 (Donovan McNabb)만이 명예의 전당에 오를 가능성이 있었지만, 그의 점수는 5명 중 가장 낮았다. McNabb과 유사한 점수를 받은 다른 쿼터백으로는 Dan Marino와 Terry Bradshaw가 있었으며, 이들은 역사상 가장 위대한 쿼터백 중 두 명으로 널리 인정받고 있다(Mirabile, 2005). 비록 NFL 내에서 누가 잘할 것이고 누가 못할 것인지를 예측하려는 노력이 계속되어 왔지만, Gladwell(2008a)은 NFL의 수행을 예측하는 유일한 방법은 NFL에서 그를 시험해 보는 것이라고 제안하였다. 가르치는 것도 이와 마찬가지인 것 같다. Thomas Kane과 Douglas Staiger는 좋은 교사 한 명을 얻기 위해서는 4명의 예비 교사를 시험해 봐야 한다고 추정했지만, 교사가 되기 위해 필요한 자질을 가지고 있는지를 알아내는 유일한 방법은 교실에서 시험해 보는 것일 수도 있다(Gladwell, 2008a 참조).

누가 최고의 교사가 될 것인지를 미리 알 수 있다고 해도, 이러한 정보를 가지고 유용한 일을 하려면 시간이 오래 걸릴 것이다. 예를 들어, 각 교사들이 얼마나 잘할 것인지를 정확히 예측할 수 있다고 가정해 보자. 또한 교사가 되고 싶어 하는 사람들이 너무 많아서 그 기준을 높일 수 있어 현재 교사 지원자 중 3분의 2만이 교사가 될 수 있도록 그 기준을 높인다면, 시간이 지남에 따라 이것은 확실히 교사의 질을 높일 것이다. 하지만 오늘날 우리가 교사 선발을 위한 기준을 높인다면 그 기준을 올리기 전에 이미 가르치기 시작한 현직 교사들이 은퇴하기까지는 40년이 걸릴 것이다. 그러나 우리는 그렇게 오래 기다릴 수는 없다. 가장 덜 효과적인 교사들을 해고하고 예비 교사의 질을 높이려고 노력하는 것은 어느 정도 효과가 있을 것이지만, 그 효과는 작을 가능성이 높다. 또한 이는 우리 학생들이 필요로 하는 교사의 질 개선과는 다소 차이가 있을 것이다. 만약 경제적 미래를 보장하는 것에 대해 진지하게 생각한다면, 우리는 이미 우리 학교에서 일하고 있는 현직 교사들의 질을 향상시키는 것을 도와야 할 것이다. 이를 (저자의) ETS(Edcational Testing Service)의 전 동료인 Marnie Thompson은 "함께 있는 사람을 사랑하라" 전략이라고 불렀다.

6. 결론

    교육성과를 개선하는 것은 중요한 경제적 필요성이 있고, 이를 달성할 수 있는 유일한 방법은 교사의 질을 개선하는 것이다. 가장 덜 효과적인 교사들을 파악하고 이들을 해고하는 것은 신규 교사의 질을 높이는 것과 마찬가지로 어느 정도 역할을 할 것이다. 하지만 이 장에서 고찰한 선행 연구와 경험적 데이터에 따르면, 이러한 조치의 효과는 매우 작고 또한 그 성과가 나타나기까지는 오랜 시간이 걸린다. 요약하자면 만약 우리가 학생들의 성취도를 높이기 위해 이 조치들에 의존한다면 그 혜택은 너무 작을 것이다. 또한 그 효과가 너무 늦게 나타남으로 인해 세계 최고의 경제국 중 하나로서 미국의 지위를 유지하기 어려울 수 있다. 따라서 미국의 미래 경제 번영은 현직 교사들에게 투자하는 데 달려 있다고 할 수 있다.

제 2 장

형성평가의
필요성

**형성평가의
필요성**

앞선 1장에서는 학생의 학업성취를 어떻게 높이는지가 국가경제의 우선순위이며, 그 유일한 방법이 교사의 질 향상에 있다고 논의했다. 또한 기존 교사 대신에 신규 교사의 자질을 개선하는 것이 기껏해야 미미한 효과를 가져올 것이라는 점을 확인했고, 향후의 경제를 안정적으로 유지하기 위해서는 현장 교사 전체가 보다 효과적으로 기능할 수 있도록 돕는 것이 중요하다는 점도 확인했다.

이번 장에서는 특히 학습 스타일, 교육 신경과학, 교과 내용 지식에 초점을 맞춘 교사 전문성 개발 연구를 검토한다. 그리고 교사 수업의 질을 향상시키기 위한 다양한 방법이 있지만 그중에서 교사가 일상적으로 시시각각 진행하는 형성평가에 대한 관심이 학생의 학업성취에 가장 큰 영향을 미칠 가능성을 선행 연구에 근거하여 살펴본다. 이어서 형성평가의 기원에 대해 논의하고 형성평가가 정확히 무엇인지 정의하고자 한다. 이번 장의 마지막 부분에서는 이어지는 각 장의 주제가 될 형성평가 전략을 제시하고 교수-학습을 연결하는 다리로서 평가의 역할에 대해 논의하고자 한다.

1. 교사 전문성 개발의 중요성

호주 초등학생 9만 명의 시험 점수가 포함된 데이터를 분석한 Andrew Leigh (2010)의 연구를 살펴보면, 미국에서 실행된 연구와 마찬가지로 학생들의 시험 점수와 교사의 석사 학위 여부는 아무런 관련이 없는 것으로 나타났다. 그러나 [그림 2-1]에서 볼 수 있듯이, 학생의 학습량과 교사의 교직 경력 사이에는 통계적으로 유의한 관계가 나타났다.

[그림 2-1]을 살펴보면 교직 경력에 따라 교사가 창출하는 가치는 교직에 종사한 첫 5년 동안 특히 빠르게 증가했다. 그러나 통계 결과에서 세로축이 의미하는 학습량에 보다 주목해서 결괏값을 살펴볼 필요가 있다. 그래프는 문해력(언어) 관련 교과 교사가 20년 경력의 베테랑일 경우에 학생들은 저경력 교사에게 배울 때보다 양적으로 더 많은 것을 배울 수 있는 것으로 나타났다. 구체적으로 20년 경력의 베테랑

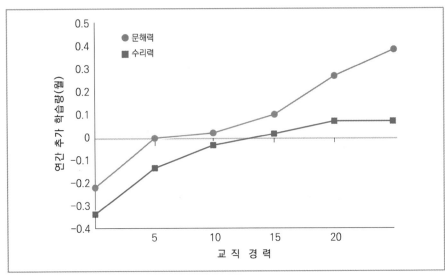

[그림 2-1] 교직 경력에 따른 교사 생산성 증가

출처: Leigh (2010) 각색.

교사에게 배운 학생의 경우에 1년 동안 공부해야 할 학습량에 보름 정도 더 빨리 도달하였다. 바꿔 말하면 베테랑 교사는 저경력 교사가 36주 동안 가르쳐야 하는 수업 내용을 34주 만에 가르칠 수 있다는 의미이다. 연구에 활용된 데이터가 대규모임을 고려할 때, 연구 결과의 차이가 그리 크지는 않지만 교사의 교직 경력과 학생의 학습량 간의 관계는 통계적으로 유의하였다. 연구 결과를 학생의 학습량에 주목해서 살펴본다면 다수의 사람이 전체 교사를 위한 전문성 개발이 더 좋고, 더 나은 해답이라고 주장하는 것은 놀라운 일이 아니다.

실제로 교사의 전문성 개발이 필요 없다고 말하는 사람은 찾기 어려우며, 미국 대부분의 주에서 교사를 위한 전문성 개발을 법적 의무 사항으로 제시하고 있다. 그러나 이러한 요건은 대부분 의미가 없을 정도로 느슨하게 표현되어 있다. 예를 들어, 펜실베이니아주의 법 48(1999년 11월 23일, 법률 529, 48호)을 살펴보면 교사는 5년마다 교육 자격증 유형 또는 담당 분야와 관련된 180시간의 전문성 개발 연수를 이수해야 한다. 여기서 주목해야 할 부분은 교사가 자신의 수업을 개선한다거나 어떤 것을 배워야 하는지에 대해서는 요구사항이 없다는 것이다. 유일한 요건은 180시간이라는 전문성 개발 연수를 견뎌 내는 것뿐이다.

많은 주에서 이러한 요구사항을 교사들이 해당 분야의 최신 동향에 '뒤처지지 않아야 한다'는 필요성으로 정당화하지만, 이러한 정당화는 단지 교사들이 최신 유행을 쫓도록 부추길 뿐이다. 매년 교육의 중점이 바뀌며, 어떤 해에는 모든 교과에서 언어교육을 강조하다가, 다음 해에는 학생들의 다양한 필요에 맞춘 차별화된 교수법을 강조하기도 한다. 교사들은 혁신에 시달리기 때문에 이러한 혁신 중 어느 하나도 제대로 뿌리를 내릴 시간이 없다. 그렇기 때문에 실제로 아무것도 변하지 않는다. 더 큰 문제는 교실에서 일어나는 일이 실질적으로 전혀 개선되지 않을 뿐만 아니라, 교사들은 끊임없이 쏟아지는 혁신에 대해 냉소적인 태도를 갖게 된다는 점이다. 교사에게 전문성 개발이 필요한 이유는 새로운 교육 방법에 대해 최신 정보를 유지하기 위한 것이 아니다. 교사에게 전문성 개발이 필요한 이유는 가르치는 일이 너무 어렵고 복잡하기 때문에 평생 동안 숙달하기에도 충분하지 않기 때문이다.

가르치는 일은 매우 복잡하기 때문에 훌륭한 직업이 될 수 있다. 헐리우드에서 가장 높은 연봉을 받던 영화음악 작곡가 André Previn은 어느 날 갑자기 일을 그만두었다. 사람들은 왜 이 멋진 직업을 그만두었냐고 물었고, 그는 "더 이상 두렵지 않았기 때문"이라고 대답했다. 그는 매일 사무실로 출근하면서 자신의 직업이 자신에게 아무런 도전도 주지 않는다고 생각했다. 하지만 교사들은 이런 걱정을 할 필요가 없다.

최고의 교사도 실패한다. 이런 교사들과 이야기를 나누다 보면 수업이 아무리 잘 진행되었더라도 항상 아쉬운 점이 있고, 다음에는 다르게 해야 할 점을 떠올릴 수 있다. 하지만 학생들의 노트를 모아서 우리가 말한 내용을 어떻게 생각했는지 살펴보면 상황은 훨씬 더 나빠질 수 있다. 그렇기 때문에 Doug Lemov(2010)는 교사가 아무리 많은 성공을 거둔다고 해도 충분하지 않다고 말했다. 자신이 성공했다고 생각하는 교사는 학생들에 대한 기대치가 낮은 교사뿐이다. "이 아이들에게서 무엇을 기대할 수 있을까?"라고 질문하는 교사들 말이다. 물론 그 대답은 학생들이 그런 교사에게서 배우는 것보다 훨씬 더 많이 성취하고 있다는 점이다. 최고의 교사는 학생의 성취에 대한 포부가 너무 높기 때문에 항상 실패한다(일반적으로 교사가 학생보다 훨씬 더 높은 포부를 가지고 있다).

저자는 수업의 질을 평가할 수 있는 연구 도구가 있는지 찾고 있다는 연락을 자주 받는다. 어떤 교사가 훌륭하고 어떤 교사가 그렇지 않은지 알아내는 것보다는 교사의 개선을 돕는 것이 훨씬 흥미롭기 때문에 그런 도구는 갖고 있지 않다. 어떤 교사도 너무 훌륭하거나 너무 나쁘다는 이유로 개선할 수 없는 것은 아니다. 그렇기 때문에 전문성 개발이 필요하다.

교사 전문성 개발이 가치가 있다는 데에는 널리 동의하지만, 어떤 형태로 이루어져야 하는지에 대한 합의는 훨씬 적다. 교사 전문성 개발의 초점이 무엇에 맞춰져야 하는지에 대한 연구도 거의 없다. 방학 기간에 1~5일 동안 진행되는 단기간의 연수가 가장 일반적인 모델임에도 불구하고 그 효과가 제한적이라는 데에는 의견이 일치한다(Muijs, Kyriakides, van der Werf, Creemers, Timperley, & Earl, 2014). 이제 교사 전문성 개발을 위해 가장 인기 있는 몇 가지 중점 분야를 살펴보자.

1) 학습 스타일

많은 교사는 학생들의 학습 스타일과 관련된 이론의 발전에 매력을 느낀다. 학습자마다 선호하는 학습 스타일이 다르다는 생각은 매력적이며 직관적이기도 하다. 모든 교사는 경험적으로 학생들이 실제로 다르다는 것이 틀림없다고 인식한다. 그러나 학습 스타일이 무엇인지, 학습 스타일을 정의하는 방법에 대해서는 심리학자들 사이에 거의 합의가 이루어지지 않았다. 이 분야에 대한 Coffield, Moseley, Hal과 Ecclestone(2004)의 연구를 살펴보면, 71개의 서로 다른 모델을 가진 학습 스타일 분류를 확인할 수 있다. 새로운 학습 스타일 분류를 제안한 다수의 연구가 실제로는 "앞서 나가고 싶으면 이론을 익히세요"(Karmiloff-Smith & Inhelder, 1974/1975)라는 Annette Karmiloff-Smith의 조언을 따랐다는 인상을 준다. 일부 연구에서는 이를 측정하는 데 사용된 설문지가 불명확해서 어떤 날에 가졌던 학습 스타일이 어떤 날에는 다른 학습 스타일을 가지는 것으로 분류되기도 한다(Boyle, 1995). 다른 연구의 이론들도 개인이 사고하고 학습하는 방식에서 쉽게 변하지 않고 비교적 안정적으로 나타나는 차이를 활용하는 것 같지만, 이를 교육에 사용할 방법은 보이지 않는다.

학생의 개별 학습 스타일을 고려하면 학습이 향상된다는 결과를 보여 주려고 시도한 많은 연구가 있었지만 여전히 증거를 찾기 어렵다(Coffield et al., 2004). 심리과학협회에서는 미국 최고의 교육 심리학자들로 구성된 블루리본 패널에 학생들이 선호하는 학습 스타일로 가르치는 것이 학생의 성취도에 영향을 미친다는 증거가 있는지 확인할 수 있는 연구를 검토해 달라고 요청했다. 그들은 학생들이 선호하는 학습 스타일로 가르치는 것의 이점을 보여 주는 실험[1]이 세 가지 조건을 충족해야 한다는 것을 깨달았다.

① 학습자의 예상 학습 스타일을 평가한 후 교사는 학습자를 두 개 이상의 그룹(예: 시각·청각·운동 감각 학습자)으로 나눈다.
② 교사는 각 학습 스타일 그룹에 속한 학습자를 최소 두 가지 이상의 서로 다른 교수법(예: 시각 및 청각 기반 접근법)에 무작위로 할당한다.
③ 교사는 연구에 참여한 모든 학생에게 동일한 성취도 시험을 치르게 한다.

이러한 실험에서 한 학습 스타일 그룹(예: 시각 학습자)의 시험 성적을 가장 높게 얻도록 한 학습 방법이 다른 학습 스타일 그룹(예: 청각 학습자)의 시험 성적을 높인 학습 방법과 다르다는 결과가 나온다면 융합 가설이 지지될 수 있다. 연구 결과 검토 과정에서 융합 가설을 부분적으로라도 지지하는 연구는 단 한 건, 융합 가설과 명백히 모순되는 연구는 두 건을 발견했다. "학생의 학습 스타일을 분류하는 것이 실용적 유용성을 갖는지는 아직 입증되지 않았다"(Pashler, McDaniel, Rohrer, & Bjork, 2008, p. 117).

물론 현재 융합 가설을 지지하는 증거가 없다고 해서 앞으로도 증거가 나오지 않을 것이라는 의미는 아니다. 증거가 없다는 것이 실제로 유용성이 없다는 증거도 되지는 않는다. 그러나 학습 스타일 연구의 전체 아이디어는 교육 설계의 목적이 학습을 쉽게 만드는 것으로 가정하고 있고, 이러한 기본 가정 자체가 잘못되었을 수 있기

---

1) 역자 주: 융합(meshing) 가설이라고 부르는데, 학습자가 새로운 정보를 자신의 기존 지식과 융합 (즉, 'meshing')할 때 학습 효과가 더 크다는 이론을 말한다.

때문에 틀린 것일 수 있다.

1920년대 Hugh Carlton Blodgett의 선구적인 연구 이후 심리학자들은 학습 과제 수행이 장기적인 기억력을 예측하는 데 적합하지 않다는 사실을 발견했다(이 연구에 대한 요약은 Soderstrom & Bjork, 2015 참조). 더 정확하게 말하면 학습자가 학습 과제를 잘 수행하면 학습 과제를 잘못 수행했을 때보다 더 빨리 잊어버릴 가능성이 높다. 즉, 좋은 교육은 학습자에게 "바람직한 어려움(desirable difficulty)"(Bjork, 1994, p. 193)을 만들어 주어야 한다. Daniel Willingham(2009)이 말했듯이, "기억은 생각의 잔여물"이다. 학생들이 선호하는 학습 스타일에 맞춰 수업을 진행하려고 노력한다면 오히려 배움이 줄어들 수 있다. 학생들이 학습 내용을 이해하기 위해 열심히 노력할 필요가 없다면 6주 뒤까지 내용을 기억하고 있을 가능성은 줄어든다. 따라서 여기서 얻을 수 있는 가장 중요한 교훈은 교사가 자신에게 가장 편한 방식으로만 가르치는 실수를 피하기 위해서 학생들의 학습 스타일에 대해 알아야 한다는 점이다. 학습 스타일과 학습 전략에 관한 문헌 검토 연구에서는 다음과 같은 결론을 내렸다(Adey, Fairbrother, Wiliam, Johnson, & Jones, 1999).

> 실현 가능한 유일한 '해결책'은 교사가 각 학생의 스타일에 맞춰 가르치려고 노력하는 것이 아니라 오히려 서로 다른 스타일을 인식하고(학생들도 서로 다른 스타일이 있음을 인식하도록 도와주어야 함), 모든 학생이 가능한 한 다양한 스타일을 사용하도록 장려하는 것이다. 학생들은 자신의 학습 스타일을 최대한 활용하는 방법과 다양한 학습 스타일을 사용하는 방법을 모두 배워야 하며, 자신의 능력이 제한되어 있다는 생각이 가지는 위험성을 이해해야 한다.

교사의 수업 스타일이 다양하다면 모든 학생이 자신의 컴포트 존(comfort zone)[2]에 있을 때의 경험과 그 너머로 나아가는 경험을 할 수 있게 된다. 궁극적으로 가르치는 일은 학생들이 서로 다르기 때문에 흥미롭지만, 서로 비슷하기 때문에 가능하

---

2) 역자 주: 컴포트 존(comfort zone)은 학생이 특별한 노력이나 도전을 하지 않고 심리적 안정감을 느끼는 영역을 의미한다.

다는 점을 기억해야 한다.

2) 교육 신경과학

뇌에 대해 알게 된 내용을 효과적으로 교육을 설계하는 데 적용하는 것이 교사의 전문성 개발을 위한 또 다른 잠재적 영역이자 많은 관심을 받고 있는 분야이다. 인지 심리학자들은 뇌가 무엇을 하고 어떻게 작동하는지를 이해하기 위해 노력하는 반면, 신경 과학자들은 뇌가 하는 일을 생리작용과 연결시키려고 노력한다.

뇌 생리를 교육 문제와 연관시키려는 초기 시도 중 일부는 교육 및 훈련 분야의 다양한 과제에서 좌뇌와 우뇌가 각기 다른 역할을 한다고 주장한다. 하지만 결론이 불분명하다는 명백한 증거가 있음에도 불구하고(예: Hines, 1987 참조), 뇌 생리를 교육 문제와 연관시키려는 시도는 계속되고 있다. 인지 신경과학의 최신 연구 결과를 활용하여 두뇌 기반 교육을 개발할 수 있는 방법에 대한 제안이 학교로 물밀듯이 쏟아지고 있다. 이러한 주장은 시기상조이고, 최악의 경우 허위라는 증거가 많음에도 불구하고(예: Bruer, 1997, 1999; Goswami, 2006; Howard-Jones, 2009) 여전히 많은 신경학적 신화가 넘쳐나고 있다.

- 중국, 그리스, 네덜란드, 튀르키예, 영국 교사의 약 50%는 인간이 뇌의 10% 정도만 사용한다고 믿고 있으며, 이들 국가의 교사 90% 이상은 학생들이 선호하는 학습 스타일로 가르치는 것이 더 효과적이라고 믿고 있다(Howard-Jones, 2014). 이 두 가지 주장은 모두 사실이 아니다.
- 사람들은 말도 안 되게 설명이 되어 있더라도 신경과학에 근거했다고 하면 그 심리 보고서를 믿을 가능성이 더 높다(Weisberg, Keil, Goodstein, Rawson, & Gray, 2008).
- 네덜란드와 영국의 교사 중 50% 이상이 설탕이 많이 함유된 음료나 간식을 먹으면 아이들이 주의력이 떨어진다고 믿고 있으며(실제로는 그렇지 않다), 90%는 좌뇌와 우뇌 중 어느 쪽이 우세한지에 따라 학습자 간의 개인차를 설명할 수 있다고

믿고 있다(실제로는 그렇지 않다; Dekker, Lee, Howard-Jones, & Jolles, 2012).
- 많은 사람이 '읽은 내용의 10%, 들은 내용의 20%, 본 내용의 30%, 보고 들은 내용의 50%, 보고 쓴 내용의 70%, 행동한 내용의 90%를 기억한다'라고 믿고 있다. 이러한 의심스러운 비율을 뒷받침할 만한 증거가 전혀 없음에도 불구하고 그렇게 믿고 있다(De Bruyckere, Kirschner, & Hulshof, 2015).

좌뇌는 분석적이고 우뇌는 창의적이라는 생각, Brain Gym(www.braingym.org)과 같은 활동으로 뇌를 훈련할 수 있다는 생각, 남성과 여성의 뇌가 다르다는 생각, 클래식 음악을 들으면 아이의 인지발달이 향상된다는 생각(소위 모차르트 효과), 잠자는 동안에도 학습이 가능하다는 생각 등 다양한 신경학적 신화가 있다. 현재 우리가 아는 한 이 중 어느 것도 사실이 아니다(De Bruyckere, Kirschner, & Hulshof, 2015). 사실 우리는 뇌가 어떻게 작동하고 어떤 활동이 학생들의 학습에 도움이 되는지를 많이 알게 되었지만, 이러한 발견은 신경과학이 아닌 인지과학에서 나왔다. 오히려 신경과학은 인지과학에서 이미 알게 된 내용에 대한 그럴듯한 설명 메커니즘을 제공해 준다. 신경과학 및 교육 분야의 두 저명한 전문가인 Sergio Della Sala와 Mike Anderson(2012)은 그들의 저서 『교육에서의 신경과학(Neuroscience in Education)』의 서문에서 이렇게 말했다.

'신경과학'이라는 용어의 사용은 교육에 매력적일 수 있지만 실제 교육에서 유용한 것은 인지심리학인 것 같다. 그 이유는 간단하다. 우리는 교육자에게는 어떤 방식의 학습이 다른 방식보다 더 효율적이라는 연구 결과가 뇌의 어느 부위에서 학습이 일어나는지 아는 것보다 훨씬 더 중요하다고 믿기 때문이다. 실제로 신경과학과 교육 사이에는 간극이 존재한다. 그러나 그 간극은 신경과학자와 교사의 '상호작용'(거의 항상 전자가 후자를 후원함으로써 구성됨)이나 교사에게 기초 신경과학을 교육하고 신경과학자가 어린이 교육에 적극적으로 참여함으로써 두 분야를 '연결'하는 것으로는 메워지지 않는다. 오히려 궁극적으로 그 간극을 메울 수 있는 것은 인지심리학을 기반으로 하는 증거 기반 교육의 발전이다.

3) 교과 내용 지식

인지 신경과학에 대한 교사 연수가 도움이 되지 않는다면 교사의 교과에 대한 지식을 늘리는 것은 어떨까? 교사가 자신이 가르치는 교과에 대해 더 많이 알수록 학생들도 더 많이 배울 수 있다.

국제 학업성취도 평가 결과에 따르면, 미국보다 더 성공적인 국가의 교사들이 자신이 가르치는 과목에 대해 더 높은 지식을 가지고 있다는 증거가 있다(Babcock et al., 2010; Ma, 1999). 이는 적어도 교사 전문성 개발이 자신이 가르치는 과목에 대한 교사의 지식에 초점을 맞춰야 한다는 광범위한 믿음을 부분적으로 지지하는 것으로 보인다.

모든 종류의 교과 지식이 학생의 학업성취도에 동일한 영향을 미치는 것은 아니라는 점에 유의할 필요가 있다. 독일의 고등학교 수학 교사를 대상으로 한 연구에 따르면, 교사가 고급 수학 지식(예: 대학에서 배운 수학 내용학적 지식)을 가지고 있을 때 오히려 학생들은 더 많은 진전을 이루지 못했다. 그러나 Hill, Rowan과 Ball(2005)의 연구에서 알 수 있듯이, 교사가 자신이 가르치고 있는 학교 수준의 수학에 대해 깊이 이해하고 있을 때 학생들은 더 많은 진전을 보였다(Baumert et al., 2010). 따라서 교사의 교육과정에 대한 심도 있는 이해가 교과 내용에 대한 심화 학습보다 학생의 성장에 더 큰 도움이 될 수 있다.

앞서 살펴본 Hill 등(2005)과 Baumert 등(2010)의 연구를 포함하여 교사의 교과 지식과 학생의 학업성취도 간의 관계에 대한 대부분의 연구는 횡단 연구이다. 연구자들은 학생들의 학업성취도가 높은 교사가 더 높은 교과 지식 수준을 가지고 있는지 확인해 보려고 했다. 그러나 이 둘 사이에 연관성이 발견되더라도 그것이 무엇을 의미하는지는 명확하지 않다. 정말로 중요한 것은 일반적인 지적 능력일 수도 있다. 지적 능력이 높은 사람이 해당 과목을 더 쉽게 배우고 더 효과적인 교사가 될 수도 있다. 이러한 일반적인 지적 능력이 미치는 영향을 배제하기 위해 특정 교사는 과목 지식을 향상시키는 데 집중하고, 다른 교사는 다른 분야에 집중한 후 학생들의 학업 성취를 비교하는 실험연구를 진행해 봤지만 결과는 기대에 미치지 못했다.

방학 중 전문성 개발 워크숍이 교사의 교과 지식을 향상시키는 것은 사실이지만,

교사의 교과 지식을 향상시킨 대부분의 연구에서 학생의 성취도에 미치는 영향은 거의 또는 전혀 발견되지 않았다. 예를 들어, 초등 2학년 교사의 읽기 교육을 개선하기 위해 고안된 전문성 개발에 대한 평가에서는 다음과 같은 결과가 나타났다. 8일간의 내용 중심 워크숍을 통해 교사의 과학 기반 읽기 교육에 대한 지식이 증가했으며, 전문성 개발에서 강조된 교사의 실제 수업 실행도 개선되었다(Garet et al., 2008). 그러나 학년 말에 치른 학생들의 읽기 시험 점수에는 아무런 영향이 없었다. 더욱 놀라운 사실은 워크숍을 학교 내 코칭으로 보완했을 때에도 그 효과는 동일했다.

12개 교육청, 77개 학교의 중학교 수학 교사를 대상으로 한 전문성 개발 평가에서도 비슷한 결과가 나타났다(Garet et al., 2010). 교육청에서 의도한 대로 프로그램을 실행한 결과, 추첨을 통해 선발된 참가자들에게 평균 55시간의 추가 전문성 개발 연수 시간이 제공되었다. 전문성 개발은 교사가 교실에서 사용하는 교육과정과 관련이 있도록 특별히 설계되었고, 교사의 수업 실천(특히 학생의 사고를 이끌어 내는 활동에 참여하는 정도)에 어느 정도 영향을 미쳤다. 하지만 교사의 개입이 중점적으로 이루어진 특정 영역(비와 비율, 분수, 백분율, 소수)에서도 학생 성취도에는 영향을 미치지 않았다. 또한 유아교육에서 수학 및 과학 학습을 개선하기 위해 시도한 연구에서도 교사의 교과 지식 증가가 학생의 성취도에 영향을 미치지 않는 것으로 나타났다 (Piasta, Logan, Pelatti, Capps, & Petrill, 2015).

이러한 결과는 전혀 직관적이지 않다(명백히 반직관적이다). 교사가 가르치는 과목을 잘 알고 있어야 한다는 점은 분명해 보이지만, 교사의 과목 지식과 학생의 학업성취도 사이의 관계는 약하다. 교사의 과목 지식을 늘려 학생의 학업성취도를 높이려는 거의 모든 시도는 실패했다.

물론 이러한 실패는 좋은 수업에 필요한 교과 지식이 무엇인지 제대로 파악하지 못했기 때문일 수도 있다. 하지만 좋은 수업에는 단순히 과목에 대해 아는 것 이상의 무언가가 있음을 시사한다. 우리는 교사가 차이를 만든다는 것을 알고 있지만, 무엇이 교사의 차이를 만드는지에 대해서는 거의 모른다. 그러나 여러 교과, 여러 연령대, 여러 국가에 걸쳐 학생의 성취도에 큰 영향력을 보여 주는 문헌이 있는데, 바로 형성평가에 관한 연구이다.

2. 형성평가의 기원

1967년 학문적 철학자이자 다양한 분야에 박식한 Michael Scriven은 "교육과정의 지속적인 개선"을 위한 평가의 역할을 설명하기 위해 '형성평가'라는 용어를 만들었다. Scriven은 형성평가를 총괄평가와 구분하면서 총괄평가의 역할을 다음과 같이 설명했다.

> 관리자는 평가 프로세스를 활용하여 학교 전체 교육과정이 충분히 중요한 진전을 이루었는지 판단할 수 있다(Scriven, 1967, pp. 41-42).

2년 후, Benjamin Bloom(1969)은 교실 평가에도 동일한 구분을 적용했다.

> 이와는 대조적으로 교수-학습 과정의 각 단계에서 피드백 및 교정을 제공하기 위해 '형성평가'를 사용하는 경우도 있다. 형성평가에서는 교사와 학생이 학습 과정의 보조 도구로 사용하는 간단한 검사(test)를 평가라고 말할 수 있다. 이러한 검사도 채점하여 학생 평가의 판단 및 분류 기능의 일부로 사용할 수 있다. 하지만 채점 과정과 분리하여 주로 교수-학습을 보조하는 용도로 사용하면 형성평가를 훨씬 더 효과적으로 사용할 수 있다.

Bloom(1969)은 "교수-학습 과정과 직접적으로 연관된 평가는 학생의 학습, 교사의 수업 과정, 교사와 학생의 수업 자료 사용에 매우 유익한 영향을 미칠 수 있다"고 했다.

Bloom의 연구 이후 20년 동안 교육자들은 '형성적'이라는 용어를 드물게 사용했지만, 많은 연구에서 평가가 교수-학습에 정보를 제공한다는 점의 중요성을 강조하기 시작했다. 그중 인지적으로 안내된 교수법(Cognitively Guided Instruction: CGI)[3]이

---

3) 역자 주: 인지적으로 안내된 교수법(cognitively guided instruction)은 학생의 수학적 사고가 어떻게 발달하는지에 대한 이해와 학생들이 자신이 가진 개념을 내부에서부터 구성하도록 돕는 방법에 대한 고찰에서 출발한 교수법이다.

가장 잘 알려져 있다.

맨 처음으로 시행된 CGI 프로젝트에는 21명의 초등학교 교사가 참여했다. 교사들은 4년에 걸친 워크숍에서 학생 사고의 중요한 측면을 설명하는 영상의 요약본을 살펴보았다. 워크숍 후 연구팀은 교사들에게 학생이 어떤 문제의 해결 방법을 다른 문제를 푸는 데 적용하거나, 해결할 수 있는 다른 방식과 연관시켜 보도록 하는 등 자신이 본 내용을 성찰하도록 유도했다(전체 프로젝트에 대한 요약은 Fennema et al., 1996 참조). 프로젝트 전반에 걸쳐 연구팀은 교사들이 학생의 성취에 대해 수집한 증거를 활용하여 학생의 학습 요구를 더 잘 충족시킬 수 있도록 수업을 조정하도록 권장했다. CGI 프로젝트에 참여한 경험이 있는 교사가 가르친 학생들은 수, 사실 지식, 이해력, 문제해결력, 자신감에서 더 나은 성과를 보였으며(Carpenter, Fennema, Peterson, Chiang, & Loef, 1989), 프로그램 종료 4년 후에도 참여 교사들은 여전히 프로그램의 원칙을 실행하고 있었다(Franke, Carpenter, Levi, & Fennema, 2001).

평가를 통한 수업 조정의 강력한 효과는 1991년 측정 및 계획 시스템(Measurement And Planning System: MAPS)의 실험 연구에서도 생생하게 드러났다(Bergan, Sladeczek, Schwarz, & Smith, 1991). 이 연구에서는 교사 29명이 조교, 현장 관리자와 함께 유치원생 428명의 학습 준비도를 평가하였다. 아이들은 가을 학기에 수학과 읽기 평가를 받았고, 이듬해 봄 학기에 다시 한번 평가를 받았다. 교사들은 평가 결과를 해석하는 방법과 교실 활동 라이브러리[4]를 사용하여 개별화 교육을 하는 방법을 배웠다. 그런 다음 연구자들은 이 유치원생들의 성적과 다른 27의 교사가 가르친 유치원생 410명의 성적을 비교했다. 학기말에 대조군 학생의 27%는 다음 학기 특수교육 프로그램 배정을 위해 의뢰되었고, 그중 20%는 실제로 배정되었다. MAPS 그룹에서는 6%만이 특수교육 프로그램 의뢰를 받았으며, 실제로 배정된 학생은 2% 미만이었다.

이러한 구체적인 연구 외에도 1980년대 후반의 많은 연구에서는 수업에서 정보를 제공하기 위해 평가를 사용하는 것의 중요성을 강조하기 시작했다. Lynn Fuchs

---

4) 역자 주: 유치원 교육에 일반적으로 사용되는 일련의 활동이지만 경험적으로 검증된 발달 과정과 특별히 연계된 활동이다.

와 Douglas Fuchs(1986)는 특별한 도움이 필요한 학생을 위한 수업에서 평가 활용에 관한 21개의 연구 결과를 종합했는데, 정기적인 평가(주당 2~5회)와 후속 조치를 통해 학생들의 학습이 크게 향상되었다는 사실을 발견했다. 몇 가지 다른 연구 결과도 주목할 만했다. 첫째, 일부 연구에서는 교사가 학생을 평가하기 전에 수업 계획을 언제, 어떻게 변경해야 하는지 알려 주는 체계적인 평가 규칙을 만든 반면, 다른 연구에서는 교사가 학생들의 결과를 보고 나서 수업에 변화가 필요한지 판단했다. 두 전략 모두 학생의 성취도를 높였지만, 교사가 판단이 아닌 규칙을 사용하여 다음에 해야 할 일을 결정했을 때 그 효과는 두 배 더 컸다. 둘째, 교사가 개별 학생의 성취도 그래프를 통해 학생의 향상 정도를 파악하여 행동에 대한 지침과 자극[5]을 제공했을 때 그 효과는 향상 정도를 파악하지 않았을 때보다 거의 세 배나 컸다. 이러한 결과는 교사가 증거에 기반하여 다음에 해야 할 일을 결정할 때 학생들이 더 많은 것을 배운다는 것을 시사한다.

그 후 Gary Natriello(1987)와 Terence Crooks(1988)의 두 가지 추가 연구 검토에서는 교실 평가가 학습을 향상시킬 수 있으나 학생 성취도에 상당한 부정적인 영향을 미칠 수 있다는 증거를 제공했다. Natriello(1987)는 자신이 검토한 연구 대부분이 설계에서 피드백의 질과 양 등 핵심적인 내용을 구분하지 못했기 때문에 일반화가 어렵다고 결론지었다. 결과적으로 일부 연구에서는 평가가 해로울 수 있다는 사실이 밝혀졌지만, 그 이유는 명확히 파악하지 못했다. 그는 또한 평가는 학교에서 다양한 목적으로 사용되는데, 많은 연구에 따르면 학생을 선발하기 위해 고안된 평가(예: 성적 부여)는 학습을 지원하기 위해 특별히 고안된 평가에 비하여 학생의 성취도를 향상시키지는 못한다고 지적했다. Crooks(1988)는 학생에 대한 평가 실제의 영향, 특히 교실 평가가 학습에 영향을 미칠 수 있지만 학생을 채점, 분류 및 순위 매기기와 같은 총합적인 목적으로 평가를 사용하는 경우가 너무 많아 학습에 방해가 될 수 있다고 결론내렸다.

1998년, 저자는 Paul Black과 함께 Natriello와 Crooks의 선행 연구를 고찰한 논

---

5) 역자 주: 교사의 질문, 과제, 보상 등 학생들이 더 적극적으로 참여하고 학습 활동에 몰입하도록 하는 요소들을 의미한다.

문을 업데이트해 보려고 했다. 여러 문제점 중 하나는 연구 분야를 어떻게 정의할 것인가 하는 것이었다. 두 논문의 리뷰에는 각각 91개와 241개의 참고 문헌이 인용되었지만, 두 논문에서 공통적으로 인용된 참고 문헌은 9개에 불과했다. 두 논문 모두 Fuchs와 Fuch(1986)의 리뷰를 인용하지 않았다. 많은 연구에서 관련 연구를 찾기 위해 검색했지만, 저자들이 사용한 키워드가 너무 일관적이지 않아서 큰 도움이 되지 않았다. 한 연구자가 형성적 평가(assessment)라는 용어를 사용하는 경우에 다른 연구자는 형성적 평가(evaluation)를 사용하고, 또 다른 연구자는 반응적 교수법(responsive teaching)이라는 용어를 사용하기도 했다. 결국 실제로 도서관에 들어가서 물리적으로 조사하는 것 외에는 대안이 없다고 판단했고, 1987년부터 1997년까지 76개의 교육 및 심리학 저널 중 관련 연구가 포함되어 있을 가능성이 가장 높다고 생각되는 저널을 찾아보았다. 초록을 읽고 관련성이 있어 보이는 경우에 해당 연구를 읽었다. 이 과정을 통해 교실 평가 및 학습 분야와 관련된 600여 개의 연구를 발견했고, 이 중 약 250건이 직접적으로 관련이 있는 연구였다.

이 시점에서 우리가 확인한 연구에 대해 공식적인 메타 분석을 수행하는 것을 고려했지만, 연구 범위가 너무 다양하기 때문에 메타 분석이 적절하지 않다는 것을 금방 깨달았다(교육에서 메타 분석의 문제점에 대한 확장된 분석은 Wiliam, 2016 참조). 대신 우리는 교실 평가 과정이 학생에게 미치는 영향을 정량화하기보다는 현장을 이해하는 것이 주된 목적이었기 때문에 구성적 검토(configurative review)를 수행했다(Gough, 2015). 검토한 많은 연구에서 교실 평가 과정에 주의를 기울이면 학생의 학습 속도를 크게 높일 수 있으며, 어떤 경우에는 학생의 학습 속도를 두 배 높일 수 있다는 상당히 효과가 큰 증거를 제시했다. 연구의 다양성 때문에 모든 교실에 쉽게 적용할 수 있는 간단한 방법은 없다는 것을 깨달았지만, 추가 연구를 위한 몇 가지 유익한 방법을 찾았다고 확신했다.

일부 한계가 있고 심지어 부정적인 결과도 존재하지만, 연구 결과에서 성과를 달성할 수 있는 조건과 맥락의 범위는 상당한 학습 개선을 이루는 원칙들이 견고하다는 것을 시사한다. 다양한 경로를 통해 상당한 이점을 얻을 수 있으며, 여기서의 이니셔티브는 섬세하고 미묘한 기능을 무시해도 실패하지 않을 것이다(Black & Wiliam, 1998a, pp. 61-62).

공식적인 메타분석을 수행하지는 않았지만, 후속 논문(Black & Wiliam, 1998b)에서 실무자와 정책입안자에게 형성평가의 잠재적 이점에 대한 몇 가지 지침을 제공하려고 노력했다. 형성평가를 효과적으로 사용하면 성취도가 0.4~0.7 표준편차만큼 증가하며, 이는 학생의 학습률이 50~70% 증가하는 것과 같다(자세한 내용은 Wiliam, 2006 참조).

이는 교실에서 형성평가를 우선순위에 두어야 한다는 설득력 있는 근거가 될 수 있다고 확신했지만 이러한 아이디어가 실제 교실, 특히 학생들이 정기적으로 외부 표준화 시험을 치르고 교사가 학생의 성취도에 대해 책임을 져야 하는 상황에서 구현될 수 있을지는 확신할 수 없었다.

따라서 영국 내 2개 학군의 6개 학교에서 24명(나중에 36명으로 확대)의 중등 수학 및 과학 교사를 모집하여 교실에서의 형성평가가 어떤 모습일지 살펴보았다(Black, Harrison, Lee, Marshall, & Wiliam, 2003). 교사들과의 작업은 크게 두 가지로 구성되었다. 첫째, 18개월 동안 8차례에 걸친 워크숍을 통해 교사들에게 평가가 학습을 지원하는 방법의 기초가 되는 연구 기반(연구 결과와 지식)을 소개하고, 형성적 평가 실행을 위한 자체 계획을 개발할 수 있는 기회를 제공했으며, 이후 회의에서 동료 교사들과 함께 교실에서 시도한 변화에 대해 논의할 수 있는 시간을 마련하였다. 교사들의 계획서에는 대부분 형성적 평가의 활용도를 높이고자 하는 수업에서 중요한 두세 가지 영역에 대한 언급과 이를 실현하기 위해 사용할 수 있는 기법에 대한 세부 사항이 포함되어 있었다. 둘째, 연구자들이 교실을 방문하여 워크숍에서 논의한 아이디어를 실행하는 교사들을 관찰하고 그들의 아이디어를 더 효과적으로 실행할 수 있는 방법에 대해 논의할 수 있도록 했다.

각 교사가 형성평가의 어떤 측면을 강조하고 어떤 수업에서 시도할지 스스로 결정했기 때문에 전통적인 실험 설계를 사용하여 개입의 효과를 평가하는 것은 불가능했다. 그래서 다중 실험을 설계했다. 한 교사가 형성적 평가 기법을 시도하고 있는 각 학급에 대해 가장 유사한 비교 학급을 찾아서 형성적 평가를 사용하고 있는 학급의 시험 점수와 비교 학급의 시험 점수를 비교하는 미니 실험을 설정했다. 각 학급의 수업은 같은 교사가 가르치는 수업, 교사가 이전에 가르쳤던 수업과 비슷한 수업 또는 다른 교사가 가르치는 비슷한 수업이었다. 이 실험 설계는 실험에 참여한 교사가 처음부터 더 나은 교사였을 수 있기 때문에 무작위 할당 실험만큼 좋지 않으므로 결과를 신중하게 해석해야 한다. 그럼에도 불구하고 이 연구에 따르면, 교사가 형성적 평가 기법을 사용한 학생들은 외부 표준화 검사로 측정했을 때 1년 동안 다른 학생들보다 두 배 더 많이 성장했다(Wiliam, Lee, Harrison, & Blade, 2004).

3. 형성평가의 정의

　형성평가가 학생의 학습에 큰 영향을 미칠 수 있다는 증거가 쌓이면서 많은 연구자가 형성평가에 대해 다양하게 정의했다. Paul Black과 Dylan Wiliam(1998a)은 형성평가를 "교사 및/또는 학생이 수행하는 모든 활동을 포괄하는 것으로, 교사와 학생이 참여하는 교수 및 학습 활동을 수정하기 위한 피드백으로 사용할 정보를 제공하는 것"이라고 정의하였다. 비슷한 시기에 저술한 Bronwen Cowie와 Beverley Bell(1999)은 이에 약간의 조건을 붙여서 교사와 학생이 학습이 진행되는 동안에 평가에서 얻은 정보를 바탕으로 행동할 것을 요구하는 것으로 구체화했고, 형성평가를 "학습하는 동안에 교사와 학생이 학습을 향상시키기 위해 학생의 학습을 인식하고 이에 반응하기 위해 사용하는 과정"으로 정의하였다(Cowie & Bell, 1999, p. 32). 다른 학자들도 수업 중 행동의 필요성을 강조하며 형성평가를 "교수 또는 학습을 개선하기 위한 목적으로 수업 과정에서 수행되는 평가"로 정의하였다(Shepard et al., 2005, p. 275). 8개국의 사례를 검토한 결과, OECD에서는 형성평가를 "학습 요구를 파악하고 수업을 적절하게 조정하기 위해 학생의 향상과 이해에 대한 빈번하고 상호작용적인 평가"로 정의하였다(Looney, 2005, p. 21에서 인용).
　이러한 정의에서 주목할 만한 점은 암묵적으로나마 형성평가를 하나의 과정으로 간주한다는 점이다. 예를 들어, Measured Progress[6]의 공동 창립자인 Stuart Kahl(2005)은 "형성평가를 '교사가 가르치는 특정 주제와 기술에 대한 학생의 이해도를 측정하는 데 사용하는 도구'라고 정의하였다. 이는 학습내용(자료)을 가르치는 동안에 특정 학생의 오해와 실수를 파악하기 위한 '중간(midstream)' 도구로 인식하는 것이다." 실제로 교육자들은 교육을 개선하기 위한 과정이라기보다는 특정 종류의 평가 도구를 지칭하는 용도로 형성평가를 더 자주 사용하는 것으로 보인다.

　형성평가라는 용어를 어떤 것(평가 자체)에 적용하려고 할 때 어려운 점은 그것이 잘 적용되지 않는다는 것이다. AP[7](Advanced Placement) 시험을 보려고 준비하는 학생들을 가르치고 있는 미적분 교사를 생각해 보자. 다른 많은 교사와 마찬가지로, 이 교사는 학생들에게 정식 시험과 동일한 조건 하에서 모의고사를 치러 보게 한다. 그런 다음 대부분의 교사는 시험지를 수거하여 채점하고 학생에게 코멘트를 작성한 후 학생들에게 시험지를 돌려주어 학생들이 어디가 틀렸는지 확인할 수 있도록 할 것이다. 하지만 이 교사는 조금 다른 방식을 취하는데, 시험이 끝나면 시험지를 수거하지만 채점은 하지 않는다. 대신에 다음 수업 시간에 4명의 학생으로 구성된 각 그룹은 채점되지 않은 시험지와 빈 시험지 1장을 받아 최대한 정답에 가까운 종합 답안을 작성하게 한다. 각 그룹 내에서 학생들은 각 질문에 대한 답변을 비교하고 가장 좋은 답변이 무엇인지 토론하면서 자신의 답변을 검토하게 한다. 수업이 끝나면 교사는 학급 전체와 함께 활동을 검토하고, 각 그룹이 합의한 답을 나머지 학생들과 공유하도록 요청한다.

　교사가 사용하는 AP 미적분 평가는 전적으로 총합(summative)적인 목적으로 설계되었다. 미국 학생들은 고등학교 재학 중에 대학 수준의 과목을 공부하고 해당 과목에 대한 AP 시험[미국의 대학 위원회(College Board)에서 주관]을 치를 수 있게 된다. 만약 이 시험에서 우수한 성적을 받게 되면 대학 학점을 인정받게 되고, 대학에 들어가서 일부 필수과목을 면제 받게 된다. 그러나 이 교사는 평가 도구를 형성적으로 사용하였고, Black과 Wiliam은 이를 "총합 시험의 형성적 사용"이라고 불렀다(Black

6) 역자 주: 교육 평가 및 평가 솔루션을 제공하는 미국의 비영리 기관이다.
7) 역자 주: 미국 고등학교에서 제공되는 대학 수준의 과정 및 평가이다.

et al., 2003, p. 53). 사실 평가를 형성적이라고 설명하는 것은 철학자 Gilbert Ryle(1949)
이 말하는 범주의 오류이다. 바위를 행복하다고 묘사하는 것과 같이 어떤 것에 가질
수 없는 속성을 부여하는 오류이다. 교사는 동일한 평가를 형성평가와 총합평가 모
두로 사용할 수 있으므로 형성 및 총합이라는 용어는 평가 자체보다는 평가 데이터
가 제공하는 기능에 대한 설명으로 훨씬 더 의미가 있다(Wiliam & Black, 1996).

　일부 연구자들(예: Popham, 2006; Shepard, 2008)은 수업이 개선되지 않는 한 형성평
가라는 용어를 사용하지 말 것을 요구하였다. 영국의 평가개혁그룹(Assessment
Reform Group: ARG)에서는 학습을 개선하기 위해 평가를 사용하려면 다섯 가지 요소
가 갖추어져야 한다고 주장하였다(Broadfoot et al., 1999에서 인용).

① 학생들에게 효과적인 피드백 제공하기
② 학생들이 자신의 학습에 적극적으로 참여하도록 하기
③ 평가 결과를 고려한 교수법 조정하기
④ 평가가 학생들의 동기와 자존감에 미치는 결정적 영향 인식하기
⑤ 학생들이 스스로를 평가하고 개선하는 방법을 이해할 수 있도록 하기

　또한 영국의 ARG는 사람들이 주로 사용하는 의미의 '형성평가'라는 용어가 이러
한 평가 활용 방식을 설명하는 데 도움이 되지 않는다는 의견을 제시하였다. 왜냐하
면 '형성'이라는 용어 자체는 다양한 해석이 열려 있으며, 평가가 자주 시행되고, 수
업 이상을 의미하지 않기 때문이다(Broadfoot et al., 1999, p. 7). 대신, 영국의 ARG는
'학습을 위한 평가(assessment for learning)'라는 문구를 사용하는 것이 바람직하다고
제안하였다.

　'학습을 위한 평가'라는 용어가 가장 먼저 사용된 것은 『지적장애 학생의 학습을
위한 평가』(Mittler, 1973)라는 책에서 나온 것으로 보인다. Harry Black(1986)은 이 용
어를 『교육 성취도 평가(Assessing Educational Achievement)』라는 책 중 한 장의 제목
으로 사용했으며, Mary James는 1992년 뉴올리언스에서 열린 감독 및 교육과정 개
발 협회 연례 컨퍼런스에서 발표한 논문의 제목으로 이 용어를 더 많은 사람에게

알렸으며(James, 1992), 또한 '형성평가'와 매우 다른 '학습을 위한 평가'라는 용어를 사용한 Rick Stiggins의 연구로 인해 북미에서 보편화되었다.

미국에서는 수년 동안 교육자들이 학생의 성취도를 모니터링하는 과정을 설명하기 위해 형성평가라는 용어를 사용했다. 학생들은 정기적인 기간(일반적으로 4주에서 10주)에 평가를 치렀고, 교사는 그 평가 결과를 검토하여 충분한 향상을 보이고 있는지 파악한다. 학생의 성취가 부족할 경우에 교사는 그 학생의 성취를 향상시키기 위해 무엇이 필요한지 점검하게 된다(이때 벤치마크(benchmark) 평가 또는 중간(interim) 평가를 활용한다).

이제 학생의 향상 정도를 모니터링하는 것이 좋은 일이라는 것을 인식하는 것이 중요하다. 잘 운영되는 조직이라면 목표를 향한 향상 정도를 모니터링할 수 있어야 한다. Edwards Deming은 "우리가 믿는 신 안에서 다른 모든 사람은 데이터를 가져와야 한다(In God we trust. All others bring data)."라고 말한 것으로 유명하다(Hastie, Tibshirani, & Friedman, 2009, p. vii).[8] 그러나 형성평가가 단순히 어떤 학생이 뒤처지고 있는지를 파악하는 데 그친다면 학생 성취도에 미치는 영향은 제한적이다. 형성평가에 대한 이러한 제한적인 관점에 대한 대응으로 다음과 같은 주장이 제기되었다. 평가 교육 연구소의 설립자 Rick Stiggins(2005)는 다음과 같이 썼다.

> 형성평가가 더 자주 이루어지는 것이라면, 학습을 위한 평가는 지속적으로 이루어지는 것이다. 형성평가가 교사에게 증거를 제공하는 것이라면, 학습을 위한 평가는 학생 스스로에게 정보를 제공하는 것이다. 형성평가가 성취기준을 충족하는 학생과 충족하지 못하는 학생을 알려 주는 것이라면, 학습을 위한 평가는 학습이 진행되는 동안(아직 학생에게 도움이 될 시간이 있을 때에) 각 학생이 각 기준을 충족하기 위해 어떤 진전을 보이고 있는지를 알려준다.

형성평가라는 용어를 학습을 위한 평가라는 용어로 대체하는 것만으로는 부족한

---

8) 역자 주: 신을 믿는 것처럼 확실한 신뢰를 가진 유일한 존재는 신이며, 나머지 사람들(혹은 주장들) 은 그들의 주장을 뒷받침하기 위해 신뢰할 수 있는 데이터나 증거를 제시해야 한다는 의미이다.

점이 있다(Bennett, 2011). 정말 중요한 것은 무엇이라고 부르는지가 아니라 어떤 종류의 프로세스를 중요하게 여기는지이다. Randy Bennett(2011)이 지적했듯이, 형성평가가 과정의 문제이거나 도구의 문제일 뿐이라고 말하는 것처럼 지나치게 단순화되어 있다는 것이 문제이다. 좋은 과정에는 좋은 도구가 필요하며, 교사가 지능적으로 사용하지 않으면 도구는 쓸모가 없게 된다.

Merriam-Webster의 온라인 사전에 따르면 형성적(formative)이라는 단어의 원래 문자 그대로의 의미는 "성장과 발달에 의해 변화할 수 있는"(formative, 2017)이다. 이는 형성평가가 수업을 형성(shape)해야 한다는 것을 시사한다. 우리의 형성적 경험은 현재의 우리를 형성(shape)한 경험이므로 평가가 수업을 형성(shape)할 수 있는 모든 방식을 수용하는 정의가 필요하다. 그리고 그 방법은 다양하다. 다음에 예로 든 여덟 가지 시나리오를 고려해 보자.

〈사례 1〉 한 과학 교육과정을 담당하는 장학사는 학군 내의 중학교 과학 교사들에게 제공할 여름 워크숍을 계획해야 했다. 장학사는 학군 내 중학생들이 작년 주 시험에서 받은 점수를 분석한 결과, 과학 점수는 대체로 다른 주와 비슷하지만, 생명 과학에 비해 물리 항목 문항에서 다소 낮은 점수를 받은 것으로 나타났다. 따라서 워크숍의 내용을 물리에 맞춰 진행하였고, 학군의 중학교 과학 교사들도 잘 참석했다. 교사들은 다음 학기에 여름 동안에 개발한 수정된 수업 방법을 사용했다. 그 결과, 다음 해 봄 학생들이 주 시험을 치를 때 물리 문항에서 학군 내 중학생들의 성취도가 높아져서 학군 전체의 성적이 향상되었다.

〈사례 2〉 매년 대수학1을 가르치는 고등학교 교사 그룹은 주 전체 대수학1 시험에서 학생들의 성적을 검토하고, 특히 시험의 각 문항의 난이도를 살펴보았다. 문항의 난이도가 예상한 것보다 낮으면 교사가 해당 내용에 대한 수업 준비를 어떻게 했고, 어떤 수업 방식을 사용하였는지 점검한 뒤 다음 해에 교사가 수업을 강화할 수 있는 방법을 고려하였다.

〈사례 3〉 학생의 진도를 확인하기 위해 교육과정과 연계된 일련의 중간시험을 6주에서 10주 간격으로 시행하였다. 또한 학생이 주 시험에 합격할 확률이 80%인 기준 값을 결정하고, 중간시험 점수가 기준 값에 미달하는 학생은 토요일 오전에 추가 수업에 참석하도록 요구하였다.

〈사례 4〉 2003년부터 필라델피아 교육청에서는 학년을 6주 주기로 나누어서 촘촘하게 짜인 계획 및 일정이 포함된 핵심 교육과정을 의무화했다. 6주마다 교육청에서는 교사가 처음 5주를 수업에 사용하고, 마지막 주에 학생들이 선다형 시험을 치르면, 교사는 이를 바탕으로 주기의 마지막 주를 어떻게 보낼지 결정할 수 있다. 학생이 잘 수행한 경우 교사는 일반적으로 심화 및 향상 활동을 계획하지만, 학생들의 이해도가 부족하다고 판단되면 마지막 주를 '재교육 주간'으로 지정한다(Oláh, Lawrence, & Riggan, 2010).

〈사례 5〉 중학교 과학 교사가 도르래와 지렛대에 관한 단원을 설계했다. 이 단원에 14차시를 할당했지만 11차시에 모든 내용을 다루도록 계획하였다. 일본에서 흔히 볼 수 있는 아이디어(예: Lewis, 2002 참조)를 바탕으로 12차시에서 교사는 학생들에게 퀴즈를 내고 과제를 제출하게 하였다. 교사는 퀴즈와 과제를 채점하는 대신에 학생들의 답지를 주의 깊게 읽어 보면서 학생들이 무엇을 배웠고, 무엇을 좀 더 배워야 하는지 등의 내용을 파악하였다. 이러한 내용을 바탕으로 13, 14차시에 필요한 보충수업을 실시하였다.

〈사례 6〉 한 역사 교사가 역사 사료의 편향성 문제에 대해 가르쳤다. 수업이 끝나기 3분 전에 학생들은 책을 정리하고 교사가 "역사가들이 역사 자료의 편향성에 대해 우려하는 이유는 무엇인가요?"라는 질문에 답하도록 요청하는 카드를 학생들에게 주었다. 학생들은 수업이 끝나고 교실을 나갈 때 이 카드(출구 카드)를 제출했다. 모든 학생이 퇴장한 후 교사는 카드를 읽고 나서 학생들의 답변이 교사가 다음 내용으로 넘어갈 수 있을 만큼 충분히 이해했다고 결론을 내릴 경우에 학생들의 응답 카드를 버렸다.

〈사례 7〉 한 언어학 교사가 학생들에게 다양한 종류의 비유적 언어에 대해 가르쳤다. 수업을 진행하기 전에 학생들이 자신이 가르친 용어에 대해 얼마나 이해하고 있는지 확인하고 싶어 실시간 시험을 실시하였다. 교사는 각 학생에게 문자 A, B, C, D, E, F가 적힌 6장의 카드를 주고 칠판에 다음 내용을 표시하였다.

A. 두운법

B. 의성어

C. 과장

D. 의인화

E. 직유

F. 은유

그런 다음 교사는 다음의 문장을 읽었다.

① 이 배낭의 무게는 엄청나다.

② 그는 집만큼이나 키가 컸다.

③ 달콤하게 웃는 햇살이 모든 눈을 녹였다.

④ 그는 자전거 운전자에게 경적을 울렸다.

⑤ 소 잃고 외양간 고친다.

교사가 각 문장을 읽은 후, 학생들에게 다섯 개의 문장 각각에 어떤 종류의 비유적 언어가 등장하는지를 나타내는 문자 카드(또는 카드)를 들어보라고 했다. ①번 문장에는 모든 학생이 정답을 말했지만, ②번 문장에 답할 때는 각 학생이 한 장의 카드(일부는 E를 들고, 일부는 C를 들었다)를 들어야 했다. 교사는 일부 진술이 한 가지 이상의 비유적 언어 유형일 수 있음을 학급에 상기시켰다. 학생들이 정답이 두 가지 이상일 수 있다는 것을 깨닫고 나자 ②번, ③번, ④번 문항의 정답을 맞혔다. 그러나 ⑤번 문장에 대해서는 약 절반의 학생이 정답을 직유라고 생각한다고 말했다. 그러자 교사는 학생들이 ⑤번 문장이 직유 또는 은유라고 생각하는 이유를 말하는 전체 토론을 이끌었다. 몇 분 후, 모든 학생이 그 문장에 '같이'나 '처럼'이 포함되지 않았기 때문에 은유라는 데 동의했다.

〈사례 8〉 AP 미적분 교사가 학생들에게 그래프를 그리는 방법에 대해 가르치고 있는데, 학생들이 주요 원리를 이해했는지 빨리 확인하고 싶어 했다. 선생님은 학생들에게 "$1 + x^2$에 대한 $y = 1$의 그래프를 그려 보세요"라고 했다. 각 학생은 화이트보드에 그래프를 그린 후 교사가 볼 수 있도록 들어 올렸다. 교사는 학생들이 이해했음을 확인하고 수업을 계속 진행했다.

이 여덟 가지 예시에서 교사는 증거를 사용하여 학생의 성취도를 이끌어 내고 해석하여 다음에 수행할 작업을 결정하지만, 이것이 형성평가의 예로 충분할지 여부는 논쟁의 여지가 있다.

종종 교사들에게 이 여덟 가지 사례 중 어떤 것이 형성적이라고 생각하는지 물어보곤 하는데, 거의 일치하는 의견이 없다. 〈사례 1〉의 경우, 특히 장학사를 교사로, 교사를 학생으로 간주하는 경우에 평가는 수업을 개선하지만 많은 사람이 변화가 일어나기까지 2년이 걸린다는 사실에 불만을 표시한다. 〈사례 2〉에 대해서도 비슷한 우려가 제기되는데, 특히 해당 학년의 학생들은 이 과정을 통해 혜택을 받지 못하고, 또한 혜택을 받게 될 다음 학년의 학생들에게서 동일한 문제가 있을지도 의문일 수 있다. 〈사례 3〉은 많은 교사에게 평가가 징벌적인 방식으로 사용되고 있다는 우려를 불러일으키지만, 하버드 경제학자 Roland G. Fryer(2014)가 지적한 것처럼 일부 학생은 성취수준 '우수'에 도달하기 위해 더 많은 교육 시간이 필요하다. 그는 이를 '교육의 기본 원리'라고 불렀다. "학생들이 뒤처지고 있다면 학교에서 더 많은 시간을 보내거나 성적이 우수한 학교는 학생들에게 주말을 4일을 주도록 설득하는 두 가지 선택이 있다. 핵심은 비율을 바꾸는 것이다."

학생들에게 토요일에 추가 수업을 듣도록 요구하는 것은 특히 교통 문제로 인해 추가적인 어려움이 있는 시골 지역에서는 이상적이지 않을 수 있다. 그러나 토요일에 추가 수업이 필요한 학생에게 추가 수업을 제공하는 학교는 적어도 필요한 학생에게 더 많은 수업을 제공할 수 있는 방법에 대한 해결책을 찾은 것이다. 필요한 학생에게 더 많은 교육 정보를 제공할 방법을 찾지 못한 채 '격차 해소'만을 바라는 학교는 평등이라는 개념에 립서비스만 하는 것이다.

〈사례 5〉는 형성평가 과정이 학년도 전체에 적용되는 교육청 차원의 정책이라는 점에서 흥미롭다. 시스템이 작동하는 데 필요한 여유를 만들기 위해 교사는 콘텐츠의 우선순위를 정해야 하는데, 일반적으로 교사와 관리자는 모든 성취기준이 필수적이라고 들었기 때문에 이는 어려운 일이다. 문제는 대부분의 성취기준에 너무 많은 자료가 포함되어 있어서 학습 속도가 가장 빠른 학생들만 주어진 시간 내에 필요한 자료를 습득할 수 있다는 것이다. Robert Marzano 등은 교사들에게 매년 성취기준의 모든 내용을 다루는 데 얼마나 많은 시간이 필요한지 물었고, 그 평균 수치는 20개월이었다(Marzano, Kendall, & Gaddy, 1999).

미국의 공통 핵심 성취기준(Common Core State Standards: CCSS)을 재구성하여 적응하는 주에서는 이 수치가 다소 줄어들었을 수도 있지만, 사실 대부분의 주에서는 대부분의 학생이 주어진 시간 내에 달성할 수 있는 것보다 훨씬 더 많은 내용을 학생들이 학습하도록 지정하고 있다. 물론 교사가 모든 성취기준을 충족할 수 있는 속도로 필요한 자료를 다룰 수는 있지만, 그렇게 되면 대부분의 학생은 허둥댈 것이다. 필라델피아의 학교 시스템에서는 앞서 설명한 것처럼 교사가 어떤 성취기준이 필수적이고, 어떤 성취기준이 바람직한지 선택하고, 우선순위가 지정된 성취기준을 가르친 다음에 평가해야 한다. 학생들이 충분히 진도를 나갔다면 교사는 '재교육 주간'의 일부를 새로운 자료에 투자할 수 있지만, 상당수의 학생이 필수 성취기준에서 충분한 진도를 나가지 못했다면 해당 성취기준을 우선순위로 유지한다. 이 시스템의 가장 큰 특징은 교사가 평가에서 학생들의 성적을 확인하기 전까지는 재교육 주간에 무엇을 가르칠지 모른다는 것이다.

일부 교사는 학생들이 무엇을 배우고 있는지 확인하기 위해 12차시를 기다리는 것은 너무 길다는 의견을 제시하기도 하지만, 그럼에도 대부분의 교사는 〈사례 5〉를 형성평가의 모습이 잘 반영된 사례로 선택한다. 반면 〈사례 6〉은 교사가 학생의 응답을 확인한 뒤 개별적인 피드백을 주지 않고 응답지를 버렸기 때문에 형성평가 사례로 선택하기를 주저하는 모습을 보인다. 이러한 판단은 형성평가의 중요한 부분을 놓치고 있기 때문에 나타나는 현상으로, 〈사례 6〉에서 교사는 애초에 학생들에게 개별 피드백을 주고 싶지 않았기 때문에 출구 카드 방식을 활용했다. 교사의 목표는 다음 차시 수업을 어떻게 시작할지 결정하는 것이었다. 교사에게 왜 출구 카드를 버렸는지 이유를 물어보았고, 교사의 설명을 들은 후에야 의도를 확인할 수 있었다.

> 저자 : 왜 학생들이 작성한 출구 카드를 버리셨어요?
> 교사 : 제가 내일 수업을 어디에서부터 시작해야 할지 알게 되었거든요.
> 저자 : 좀 더 구체적으로 말씀해 주신다면요?
> 교사 : 학생 대부분이 정답을 맞혔어요. 저는 다음 진도를 나갈 거예요.
> 저자 : 만약 학생들이 다음 차시 수업을 공부할 준비가 되지 않은 상황이라면 어떻게 하시겠어요?
> 교사 : 그 부분을 다시 가르칠 거예요. 좀 더 천천히 그리고 좀 더 큰 목소리로요. 농담입니다. 방법을 좀 다르게 해서 그 부분을 다시 가르칠 거예요.
> 저자 : 만약 학생의 절반 정도가 정답을 맞혔고, 절반 정도는 오답을 했다면 어떻게 하시겠어요?
> 교사 : 저는 두 개의 카드를 준비할 겁니다. 하나는 좋은 대답과 다른 하나는 정답이지만 덜 좋은 대답이 적힌 카드요. 그리고 다음 수업 시작 전에 두 가지 문서를 화면으로 보여 준 뒤 전체 학생에게 어느 답안이 더 좋다고 생각하

는지 손가락으로 투표하도록 할 거예요. 그리고 학생들이 가장 많이 선택한 답안을 가지고 다시 내용을 지도할 겁니다.

저자 : 학생들에게 개별 피드백을 주지 않으신 이유는 뭔가요?

교사 : 할 수 없었어요. 학생들은 출구 카드에 이름을 쓰지 않았거든요.

저자 : 왜 학생들에게 출구 카드에 이름을 쓰게 하지 않았죠?

교사 : 그건 정말 어리석은 행동이에요. 만약 학생들에게 개별 피드백을 주려고 했다면, 각자의 이름이 적힌 공책에 답을 쓰도록 했을 겁니다.

교사는 정말 현명한 행동을 했다. 교사는 많은 수의 정답을 표시하는 대신 다음 수업에서 무엇을 가르칠지 결정하기 위해 반 전체의 성취도를 빠르게 읽고 싶었다. 다시 말해 교사는 데이터에 기반한 의사결정(data-driven decision making)을 하지 않고, 의사결정에 기반한 데이터 수집(decision-driven data collection)을 하고 있었다. 교사가 필요한 결정을 내리기 위해 알아야 할 최소한의 정보를 수집하는 모습은 평가에 대한 정말 중요한 원칙을 보여 준다. 데이터에 기반한 의사결정을 옹호하는 사람들은 데이터에 집중하는 경향이 있다. 그들은 미래의 어느 시점에서 유용하게 사용되기를 바라며 데이터를 수집한다. 의사결정에 기반한 데이터에 집중하는 사람들은 데이터를 수집하기 전에 데이터로 무엇을 할지 결정하고 필요한 데이터만 수집한다. 그런 방식으로 그들은 언제나 데이터로 무엇을 해야 할지 알고 있다.

대부분의 교사는 마지막 〈사례 7〉과 〈사례 8〉 두 가지를 자연스러운 형성평가의 모습이라고 생각하는데, 〈사례 8〉에서는 평가 결과에 근거하여 수업을 변경하지 않은 부분에 주목할 필요가 있다. 〈사례 8〉에서 교사는 다음 차시 수업을 진행할 예정이었고, 교사가 수집한 증거는 다음 차시 수업을 진행하는 것이 옳은 결정이라는 것을 알려 주었다. 이 경우 교사가 데이터를 가지고 있어서 더 나은 결정을 내린 것이 아니다. 오히려 교사가 내린 결정은 데이터를 수집하지 않았더라도 정확히 같은 것이었다. 더 나은 결정은 아니었지만 더 나은 근거가 있는 결정이었다. 교사는 이제 직감이 아니라 다음 차시 진도를 나가는 것이 옳은 결정이라는 증거를 가지게 되었기 때문이다.

형성평가의 정의에 대한 다양한 의견을 고려할 때, 형성평가의 사례 중 어느 것이 형성평가인지에 관한 합의를 얻을 수는 없을 것 같다. 어떤 사람들은 데이터가 수집된 학생들이 직접 평가의 수혜자여야 한다고 믿는 반면, 다른 사람들은 평가가 다른 학생들을 위해 형성적으로 기능한다는 것에 만족한다. 일부는 평가가 수업에 거의 즉각적으로 영향을 미쳐야 한다고 믿는 반면, 다른 일부는 평가-해석-행동(assessment-interpretation-action) 주기가 형성적 평가로 간주되는 데 만족한다. 일부는 학생이 형성평가에 대한 개별 피드백을 받아야 한다고 생각하는 반면, 다른 일부는 평가가 전체 학생과 함께 다음 차시 수업에 대한 지침을 교사에게 제공한다는 사실에 만족한다. 더군다나 형성평가라는 용어는 누구도 상표권이나 저작권을 소유할 수 없기 때문에 용어 사용을 제한하려는 시도는 상대적으로 무의미해 보인다. 사람들은 그들이 원하는 방식으로 용어를 사용할 것이다. 그렇기 때문에 다른 사람들이 더 제한적인 정의를 받아들이도록 하기보다는 형성평가를 포괄적으로 정의해야 한다고 생각한다. 물론 더 넓은 정의를 사용하는 것의 문제는 의미가 너무 모호해져서 행동을 안내하는 데 도움이 되지 않는다는 것이다. 이 문제에 대해 많은 시간 생각한 결과, 나는 다음의 정의가 정확성(형성평가인지 아닌지를 명확하게 하는)과 포괄성(우리가 형성평가에 포함하고 싶어 하는 모든 것) 사이에 합리적인 타협을 제공한다고 믿는다.

> 평가가 형성적으로 기능한다는 것은 학생의 학습 성과에 대한 정보를 통해 교사, 학생, 혹은 친구(동료)들이 다음 수업 단계에 대한 결정을 더 잘 내릴 수 있게 되는 경우를 의미한다. 이는 평가 결과를 바탕으로 한 결정이 이전보다 더 나은 교육적 결정을 가능하게 한다는 것이다.

이 정의에서 살펴봐야 할 첫 번째 요점은 평가 자체보다는 평가의 증거가 실제로 제공하는 기능을 설명하기 위해 형성적이라는 용어를 사용한다는 것이다.

두 번째 요점은 실제로 평가를 수행하는 사람에 관한 것이다. 대부분 교사가 의사결정을 내리지만, 정의에는 개별 학습자 또는 결정을 내리는 대리인으로서 학습자들의 동료도 포함된다.

세 번째 요점은 형성평가가 '학습을 위한 평가(assessment for learning)'에 대한 정의처럼 관련된 사람들의 의도가 아닌 의사결정에 초점이 맞춰져 있다는 것이다. 교사가 사용할 의도로 수집하더라도 실제로 사용하지 않은 증거는 도움이 되지 않는다.

네 번째 요점은 세 번째 요점과 연관되는 것으로, 의도보다는 결과적인 행동에 초점이 맞춰져 있다는 점이다. 앞서 언급한 바와 같이, 형성평가에 관한 일부 정의는 교사의 아무런 의사결정이나 조정이 없을 때보다 실제 학생들의 학습을 향상시키는 조정을 만드는 데 평가 결과를 사용할 것을 요구한다. 그러나 이것은 형성평가의 정의를 너무 엄격하게 만들 수 있다. 학습은 특정 상황에서 학습이 일어날 것이라고 보장하기에는 너무나 예측할 수 없기 때문이다. 게다가 형성평가가 없을 때보다 더 나은 학업성취를 가져오도록 요구한다면, 우리는 실제로 일어난 일이 그렇지 않았을 때 발생했던 것과 다르다는 반론을 설정해야 하기 때문에 어떠한 평가도 형성적이었다는 것을 입증하는 것이 불가능하다. 우리의 정의에 반영된 의사결정이 더 나을 가능성이 높다는 확률론적 공식은 가장 잘 설계된 개입이라도 항상 모든 학생에게 더 나은 학습으로 이어지지는 않는다는 사실을 반영한다.

다섯 번째 요점은 수업(instruction)의 다음 단계에 대한 의사결정에 초점이 맞춰져 있다는 것이다. 영어권 국가에서 수업이라는 용어는 교수(teaching)에 대한 훈련(training) 또는 지식 전달 중심의 교수법을 의미한다. 그러나 여기서 수업이라는 용어는 교수와 학습의 결합 또는 학습을 만들어 내려고 의도하는 모든 활동(경험에 의해 가치 있게 행동할 수 있는 개인의 능력이 증가하는 것으로 정의됨)을 의미한다.

여섯 번째 요점은 의사결정이 평가 과정에서 도출되는 증거 없이 내려진 것보다 더 낫거나 더 나은 근거가 있다는 것이다. 최소한 더 근거 있는 결정이 내려진다는 점이다. 더 근거 있는 결정이라는 말의 의미는 앞서 〈사례 5〉와 〈사례 7〉에서 본 것처럼 형성평가가 교사에게 계획했던 수업 활동이 학생들에게 잘 전달되고 있다는 것을 보여 줄 수 있기 때문이다. 형성평가는 행동 방침을 바꾸지 않는 대신 교사의 수업 방식이 옳았다는 것을 보여 주는 결과로 나타날 수도 있다.

한편 형성평가의 중심에 있는 의사결정에 대한 강조는 평가 설계 과정에도 도움이 된다. 소위 많은 형성평가에서 평가 데이터가 생성되고 나면, 교사가 어떤 방식으로든 정보를 사용할 것이라는 기대와 함께 교사에게 전달된다. 그러나 형성평가가 명확한 결정을 염두에 두지 않고 설계된 경우에 평가에서 얻은 정보는 쓸모없게 될 가능성이 높다. 예컨대, 현재 많은 출판사가 학교에서 정기적인 학생 시험(일반적으로 4주에서 10주마다)을 제공한 다음에 결과를 교사에게 피드백한다. 때때로 이런 출판사들은 단순히 어떤 학생이 주 시험에서 숙련도에 도달할 수 있는지에 대한 결과를 보고하지만, 결과가 더 상세하더라도 두 가지 이유로 교사에게 거의 도움이 되지 않는 경우가 많다. 첫째로, 결과는 보통 미국의 주나 지역 수준의 성취기준에 기반하고 있어서 대략적인 결과만을 제공하는 경우에 일반적으로 교사의 교육 의사결정을 안내하기에는 너무 간략하다. 둘째, 교사가 다른 학습 주제로 이동한 후 몇 주 후에 결과가 나오는 경우가 있다. 이러한 종류의 형성평가를 데이터 푸쉬(data-push)라고 부른다(Wylie & Wiliam, 2006). 데이터는 교사들에게 자동적으로 전달되고, 평가를 설계하는 사람들은 교사가 정보로 무엇을 해야 하는지에 대해 명확하지 않지만 교사가 데이터를 사용할 수 있기를 기대한다.

형성평가 설계의 대안이자 이상적인 방법은 의사결정에서 거꾸로 평가를 설계(백워드 설계)하는 것이다. 자신이 내려야 할 결정에 초점을 맞추면 교사는 더 현명한 방법으로 의사결정을 내리는 데 기여할 관련 증거들을 볼 수 있다. 이러한 의사결정 접근 방식을 사용하면 교사는 데이터를 수집하기 전에 충분히 생각했기 때문에 일단 데이터를 수집하면 그 데이터로 무엇을 해야 하는지 알고 있다.

앞에서 제시한 형성평가의 정의를 통해 앞의 모든 사례를 형성평가의 예로 설명할 수 있다. 왜냐하면 각 사례마다 평가가 이루어졌고, 교사가 그 평가 결과를 바탕으로 이전에 증거 없이 결정을 내렸을 때보다 더 나은 결정, 또는 더 근거 있는 결정을 내렸기 때문이다. 그렇기는 하지만 형성평가에 의해 실제로 형성되는 학습의 증거는 차이가 있기 때문에 형성평가의 서로 다른 형태들을 구분할 가치가 있다고 생각한다.

〈사례 1〉~〈사례 4〉는 형성평가의 주기가 최소 4주이기 때문에 장기(long-cycle) 형성평가라고 할 수 있다(1년 이상 지속된 〈사례 1〉 포함). 이러한 장기 형성평가 과정의 주요 목적은 학생의 진도를 모니터링하는 것이며, 〈사례 3〉의 경우에 교육과정,

성취기준과 평가 간의 더 나은 연계성을 확보하는 것이다. 이러한 평가를 종종 벤치마크 또는 중간 평가(interim assessment)라고 한다.

〈사례 5〉는 수업 차시 단위에서 주기가 발생하기 때문에 중간 주기(medium-cycle) 형성평가에 해당한다. 중간 주기 형성평가의 다른 예는 학생들이 그들이 받은 성적에 대한 평가기준을 명확하게 이해하도록 노력하는 형성평가 접근 방법이다. 학생들은 그들의 과제에 적용되는 평가기준을 이해하고, 그들의 수행이 평가기준과 어떤 차이가 있는지를 이해하기 때문에 '선생님께서 나에게 C를 주셨다'가 아니라 '나는 C를 받았다'라고 말한다. 이것은 Rick Stiggins 등이 설명하는 학생의 학습을 위한 교실 평가(classroom assessment for student learning)의 특징이기도 하다(Chappuis, Stiggins, Chappuis, & Arter, 2012; Stiggins, 2001).

〈사례 6〉~〈사례 8〉은 짧은 주기의 형성평가라고 할 수 있다. 왜냐하면 주기 길이가 분 단위, 일 단위이기 때문이다. 이 경우에 데이터 생성에 미치는 영향은 작고, 교사가 학생의 학습 요구에 실시간으로 대응할 수 있도록 지원하는 데 더 많은 영향을 미친다. 이러한 과정은 모든 학생으로부터 증거를 수집하기 때문에 학생의 참여를 높인다.

형성평가의 주기에 따른 관계는 〈표 2-1〉에 제시하였다.

〈표 2-1〉 형성평가에 대한 관점

내용 \ 구분	장기	중기	단기
범위	단원의 수업이 진행되는 과정 또는 학기에 걸쳐	단원의 수업이 진행되는 과정	수업 차시 내외
기간	4주~연간(또는 더 많이)	1~4주간	분, 일 단위
영향	모니터링, 교육과정 연계	학생 참여 교실 평가, 교사의 인지 향상	학생의 참여, 교사의 반응 향상

이미 여러 번 언급했듯이, 앞의 여덟 가지 사례에서 제시한 각 과정을 형성평가로 설명하는 것이 합리적이다. 합리적이지 않은 것은 모든 종류의 형성평가가 똑같이

효과적이라고 주장하는 것이다. 평가-해석-행동 주기가 짧아질수록 학생 성취도에 더 큰 영향을 미친다는 증거가 분명하기 때문이다(Wiliam, 2016). 장기, 중기 및 단기 형성평가는 모두 효과적인 교육을 보장하는 역할을 한다. 그러나 단기 형성평가가 학생들에게 미치는 영향이 더 크기 때문에 학교와 교사에게 우선순위가 되어야 한다.

4. 형성평가의 전략

지금까지의 논의는 모든 평가가 형성적일 수 있으며, 평가가 교사, 학생 또는 학생의 동료가 내리는 의사결정을 개선할 때 형성적으로 기능한다는 것이다. 이러한 의사결정은 즉각적이거나 장기적인 결정일 수 있다. 그러나 실제로 현장에서 형성 평가가 어떤 모습인지 확인하려면 좀 더 깊이 파고들어야 한다.

모든 교수활동은 세 가지 과정과 관련된 세 가지 종류의 개별 역할로 요약된다. 먼저 '과정'은 ① 학습자가 학습의 어디에 도달해 있는지 알아내고, ② 어디로 가고 있는지를 정하고, ③ 목표에 도달하는 방법을 결정한다. 다음으로 '주체'는 ① 교사, ② 동료, ③ 학습자이다. 과정과 주체를 교차하면 9개의 칸으로 구성된 3×3 표를 얻을 수 있다. 그러나 편의상 [그림 2-2]와 같이 9개의 칸을 하나의 큰 아이디어를 가진 형성평가의 다섯 가지 주요 전략으로 그룹지어 나타낼 수 있다(Leahy, Lyon, Thompson, & Wiliam, 2005). 다섯 가지 주요 전략은 다음과 같다.

① 학습 의도와 성취기준을 명확히 하고, 공유하고, 이해하기
② 학습의 증거 도출
③ 학습을 진행하는 피드백 제공
④ 학습자를 서로를 위한 학습 자원으로 활성화
⑤ 학습자를 자기 학습의 주인이 되도록 활성화

<표 2-2> 형성평가의 다섯 가지 핵심 전략

과정 주체	학습의 지향점	학습자의 현재 수준	학습 격차를 줄이는 방법
교사	학습 의도와 성취기준 명시와 공유	학습의 증거를 보여 주는 교실에서의 효과적인 토론, 활동, 과제 정보 수집	학습 향상을 위한 구체적인 피드백 제공
동료		학습자들이 서로의 학습 자원으로 생각하도록 학습자 활성화	
학습자		자기 자신을 학습 주인으로 생각하도록 학습자 활성화	

출처: Leahy et al. (2005) 각색; 박정(2018).

　　형성평가 전략의 핵심 아이디어는 학습에 대한 증거를 사용하여 학생의 요구를 더 잘 충족하도록 수업을 조정한다는 것으로, 학습자의 요구에 맞춘 조정에 있다. 다섯 가지 전략에 대한 자세한 안내는 앞으로 이어질 5개의 장에서 제시할 것이다. 그러나 설명을 진행하기에 앞서 왜 평가가 교수활동에서 중심적인 위치를 차지해야 하는지 생각해 볼 필요가 있다.

5. 평가: 교수와 학습을 연결해 주는 다리

　　우리가 수업을 어떻게 설계하든 학생들이 무엇을 배울지는 예측할 수 없기 때문에 평가는 좋은 수업에서 핵심적인 위치를 차지한다. 관련된 실험 연구를 살펴보면 Brenda Denvir는 어린이의 초기 수 개념에 대한 상세한 분류 체계를 개발했으며, 일부는 다른 것의 전제 조건임을 보여 주었다(Denvir & Brown, 1986a). 예컨대, 학생들이 한 자리 숫자의 뺄셈을 하기 위해서는 역방향으로 숫자를 셀 수 있어야 한다(즉, 주어진 숫자 바로 앞에 있는 숫자가 무엇인지 찾을 수 있어야 함).

　　앞의 연구에 참여한 Jy 학생은 다음 영역의 이해에 몇 가지 어려움을 보였다.

- 20부터 거꾸로 숫자를 셀 수 있다.
- 수의 결합을 이해한다(단순한 두 배수가 아닌)
- 10 단위 숫자에 단위를 더할 때 답을 구할 수 있다.
- 두 자릿수에 10을 더할 수 있다.
- 두 자릿수에서 10을 뺄 수 있다.

두 달 동안 Jy의 교사는 이러한 격차를 해소하기 위해 구체적인 교육을 계획하고 전달했으며, 과정이 끝날 때 Jy를 다시 평가했다. 놀랍게도 사후 테스트에서 Jy는 교사가 구체적으로 가르친 수업 내용 중 어느 것도 숙달했음을 입증할 수 없었다. 그로부터 5개월 뒤에 진행된 지연된 사후 테스트에서 Jy는 '10 단위 숫자에 단위를 더할 때 답을 구할 수 있다' 한 가지 기준에서 숙달된 모습을 보였다.

그러나 사후 테스트에서 Jy는 사전 테스트에서 보여 주지 못한 여러 다른 수 개념의 숙달을 보였다.

- 뺄셈을 위해 수를 바로 세기, 거꾸로 세기, 특정 숫자부터 거꾸로 세기 전략을 사용할 수 있다.
- 십진수 숫자를 재배열하지 않고 두 자릿수 덧셈을 할 수 있다.
- 십진수 숫자를 재배열하지 않고 두 자릿수 뺄셈을 할 수 있다.
- 십진수 숫자를 자릿수 별로 재배열한 후 두 자릿수 덧셈을 할 수 있다.
- 10의 자릿수와 1의 자릿수를 계산하기 좋도록 재배열하여 열거한 후 그룹 지을 수 있다.

Jy가 습득한 기술은 Denvir가 구분한 뺄셈의 단계적 구조와 일치했다. 단지 선생님이 가르친 내용이 아닐 뿐이다. 연구원들은 다른 학생들에 대해서도 동일한 결과를 발견했다(Denvir & Brown, 1986b).

이것은 평가가 수업의 중심 과정인 이유이다. 학생들은 우리가 가르치는 것을 배우지 않는다. 그랬다면 우리는 성적표를 보관할 필요가 없이 우리가 가르친 내용을 간단히 기록만 하면 될 것이다. 그러나 교실에서 시간을 보낸 사람이라면 누구나 교사가 한 수업의 결과로 학생들이 배우는 것을 예측할 수 없다는 것을 알고 있을 것이다. 우리는 좋은 수업 내용이라고 생각하는 것을 가르치지만, 학생들의 공책을 모으고 나면 수업한 내용을 학생들이 어떻게 그렇게나 완전히 잘못 해석할 수 있는 지 의아해 하기도 한다.

이것은 다음의 오래된 농담이 보여 주듯이, 우리는 종종 교수활동과 학습을 혼동한다.

> Amy : 내가 개에게 휘파람 부는 것을 가르쳤어요.
> Betty : 그럼 들어보죠.
> Amy : 개는 휘파람을 불 수 없어요.
> Betty : 나는 당신이 개에게 휘파람 부는 것을 가르쳤다고 말한 줄 알았어요.
> Amy : 가르쳤어요. 그런데 개가 배우지 않더라고요.

한때 영국의 장학사들은 교실에서 가르치는 수업의 질과 학습의 질을 구별할 수 있다고 주장했다(Office for Standards in Education, Children's Services and Skills, 1999). 그러나 그러한 구분의 근거가 무엇인지는 파악하기 어렵다. 결과적으로 수업의 질은 높았지만 학습의 질은 낮았던 수업에 대해 이야기하는 것이 무슨 의미가 있나? 이건 마치 외과의사가 수술이 완벽하게 성공했다고 주장하지만 안타깝게도 환자가 사망한 것과 같다.

일부 언어에서는 교수활동과 학습을 구분하는 것이 불가능하다. 예컨대, 웨일스어와 마오리어에서는 같은 단어(dysgu, ako)가 둘 다 사용된다. 그러나 교육과 학습을 구분할 수 있는 언어에서는 교수–학습이라는 문구가 학습–교수라는 문구로 대체되는 경우가 많다(물론 교수–학습이 여전히 학습–교수보다 Google 조회수가 3배 더 많음에도 불구하고).

이처럼 종종 교수활동이라는 단어 앞에 학습이라는 단어를 두는 것이 수업에 차이를 만드는 좋은 변화인 것처럼 안내되지만, 이는 대체로 외형적인 변화일 뿐이며 더 중요한 문제가 가려지기 때문에 실제로는 해로울 수 있다. 가르치는 것보다 배우는 것이 더 중요하다고 말하는 것은 여행이 운전보다 더 중요하다고 말하는 것과 비슷하다. 여행은 목표이고, 운전은 그 목표를 달성하는 방법이다. 마찬가지로 학생의 학습이 목표이고, 교수활동은 그 목표를 달성하는 방법이다. 그리고 운전자가 운전을 통해 목표(여행)를 달성하는 것과 같은 방식으로 교사는 교수활동을 통해 목표(학생의 학습)를 달성한다.

교사가 하는 모든 일은 가르치는 것이다. 그것이 교사가 할 수 있는 전부이다. 학습은 학생들이 이전에 할 수 없었던 일을 할 수 있을 때 학생들의 머릿속에서 일어나는 다소 신비한 과정에 우리가 붙인 이름이다. 각 교육청은 교수활동에 관한 정책을 가질 수 있지만 어떠한 기관도 학습에 관한 정책을 가질 수는 없다. 함정은 '교수활동'이나 '학습'이 목적을 위한 수단이 아니라 종점이라고 생각하는 데 있다. 한 교사는 이렇게 말했다.

> 교수활동에 대해 실제로 생각한다는 것은 어떤 일이 일어나든 대처할 수 있는 아이디어와 전략을 생각해 낼 수 있고, 나의 전문성 개발에 크게 기여했다는 것을 의미합니다. 나는 이제 교수활동에 대해 더 많이 생각합니다. 이제 수업의 영향력은 '내가 무엇을 가르치고 학생들은 무엇을 할 것인가?'에서 '내가 이것을 어떻게 가르칠 것이며 학생들은 무엇을 배울 것인가?'로 바뀌었습니다(Black, Harrison, Lee, Marshall, & Wiliam, 2004, p. 19).

이것은 실제로 조종하기 매우 어려운 과정이다. 한쪽 극단에는 학습자를 위한 학습을 시도하는 교사들이 있는데, 이는 학교가 아이들이 교사가 일하는 것을 보러 가는 곳이라는 오래된 속담으로 요약된다. 나는 많은 교실을 방문하고 대부분의 교사가 정말로 열심히 노력하는 것을 보게 되지만 학생들은? 그다지 열심히 하지 않는다. 이것은 내가 종종 교사들에게 "만약 학생들이 하루 동안 수업을 마치고 당신보다 덜 피곤하게 집으로 돌아가고 있다면, 당신은 교실의 일을 나누는 것에 다소 주의를 기울일 필요가 있습니다"라고 말하는 이유이다.

다른 극단에는 욕설을 유발하는 교사들이 있다. 그들은 "저는 단지 학습을 촉진할 뿐이지 가르치지 않습니다"라고 말한다. 나는 이것이 무엇을 의미하는지 이해할 수 없다. 아마도 교사들은 어떤 학습이 일어나기를 바라며 그저 어슬렁거리고 있을 뿐이다.

이러한 극단 중 어느 것도 받아들일 수 없기 때문에 가르치는 것은 어렵다. 외부의 압력이 가해질 때 우리 대부분은 강의가 효과 있는 것처럼 행동하지만 속으로는 그것이 비효율적이라는 것을 안다. 그러나 학생들이 스스로 모든 것을 발견하도록 내버려두는 것도 똑같이 부적절하다. 이런 이유로 나는 교수법을 효과적인 학습환경의 공학이라고 묘사한다. 그리고 때때로 교사는 학생들이 이미 교실에 도착하기 전에 최선을 다해 교수활동을 한다.

많은 교사는 학생들이 반드시 해결해야 하는 어려운 문제에 완전히 참여하도록 이끄는 효과적인 모둠별 토론 과제를 만든 경험이 있다. 이 경우에 유일한 문제는 교사가 할 일이 없다는 것이다. 이때 교사는 자신이 아무것도 하지 않는 것에 약간의 지루함과 죄책감을 느끼며 모둠 활동을 방해한다. 이것은 내가 교수-학습의 함정이라고 부르는 '교사가 아무것도 가르치지 않기 때문에 학생들은 아무것도 배울 수 없다'의 한 가지 예시이다. 다른 예시는 앞에서 논의된 것처럼 '교사가 열심히 일하고 있기 때문에 학생들은 무언가를 배우고 있음이 틀림없다'라는 함정이다.

교사의 임무는 지식을 전달하거나 학습을 촉진하는 것이 아니라 학생들을 위한 효과적인 학습환경을 설계하는 것이다. 효과적인 학습환경의 주요 특징은 학생의 참여를 이끌어 내고, 교사, 학생 및 동료가 학습이 의도한 방향으로 진행되고 있음을 확인할 수 있도록 한다는 것이다. 우리가 이것을 할 수 있는 유일한 방법은 평가를 통해서이다. 그렇기 때문에 평가는 실제로 교육과 학습 사이의 다리이다.

결론을 내기 전에 형성평가의 한계를 인정하는 것이 중요하다고 생각한다. 학습은 장기 기억의 변화로, 학생들이 오늘 무언가를 할 수 있다는 사실이 다음 주에 그것을 할 수 있다는 것을 의미하지는 않는다(Kirschner, Sweller, & Clark, 2006, p. 77). 그러나 학생들이 오늘 그것을 할 수 없다면, 다음 주에 그것을 할 수 있을 가능성은 매우 희박하다. 형성평가의 핵심 아이디어는 다음에 무엇을 할지 결정하기 전에 학생들이 무엇을 배웠는지 아는 것이 더 낫다는 것이다.

6. 결론

이 장에서 우리는 분 단위 및 일 단위 교실 형성평가를 정기적으로 사용하면 학생의 성취를 크게 향상시킬 수 있다는 것을 배웠다. 연구자들이 형성평가에 대한 다양한 정의를 고려했지만 본질적인 아이디어는 간단하다. 가르치는 것은 상황에 따라 달라지는 활동이라는 것이다. 특정한 수업의 절차를 따라가는 것만으로는 학생들이 무엇을 배울지 예측할 수 없다. 형성평가는 학생들이 무엇을 배웠는지에 대한 명확한 증거를 얻고, 이 정보를 바탕으로 다음에 어떤 수업을 할지 결정하는 과정을 포함한다.

우리는 또한 형성평가를 다섯 가지 핵심 전략으로 개념화할 수 있음을 확인했다. 다음에 이어지는 5개의 장에서는 이러한 다섯 가지 전략, 각각을 더 깊이 탐구하여 그 중요성을 입증하는 경험적 연구 사례와 교실에서 형성평가 전략을 구현하는 데 사용할 수 있는 여러 가지 실용적인 방법을 안내할 것이다.

제 3 장

학습 의도와
성취기준의 명료화,
공유 및 이해하기

학습 의도와
성취기준의 명료화,
공유 및 이해하기

학생들이 학습할 내용을 알고 있으면 학습을 하는 데 분명히 도움이 되지만, 학생들과 학습 의도를 일관되게 공유하는 모습은 대부분의 교실에서 비교적 새로운 현상이다. 3장에서는 학습 의도의 중요성과 학습 의도를 언제 사용해야 하는지 검토한다. 그런 다음 학습 의도, 학습의 맥락, 성취기준을 구분하는 것이 왜 도움이 되는지 설명하고, 이러한 구성을 만들 때 발생하는 특별한 문제점에 대해 논의한다. 이어서 루브릭에 대한 찬성과 반대의 사례를 제시하고 교사가 학생과 학습 의도 및 성취기준을 공유하는 데 사용할 수 있는 몇 가지 기법을 제공하고자 한다.

1. 학습 의도의 중요성

1971년, Mary Alice White는 '학생의 책상에서 바라본 풍경'을 다음과 같이 상상했다.

> 어른들이 학생의 시각을 더 쉽게 이해할 수 있도록 비유하자면, 미지의 바다를 가로질러 목적지를 알 수 없는 곳으로 항해하는 배를 타고 있는 자신의 모습을 상상하는 것이다. 어른이라면 자신이 어디로 가는지 필사적으로 알고 싶어 할 것이다. 하지만 아이는 자신이 학교에 간다는 것만 알고 있다. …… 아이는 지도(해도)를 볼 수도 없고, 이해할 수도 없다. …… 빠르게 선상에서의 일상이 모두 중요해진다. …… 매일 반복하는 일, 요구 사항, 검사는 항해나 목적지가 아니라 현실이 된다.

교실에서 무엇을 배워야 하는지에 대해 모든 학생이 교사와 같은 생각을 가지고 있지는 않다. 간단한 예로 학생들에게 칼, 포크, 망치, 케첩이 적힌 물건 목록에서 어색한 것을 찾아보라고 할 수 있다. 어떤 학생은 다른 도구가 모두 금속이기 때문에 케첩 통이 이상하다고 말할 것이다. 다른 학생은 식사 시간에 식탁에서 다른 물건은 찾을 수 있지만 망치는 볼 수 없기 때문에 망치가 이상한 물건이라고 말할 수도 있다. 물론 절대적인 의미에서 이 두 가지 대답 중 어느 하나의 대답이 다른 하나보다 더 낫다고 할 수는 없다. 하지만 사회학자 Nell Keddie(1971)가 지적했듯이, 학교는 세상을 바라보는 방식으로 앞의 예시 중 두 번째보다 첫 번째 사고 방식에 더 큰 가치를 두고 중요하게 생각한다. 때때로 학교는 이를 더욱 명시적으로 설명한다. 대부분의 학생은 암기해야 할 분량이 비슷함에도 불구하고 교사가 미국의 모든 대통령 이름을 외우는 것을 뉴올리언스 세인츠 미식축구팀의 선수 명단을 외우는 것보다 더 중요하게 생각한다는 것을 알아챈다. 그러나 교사가 원하는 의도가 무엇인지 명확하지 않은 경우가 더 많다. 학생이 이를 빠르게 파악할 수 있다면 학습에 상당한 이점을 가지게 되지만, 그렇지 않은 학생은 학습의 모호함에 혼란스러움을 겪게 된다.

3학년 학생들에게 어떤 글을 보여 주고 이 글이 왜 좋은 글이라고 생각하는지 물어보면 "설명적(descriptive) 형용사가 많아서" "강한 동사를 사용해서" "다양한 접속사를 많이 사용해서"와 같은 대답을 할 수 있다. 반면 "깔끔하고 길어서 좋다"는 의견도 있다. 이는 Evelyn Waugh(2001)의 소설 『쇠퇴와 몰락(Decline and Fall)』에 등장하는 폴 페니페더 선생님이 학생들에게 "자기 방임에 대한 에세이를 쓰세요. 장점과 상관없이 가장 긴 에세이를 쓴 학생에게는 반 왕관을 수여하겠습니다"라고 지시하는 장면을 연상시킨다.

학생들이 자신이 무엇을 하려는지 이해하는 것이 중요하다는 점은 여러 연구에서 강조되고 있다. Eddie M. Gray와 David O. Tall(1994)은 7~13세 학생 72명의 수학 추론 능력을 조사했다. 연구 결과, 성취도가 높은 학생들은 자신이 하는 과제에 대한 모호함이 해결되지 않은 상태에서도 과제를 수행할 수 있는 반면, 성취도가 낮은 학생들은 훨씬 더 어려운 과제를 시도하는 것과 같은 상황이라서 더 큰 어려움을 겪는다는 것을 발견했다.

나는 학생들이 느낄 수 있는 학습 의도의 모호함을 교사들에게 설명하고자 할 때 $4x$와 $4\frac{1}{2}$을 써 보라고 요청한다. 그런 다음 4와 x 사이의 수학적 연산이 무엇인지 물어보면 대부분 곱셈이라고 답한다. 그런 다음 4와 $\frac{1}{2}$ 사이의 연산이 무엇인지 물어보면 당연히 덧셈이다. 그런 다음 숫자가 나란히 있을 때 때로는 곱하기, 때로는 더하기, 때로는 43과 같은 두 자리 숫자를 쓸 때처럼 완전히 다른 의미로 쓰일 수 있다는 수학 표기법의 불일치를 이전에 알아차린 적이 있는지 물어본다. 대부분의 교사는 이러한 불일치를 눈치채지 못했기 때문에 아마도 학교에서 성공할 수 있었을 것이다. 이 점에 대해 걱정하고 교사에게 수학 표기법이 왜 일관성이 없는지 물어보는 학생은 다소 지적인 질문이고, 수학자에게 유용할 수 있는 호기심을 정확히 보여 주는 질문임에도 불구하고 낙제를 하지 않으려면 그런 어리석은 질문은 하지 말라는 말을 들을 수 있다.

미국 두 도시의 중학교에 있는 12개 과학 교실을 대상으로 한 연구에서는 학생 자신이 무엇을 해야 하는지 이해하는 것이 얼마나 중요한지를 생생하게 보여 준다 (White & Frederiksen, 1998). 이 중 7개 교실은 7학년, 3개 교실은 8학년, 2개 교실은 9학년이었다. 각 학급(평균 학생 수 30명)은 매일 45분 간 과학 수업을 했다.

11주 동안의 12개 학급의 과학 수업은 모두 학생의 사고력을 증진하기 위해 고안된 'ThinkerTools' 교육과정을 따랐으며, 이 기간 동안 다음에 제시된 일곱 가지 모듈을 다루었다.

- 모듈 1: 1차원 움직임
- 모듈 2: 마찰력
- 모듈 3: 부피 프로젝트 (공통 탐구 프로젝트)
- 모듈 4: 2차원 움직임
- 모듈 5: 중력
- 모듈 6: 궤도
- 모듈 7: 마지막 프로젝트 (개별 탐구 프로젝트)

각 모듈에는 일련의 평가 활동이 포함되었다. 12개 학급 중 6개 학급(대조군 역할을 하기 위해 무작위로 선정)에서는 매주 한 번씩 학생들이 주제에 대해 좋아하는 점과 싫어하는 점에 대해 토론하는 방식으로 평가가 진행되었다. 나머지 6개 학급 수업에서는 일주일에 한 번씩 학생들이 성찰적 평가 과정에 참여했다. 교사는 학생들에게 일련의 소그룹 및 개별 활동을 통해 자신의 작품을 평가하는 데 사용할 아홉 가지 평가기준(각 기준은 5점 척도로 평가됨)을 소개했다. 그리고 학생들에게 각 모듈의 수업차시가 끝날 때마다 9개의 평가기준 중 두 가지에 대해 자신의 성과를 평가하도록 했고, 모듈 수업이 끝날 때는 9개의 평가기준 모두에 대해 자신의 성과를 평가하도록 했다. 학생들은 각 평가에 대해 자신의 수행에서 어떤 측면이 평가의 근거가 되었는지를 보여 주는 간단한 설명을 작성했고, 각 모듈이 끝나면 자신의 수행을 학급에 발표했으며, 동료들은 이 기준을 사용하여 피드백을 제공했다. 실험 설계에서 중요한 점은 실험군과 대조군 모두에게 동일한 교육 시간이 주어졌다는 점이다.

또한 연구에 참여한 모든 학생은 기초 문해력과 수리력을 평가하는 종합 기초 능력 테스트(Comprehensive Test of Basic Skills: CTBS)를 치렀으며, 이를 통해 실험군과 대조군의 사전 성취도가 균등한지 확인했다. 모듈 3이 끝난 후 학생들은 5점 척도로 채점된 프로젝트를 완료했다. 각 그룹의 학생들이 CTBS에서 상위권 또는 하위권 점수를 받았는지 여부에 따라 분류된 결과는 〈표 3-1〉에 제시되어 있다.

〈표 3-1〉 그룹 및 CTBS 점수별 학생들의 프로젝트 점수

구분	프로젝트 평균 점수	CTBS 점수	
		하위 50%	상위 50%
좋음/싫음으로 평가(대조군)	2.6	1.9	3.4
성찰적 평가	3.2	3.0	3.5

출처: White & Frederiksen (1998) 각색.

〈표 3-1〉의 데이터에는 두 가지 중요한 특징이 있다. 첫째, 성찰적 평가 교실의 학생 평균 점수가 대조군보다 높다는 점이다. 둘째, 더 중요한 점은 성찰적 평가를 실시한 반이 좋음/싫음(Likes and dislikes)으로 평가한 반에 비해 CTBS에서 고득점자와 저득점자 간의 성취도 격차가 3분의 2로 줄었다는 점이다(실험군: 0.5점 차이, 대조군: 1.5점 차이).

최종 프로젝트에서 학생들은 자신이 보여 준 과학 탐구 능력을 백분위 점수로 평가 받았고, 이 점수는 연구 시작 전 사전 테스트에서 보여 준 점수와 비교하여 제시하였다. 결과는 〈표 3-2〉에 있다.

<표 3-2> 그룹 및 CTBS 점수별 학생들의 최종 탐구 점수

구분	사전 평가 점수		사후 평가 점수	
	하위 50%	상위 50%	하위 50%	상위 50%
좋음/싫음으로 평가(대조군)	32	59	39	68
성찰적 평가	28	52	53	72

출처: White & Frederiksen (1998) 각색.

좋음/싫음으로 평가한 그룹과 성찰적 평가 그룹은 프로젝트에 참여한 12개 학급 모두에서 80% 이상의 수업이 동일하게 진행되었지만, 그 변화가 급진적이었기 때문에 다소 놀라운 결과이다. '좋음/싫음' 수업 그룹에서는 성취도가 높은 학생은 9점, 성취도가 낮은 학생은 7점으로 향상되었다. 그러나 성찰적 평가 그룹에서는 성취도가 높은 학생은 20점, 성취도가 낮은 학생은 25점이 향상되었다. 성찰적 평가를 실시한 그룹에서는 모든 학생이 더 잘했지만, 성취도가 낮은 학생의 경우에는 성장의 정도가 훨씬 더 컸다. 성공적인 수행이 어떤 것인지 이미 알고 있는 학생도 있고 그렇지 않은 학생도 있다. 모든 학생이 어떤 수행의 질이 높은지 알 수 있도록 하는 것은 성취도 격차에 큰 영향을 미친다.

이 모든 점을 고려할 때 평가 전문가 Royce P. Sadler(1989)가 쓴 다음 글은 놀랍지 않다.

> 개선을 위한 필수 조건은 학생이 교사가 가진 것과 유사한 질적 수준의 개념을 가지고 학습 과정에서 드러나는 결과가 어느 수준에 있는지 지속적으로 모니터링 할 수 있어야 한다는 것이다. 또한 학생은 학습의 특정 시점에 필요한 전략이나 대안적 방법을 설명할 수 있어야 한다.

Sadler의 주장처럼 그가 설정한 조건이 충족되지 않으면 어떤 개선도 불가능한지 여부에 대한 논의가 이어질 수 있겠지만, 학생들이 교실에서 수행하는 활동의 학습 의도를 이해하도록 하는 것이 좋은 생각이라는 데에는 의심의 여지가 없다.

2. 학습 의도를 사용하는 시기

미국의 여러 교육청에서는 매 수업 시간마다 교사가 학습목표를 제시하면서 수업을 시작하도록 규정하고 있다. 실제로 여러 교육청에서는 교사를 대상으로 하는 수업 평가 항목에 교사가 수업목표를 명확하게 제시했는지 관찰자가 기록하도록 명시하고 있다. 그러나 그 결과 학습 의도를 공유하는 데 소극적인 접근이 이루어지는 경우가 너무 많다. 교사는 칠판에 목표를 적고, 학생은 그 목표를 노트에 옮겨 적는데, 그 이후에는 모두가 목표를 무시하고 넘어간다. 일부 교사는 이를 벽지 목표(wallpaper objective)라고 부른다.

이러한 형식주의적 접근 방식(tokenistic approach)으로 학습 의도를 공유하는 것은 학습 의도와 학생이 도달해야 할 성취기준(success criteria)을 명확히 하고, 공유하고, 이해하는 전략이 의도하는 바가 아니다. Albert Einstein은 "모든 것은 더 단순하게 할 수 없을 만큼 가능한 한 단순하게 만들어야 한다"라는 명언을 남겼다. 학생이 학습의 목표를 명확히 알도록 하는 것은 분명 좋은 생각이지만, 이는 공식적인 방식으로 할 수 있는 일이 아니다.

간혹 수업을 시작할 때 학생들에게 수업의 내용이 무엇인지 알려 주지 않아야 할 때도 있다. 중학교 수학 수업에 적합한 [그림 3-1]의 문제를 생각해 보자.

두 농부가 가운데 경계가 구부러진 밭을 물려받았다. 그들은 구부러진 경계가 불편하다고 생각하여 두 밭을 곧은 선으로 다시 나누어도 같은 양의 땅을 가질 수 있는지 궁금해하고 있다.

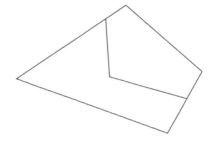

[그림 3-1] '두 밭' 나누기 문제

이러한 문제를 해결할 수 있는 방법은 여러 가지일 수 있지만, 문제를 단순화하는 한 가지 핵심 통찰력은 밑변이 같고 높이가 같은 삼각형은 면적이 같아야 한다는 사실이다(삼각형의 면적 공식은 밑변 × 높이 × $\frac{1}{2}$ 이기 때문이다). 문제를 해결하기 위해 먼저 두 면을 나누는 구부러진 경계와 양쪽의 변이 만나는 두 지점 사이에 직선(점선)을 그리고 구부러진 경계의 꼭짓점이 닿도록 평행한 직선(점선)을 그린다. 평행선과 양쪽의 변이 닿는 점을 기준으로 교차되는 굵은 직선을 그리면 밑변의 길이가 같고 높이가 같은 두 삼각형을 만들 수 있고, 두 삼각형은 같은 면적을 갖는다(그림 3-2] 참조).

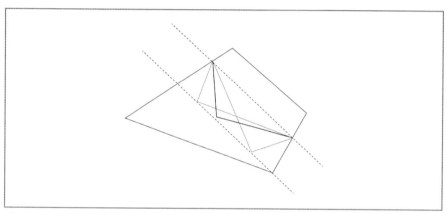

[그림 3-2] '두 밭' 나누기 문제 푸는 과정

따라서 [그림 3-3]의 두 굵은 선 중 하나를 사용하면 문제를 해결할 수 있다.

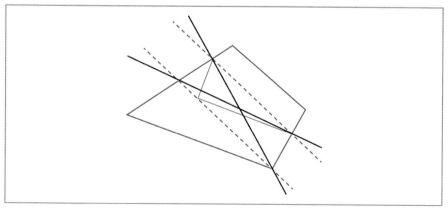

[그림 3-3] '두 밭' 나누기 문제 풀이 방법

만약 수업을 시작할 때 교사가 학생들에게 삼각형의 넓이와 관련된 문제 푸는 법을 공부하겠다고 말했다면 이 문제는 완전히 무의미했을 것이다. 삼각형의 넓이와 관련이 있는 문제임을 깨닫고 나면 문제는 비교적 간단하게 풀 수 있다. 때로는 학생들에게 어디로 가는지 알려 줘서 여정(수업 진행)을 완전히 망칠 수도 있다! 실제로 많은 학생이 수업을 시작할 때 목표를 알려 주면 집중력이 떨어진다고 항상 말한다.

어떤 때는 학생들에게 원하는 바를 명확하게 안내하는 것이 매우 편할 수도 있지만, 때로는 너무 어려울 수도 있다. 예를 들어, 학생들이 독자의 관심을 끌 수 있는 능력을 개발해야 할 때 교사는 매력적인 첫 문장 작성 기술을 알려 주는 데 일정 시간을 할애하고 싶을 수 있다. 이는 분명 학생들이 할 수 있기를 바라는 일이지만, 그날의 학습목표가 '관심을 끄는 첫 문장을 만드는 요소를 이해하기'라고 말하는 것이 학생들에게 큰 도움이 될지는 의문이다. 우리가 아는 것을 전부 말로 표현할 수 없다는 사실을 지난 수십 년 동안 알고 있었음에도 불구하고 오늘날 이를 지나치게 간과하고 있다는 것은 매우 심오한 문제이다.

1958년에 출간된 획기적인 저서 『개인적 지식(Personal Knowledge)』에서 Michael Polanyi는 사람들이 사물을 어떻게 알게 되는지에 대한 문제를 탐구했다. 그는 인간 사의 많은 중요한 영역에서 무엇이 좋은 것인지에 대한 규칙을 글로 풀어 쓸 수는 없지만, 격언을 통해 퀄리티(quality)에 대한 우리의 인식을 요약할 수 있다고 지적했다. 그러나 그의 핵심 통찰은 특정 맥락에서 이미 퀄리티의 의미를 이해하고 있는 사람에게는 유용하지만, 격언의 의미를 이해하지 못하는 사람에게는 쓸모가 없다.

> 격언은 예술에 대한 실용적인 지식이 없는 사람은 이해할 수 없으며, 더더욱 적용할 수 없다. 격언은 예술에 대한 우리의 감상으로부터 관심을 이끌어 내며, 그 자체로 그 감상을 대체하거나 확립할 수 없다(Polanyi, 1958, p. 50).

좀 더 간단히 정리하자면, Robert Pirsig는 『Zen과 모터사이클 정비의 기술(Zen and the Art of Motorcycle Maintenance)』에서 "퀄리티는 정의할 필요가 없다. 정의하지 않아도 이해할 수 있다. 퀄리티는 지적 추상화와는 무관하며, 그 이전의 직접적인 경험이다"라고 했다(Pirsig, 1991, p. 64).

    Polanyi와 Pirsig의 요점은 우리가 때때로 학습목표를 퀄리티에 대한 정의처럼 사용하는데, 실제로는 퀄리티에 대한 사후적 합리화이며, 자신이 무엇을 하고 있는지 아는 사람에게는 충분히 익숙하지만 그렇지 않은 사람에게는 도움이 되지 않는다는 점이다. 친구 중 한 명이 프로 골프선수인데, 몇 주 동안 코치로부터 "하체를 고정시켜야 한다"는 말을 들었다고 한다. 그는 이 말을 연습해야 할 부분에 대한 지침으로 받아들였지만 도무지 이해할 수 없었다. 그러던 어느 날, 모든 것이 이해가 되었다. 그리고 일단 이해가 되자 그 조언은 타당했다. 그 조언은 목표 달성에 도움이 되지는 않았지만, 목표에 도달했을 때가 언제인지 아는 데에는 도움이 되었다.

    Polanyi의 표현을 빌리자면, 학생들에게 학습 의도를 전달할 때 규칙을 제시할 것인지, 격언을 제시할 것인지를 가장 먼저 결정해야 한다. 때로는 실험 보고서를 특정 방식으로 구성해야 할 때(예: 다이어그램을 연필로 그리고 라벨을 붙이기)와 같이 매우 구체적으로 요구할 수 있다. 다른 경우에는 Claxton(1995)이 퀄리티에 대한 감각이라고 부르는 것을 학생들이 개발하도록 돕는 일이 우리가 할 수 있는 최선일 수도 있다. 이 과정에서 루브릭이 중요한 역할을 한다(White & Frederiksen, 1998). 이 연구에서 교사는 학생들과 루브릭을 공유했지만, 더욱 중요한 부분은 학생들이 루브릭을 자신의 과제 수행에 적용했을 때 실제로 어떤 의미가 있는지 다른 학생들과 토론하면서 생각할 시간을 주었다는 점이다.

    학생들과 함께 학습 의도를 개발하는 활동은 꽤 가치 있는 일이며, 이 과정을 공동 구성(co-construction)이라고 한다. 이 과정에서 분명하게 강조해 두고 싶은 사항은 교사가 학생들과 함께 학습 의도 또는 성취기준을 개발하는 활동이 흔히 생각하는 민주적인 과정을 지키기 위한 것이 아니라는 점이다. 교사는 학생들보다 교과에 대해 더 많이 알고 있으며, 교과를 가르쳐야 하는 특별한 위치에 있다. 만약 학생들이 가치 있다고 느끼는 것이 무엇이든지 간에 성취기준으로 채택하도록 허용한다면, 이는 교사가 자신의 책임을 포기하는 것과 같다. 학생들과 함께 성취기준을 개발하는 방식의 장점은 학생들이 학습 의도와 성취기준에 대해 토론하고 소유할 수 있는 메커니즘을 만들어서 학습 의도와 성취기준을 자신의 과제 수행에 적용할 수 있는 가능성을 높이는 데 있다.

Clarke(2005)는 다음과 같은 예를 제시했다. 한 중학교 교사가 개발도상국의 식량 생산에 관한 단원을 가르치는데, 이 교사는 학생들에게 바나나 생산이 바나나 생산자에게 미치는 영향을 이해하는 것이 학습목표라고 말한다. 학생들은 이 주제를 공부하고, 단원 마지막에 교사는 학생들에게 바나나 생산이 바나나 생산자에게 미치는 영향에 대해 배운 내용을 보여 주도록 요구하는 단원평가를 실시한다. 지난 2주 동안 이 주제에 대해 하루에 한 시간씩 공부했기 때문에 대부분의 학생은 평가에서 높은 점수를 받을 수 있다. 이러한 접근 방식의 문제점은 우리가 학생들에게 가르친 내용만 시험을 친다면 학생들은 잘할 수 있지만 그게 무슨 소용이 있겠는가?

Clarke(2005)는 교수 및 평가에 대한 이러한 종류의 얕은 접근 방식은 종종 학습 의도와 학습의 맥락을 혼동한 결과라고 지적했다. 그리고 이 특별한 예시에서 바나나 생산이 개발도상국 생산자에게 미치는 영향을 이해하는 것이 훨씬 더 나은 학습 의도가 될 것이며, 바나나 생산이 학습의 맥락이 되어야 한다고 제안했다. 학습 의도가 충족되었는지 여부를 판단하는 성취기준은 학생들이 바나나 생산에 대해 배운 내용을 설탕 생산에 적용할 수 있는지 여부일 수 있다.

이것은 그동안 제대로 이해되지 않고 있던 깊은 측면을 강조한다. 교사로서 우리는 학생들이 우리가 가르친 것을 정확히 수행할 수 있는 능력보다는 새로 습득한 지식을 유사하지만 다른 맥락에 적용할 수 있는 능력을 가지게 되었는지 여부에 더욱 관심이 있다.

이러한 점은 수학에서 가장 명확하게 드러난다. 교사가 학생들에게 $\frac{1}{2}+\frac{3}{5}$와 같은 연습 문제로 분수를 더하는 방법을 가르칠 때, 일단 그 문제를 풀고 나면 더 이상 학생들이 $\frac{1}{2}$과 $\frac{3}{5}$을 더할 수 있는 능력이 있는지는 관심을 가지지 않는다. 대부분의 학생은 방금 문제를 풀어 보았기 때문에 그 문제를 풀 수 있다. 교사가 알고 싶어 하는 것은 학생들이 새로 습득한 지식을 상당히 유사한 모습의 다른 분수 쌍으로 옮길 수 있는지 여부이다. 마찬가지로 특정한 모양을 가진 사다리꼴의 넓이를 구하는 방법을 학생들에게 가르칠 때 더 이상 개별 문제는 흥미롭지 않다. 학생들이 자신의 지식을 다른 사다리꼴 넓이를 구할 때로 옮길 수 있는지 여부가 더 중요하다. 언어 수업시간에 학생들에게 초안에 쓴 글의 구두점을 교정하게 할 때, 우리는 학생들이 배운 내용을 다른 글을 쓸 때 적용할 수 있기를 바라며 초안의 수준을 넘어서는 글쓰기를 목표로 한다.

그렇기 때문에 Alfie Kohn(2006)이 지적한 것처럼, 너무 상세한 루브릭으로 채점하는 것은 비생산적일 수 있다. 학생들이 성취해야 할 목표를 자세히 명시하면 학생들은 그것을 달성할 수 있을지 모르지만 아마도 그게 전부일 것이다(Kohn, 2006). 원하는 바가 명확할수록 그것을 얻을 가능성은 높아지지만, 그것이 의미 있는 것이 될 가능성은 낮아진다.

〈표 3-3〉에는 Clarke(2005)의 연구를 바탕으로 교사가 학습 의도와 학습의 맥락을 혼동한 몇 가지 사례와 교사가 학습목표를 재구성할 수 있는 방법이 제시되어 있다.

〈표 3-3〉 학습 맥락과 혼동된 vs 명료화시킨 학습 의도

혼동된 학습 의도	명료화시킨 학습 의도	학습 맥락
• 자전거 타이어 교체 방법에 대한 지침을 작성할 수 있음	• 명확한 지침을 작성할 수 있음	• 자전거 타이어 교체
• 조력 자살에 대한 찬성 또는 반대 논거를 제시할 수 있음	• 감정적으로 충만한 제안에 대해 찬성 또는 반대 주장을 제시할 수 있음	• 조력 자살에 대한 논의
• 지역 사제가 하는 일 알아보기	• 종교 지도자의 의무와 책임에 대해 알아보기	• 지역 사제와 상담
• 영화 관람 습관에 대한 설문지를 제작하고 분석할 수 있음	• 설문 데이터 구성 및 분석	• 영화 관람 습관 조사
• 쥐며느리가 선호하는 조건을 알아보기 위한 실험 설계를 할 수 있음	• 과학적 질문에 대한 공정한 실험 설계	• 쥐며느리가 선호하는 서식지 탐구

학습 의도와 학습의 맥락을 분리하는 것의 또 다른 이점은 학생마다 다른 목표를 향해 노력하는 교실을 만들지 않고도 수업을 훨씬 쉽게 차별화할 수 있다는 점이다. 모든 학생이 동일한 학습 의도를 향해 노력할 수 있으며, 성취기준에서 차별화가 이루어진다. 이를 위한 특히 효과적인 방법 중 하나는 학생들이 학습한 내용을 새로운 맥락에 얼마나 잘 적용할 수 있는지에 따라 성취기준을 차별화하는 것이다. 모든

학생은 배운 내용을 매우 유사한 맥락에 적용할 수 있어야 한다. 일부 학생들은 배운 내용을 얼마나 더 넓은 맥락으로 확장할 수 있는지 보여 줄 수도 있다.

교사는 의도한 학습 결과와 그러한 결과를 가져올 것으로 기대하는 교육활동을 구분할 수 있어야 하지만, 상당수가 이러한 구분을 어려워한다. 종종 교사들에게 "이번 수업의 학습 의도가 무엇인가요?"라고 묻는다. 대부분의 경우에 교사들은 "학생들에게 ~을 시킬 겁니다……"라고 말하며 특정 활동을 설명한다. 이어서 교사에게 이 활동을 통해 학생들이 무엇을 배우기를 기대하는지 물어보면, 그 질문이 무의미하거나 사소한 질문이라는 듯이 멍한 표정을 짓는 경우가 많다. 이것이 바로 좋은 수업이 매우 어려운 이유이다. 교실에서 학생들이 할 수 있는 멋진 활동을 생각해 내기는 비교적 쉽지만, 이러한 활동 기반 접근 방식의 문제점은 학생들이 무엇을 배우게 될지 명확하지 않은 경우가 너무 많다는 것이다. 반면에 교사가 수업을 이끌면서 학생들이 배우기를 원하는 내용을 강의하는 것은 비교적 쉽다. 하지만 이러한 접근 방식으로는 학생들이 잘 배우지 못한다. Grant Wiggins와 Jay McTighe(2000)가 지적한 것처럼, 가르치는 것은 거꾸로 설계되어야 하기 때문에 어렵다.[1]

3. 학습 의도 구성의 문제점 및 성취기준

교사를 위한 학습 의도와 학생들이 도달해야 할 성취기준의 구성에 관한 조언은 영국의 Shirley Clarke(2005)의 연구나 미국의 평가 교육 연구소의 Rick J. Stiggins(2001) 등의 연구가 특히 도움이 되지만, 좋은 학습 의도를 개발하는 것은 과학이라기보다는 기술이며 항상 교사의 창의력에 달려 있다. 그럼에도 불구하고 학습 의도와 성취기준을 개발할 때 생각해 볼 수 있는 세 가지 문제가 있다.

---

[1] 역자 주: 백워드 설계는 학습목표와 결과를 정한 후, 그 목표를 달성하기 위한 평가 방안과 교수 활동을 계획하는 방식이므로, 교수자에게는 사고 전환이 요구되어 어려움이 예상될 수 있다는 의미로 해석될 수 있다.

① 과제별 vs 일반적 채점 루브릭
② 결과 중심 vs 과정 중심 기준
③ 공식적 vs 학생 친화적 언어

1) 과제별 vs 일반적 채점 루브릭

채점 루브릭(실제로는 평가기준을 제시하는 방법일 뿐)은 하나의 과제에만 적용되도록 과제별로 만들 수도 있고, 동일한 루브릭을 여러 다른 과제에 적용할 수 있도록 일반 루브릭으로 만들 수도 있다(Stiggins, 2001, pp. 314-322 참조). 과제별 루브릭은 매우 명확한 언어로 작성할 수 있으므로 특정 과제에 필요한 사항을 학생에게 정확하게 전달할 수 있다는 점에서 유용하다.

그러나 과제별 루브릭의 이러한 장점은 특정 과제에만 초점을 맞춘다는 점에서 약점이기도 하다. 이는 앞서 상황별 학습 의도에 대한 논의에서 제기한 것과 같은 문제, 즉 우리가 원하는 것을 구체적으로 제시하면 학생 학습의 특정 내용에만 너무 집중하게 된다는 점을 상기시켜 준다. 과제별 루브릭의 또 다른 약점은 학생이 각 과제마다 새로운 루브릭에 적응해야 한다는 것이다.

Judith A. Arter와 Jay McTighe(2001)는 과제별 루브릭이 일반적으로 총괄평가에 더 적합하다고 제안했다. 학생이 무엇을 할 수 있는지 정확히 알기를 원할 때 구체적인 기준은 매우 유용하다. 이러한 기준은 학생이 우리가 무엇을 찾고 있는지 알도록 하여 학습의 마지막 단계에서 유용하다. 그러나 학습 중에는 전이를 촉진하기 위해 채점 루브릭에 어느 정도의 일반성을 구축하는 것이 유용하다. 일반적인 루브릭의 또 다른 장점은 새 과제를 할 때마다 다시 작성할 필요가 없으므로 교사의 시간을 절약할 수 있다는 것이다[좋은 루브릭의 특성에 대한 자세한 내용은 『디자인에 의한 재학습(Relearning by Design』(2000)을 참조].

2) 결과 중심 vs 과정 중심 기준

대부분의 학습 의도 및 학생들이 도달해야 할 성취기준은 학습의 결과에 초점을 맞추는데, 예를 들어 일련의 수업이 끝난 후에 학생이 무엇을 할 수 있을 것으로 기대되는지 명시한다. 앞서 언급했듯이 최상의 학습은 의도한 목표에서 거꾸로 설계되어야 하므로 이는 매우 자연스러운 현상이다. 그러나 자동차 여행 중에 올바른 길을 가고 있다는 것을 아는 것이 도움이 되고 안심이 되는 것처럼(예: "왼쪽에 있는 주유소를 지나갈 것이다"), 과정 기준 또는 자신의 작업이 이러한 학습의 도달점을 향해 진행되고 있다는 것을 나타내는 기준도 유용할 수 있다. 형성평가의 전문가이자 전직 교사였던 Shirley Clarke(2005)는 다음과 같은 예를 제시했다.

> 학습 의도: 효과적인 캐릭터를 작성하는 것
> 결과 평가기준: 독자는 마치 그 사람을 아는 것처럼 느낄 것이다.
> 과정 평가기준: 캐릭터에는 다음 중 최소 두 가지가 포함된다.
> – 캐릭터의 취미와 관심사
> – 자신과 타인에 대한 캐릭터의 태도
> – 캐릭터의 외향적 또는 내향적 성격에 대한 예시
> – 캐릭터가 좋아하는 것과 싫어하는 것의 예

체육 교사와 육상 코치는 복잡한 기술을 더 간단한 기술로 분해한 다음에 다시 조립하는 과정 기준을 개발하는 데 매우 능숙하다. 공 던지기를 한 번도 가르쳐 본 적이 없는 사람에게는 하나의 동작처럼 보이지만, 코치들은 대부분 아이들을 여러 단계로 나누어 개별적으로 연습한 다음에 하나의 유연한 동작으로 통합할 때 이 동작을 더 잘 배운다는 것을 알고 있다.

글쓰기 프레임은 학생의 응답을 구조화하기 때문에 과정 기준의 예이기도 하다. 그러나 다리 보조기가 다리가 약한 사람에게는 유용하지만 건강한 사람에게는 제약이 되는 것처럼, 글쓰기 프레임이 일부 학생에게는 도움이 될 수 있지만 다른 학생에게는 창의적인 응답을 방해할 수 있다.

　예를 들어, 한 그룹의 학생이 추리소설을 작성하는 경우에 같은 또래의 다른 학생이 작성한 추리소설을 읽게 한 다음에 앞서 설명한 공동 구성 과정을 통해 어떤 스토리가 더 나은지, 왜 더 나은지 결정하도록 하는 것이 유용할 수 있다. 그런 다음에 그룹은 최고의 추리소설이 캐릭터 설정, 긴장감 고조, 클라이맥스, 결말의 네 가지 주요 단계로 구성된다는 결론을 내릴 수 있다. 물론 이것은 추리소설의 표준 모델을 나타내는 것이 맞고, 다소 공식적이고 틀에 박힌 방식으로 변질될 수 있다. 이 때문에 많은 TV 프로그램이 클라이맥스로 시작하고 몇 분 후에 '몇 시간(또는 며칠) 전'이라는 문구와 함께 이야기의 시작 부분으로 돌아가는 경우가 많다. 사실 너무 많은 TV 프로그램에서 이 장치를 사용했기 때문에 그 자체로 다소 진부한 표현이 되었지만, 이는 구조, 템플릿 및 가이드라인이 잠재적으로 지원과 제약이 될 수 있다는 점을 보여 준다. 그렇다고 해서 학생들에게 지원을 제공하지 말아야 한다는 뜻은 아니다. 그러나 학생들이 자신이 무엇을 하고 있는지 알고 있다는 확신이 들면 지원을 하지 않을 수 있다는 것을 깨닫도록 해야 한다. 대부분의 경우에 지원이 없으면 학생은 좌절하게 되겠지만, 1세기 반 전에 Samuel Smiles(1862)가 말했듯이 "실수하지 않은 사람은 결코 발견하지 못하는 사람"이 될 수 있다.

　교사 초기에 겪었던 에피소드 중에서 학생들이 교사의 권고를 무시하고 문제 해결 방법에 창의성을 보여 주는 예를 소개하겠다. 9학년 학생들을 가르치면서 여러 개의 가로선과 (아마도 다른 수의) 세로선이 교차하여 몇 개의 직사각형이 만들어지는지 계산하는 과제를 내주었다.

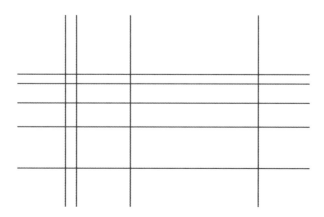

George Polya(1945)가 권장한 대로 학생들에게 '더 간단한 경우'를 시도해 보도록 장려하는 일련의 과정 기준을 개발했다. 예를 들면, 가로선 두 개만 보고 세로선 두 개, 세 개, 네 개가 각각 만들어 내는 직사각형을 세는 식이다. 몇 분 만에 학생 중 한 명이 다음과 같은 수학 공식을 적었다.

$$\frac{m(m-1)}{2} \times \frac{n(n-1)}{2}$$

나는 그에게 풀이 과정을 보여 달라고 요청했고, 그는 "무슨 풀이 과정이요?"라고 물었다. 그는 차분하게 각 직사각형이 두 개의 가로선과 두 개의 세로선을 선택하여 이루어진다는 것을 설명했다. 만약 가로선이 m개라면 두 개의 가로선 중 첫 번째 가로선을 선택하는 경우의 수는 m개이고, 두 번째 가로선을 선택하는 경우의 수는 m-1개이므로 가로선을 선택하는 조합의 경우의 수는 총 m×(m-1) 쌍이 나온다. 그러나 이 경우에 각 쌍의 가로선이 두 번씩 계산되므로 가로선 쌍의 수를 구하기 위해서는 m×(m-1)을 2로 나누어야 한다. 같은 논리를 세로 선에 적용하고, 두 식을 곱하면 해답이 나온다.

이 학생의 경우, 내가 세심하게 계획한 틀로 인해(이 틀에 학생이 조금이라도 관심을 기울였다면!) 내가 보지 못한 통찰력 있는 해결책을 찾지 못했을 것이다. 과정 기준은 학생에게 제약인 동시에 행동유도성(affordances)이 될 수 있으므로 프레임을 어떻게 구성하고 사용할지 신중하게 생각해야 한다.

그렇기는 하지만 과정 기준은 학생이 자신의 학습에 대한 주인이 되도록 돕는 데 특히 중요하다(7장 참조). 앞서 설명한 대로 교사가 학생들이 '질적 수준에 대한 감각'을 키우는 데 시간을 할애했다면 학생들은 현재 위치와 원하는 위치 사이의 격차를 너무나 잘 알고 있을 것이다. 학생들이 모르는 것은 앞으로 나아가는 방법이다. 학습자에게 과정 기준을 제공하면 학습자가 현재 위치에서 목표 지점까지 가는 긴 여정을 더 작은 단계로 나누어 관리하기 쉽도록 만들 수 있다.

총괄평가 모드에서 학생들이 도달해야 할 성취기준의 목적은 학생이 어느 정도 성공했는지 판단하는 것이다. 반면 형성평가 모드에 있을 때 성취기준의 목적은 성공을 이끌어 내는 것이다.

3) 공식적 vs 학생 친화적 언어

성취기준은 다소 형식적인 언어로 작성되어 있어 학생(또는 교사!)이 그 의미를 파악하기가 어렵다. 따라서 일부 저자는 교사가 성취기준을 조정하여 학생 친화적인 언어로 제시해야 한다고 주장한다(예: McEldowney & Henry, 2017 참조). 이러한 접근 방식에는 장점이 있지만, 성취기준에서 사용되는 언어가 해당 기준이 나타내는 학문의 특징인 경우가 많다는 점도 기억할 필요가 있다. 학생들은 청중 감각(sense of audience)이라는 용어가 무엇을 의미하는지 이해하지 못할 수 있으며, 이에 대한 한 가지 반응은 더 간단한 단어로 의미를 표현하려고 시도하는 것이지만, 학생들이 청중 감각이라는 문구를 언어 예술의 예술 용어로 이해하는 것도 중요하다. 학생 친화적인 언어는 학생들에게 학문을 소개할 때 유용할 수 있지만, 학생들이 학문을 정의하는 사고 습관을 기르도록 돕는 것도 중요하며, '공식적인' 언어에 익숙해지는 것도 그 과정의 일부이다.

4. 루브릭에 대한 찬성과 반대 입장

이 장에서 북미의 교사가 학생에게 학습 의도를 전달하는 가장 일반적인 방법인 루브릭 사용에 대해 지금까지 거의 언급하지 않았다는 사실에 놀랄 수도 있지만 간과한 것은 아니다.

이 장에서 분명히 밝혔듯이, 모든 연령대의 학습자가 가능한 한 학습해야 할 내용을 이해하고 목표를 향한 자신의 진행 상황을 모니터링할 수 있어야 한다. 그러나 루브릭이 이를 위한 좋은 방법인지는 아직 명확하지 않다. 루브릭에 대한 많은 연구는 루브릭이 학습을 개선하는지 여부가 아니라 채점의 일관성을 개선하는지에 초점을 맞추었으며, 루브릭이 채점의 일관성을 개선한다는 증거가 있다(Jonsson &

Svingby, 2007). 그러나 루브릭이 학생의 학습에 도움이 되는지 여부를 구체적으로 살펴본 연구에서는 그 결과가 좀 더 모호하다(Panadero & Jonsson, 2013). 일부 연구에서는 루브릭이 학생의 성취도에 상당한 영향을 미칠 수 있음을 보여 주었지만, 이러한 결과는 대부분 비교적 단기간에 초점을 맞춘 연구에서 나온 것이다. 루브릭이 과제에 필요한 특정 기능을 점검하는 경우에 학생은 이러한 기능이 있는지 확인할 가능성이 높지만 장기적으로 더 큰 학습 효과를 가져오는지 여부는 명확하지 않다. 루브릭이 단순히 평가의 정확성을 개선하는 것이 아니라 학습을 개선하려는 의도가 있는 경우에는 적어도 다음과 같은 세 가지 문제를 신중하게 고려해야 한다.

첫째, 루브릭은 질(quality)에 대한 설명에 의존하기 때문에 양질의 수행이 어떤 것인지에 대해 동의할 수 있더라도 질이 의미하는 바를 불완전하게 표현하는 경우가 많다. 작가 Roger Shattuck은 "말이 세상을 반영하지 못하는 것은 세상이 없기 때문이 아니라 말이 거울이 아니기 때문이다"라고 말하였다(Burgess, 1992, p. 119에서 인용). 철학자 Stephen Toulmin(Stephen Toulmin, 2001)은 그의 저서 『이성으로 돌아가자(Return to Reason)』에서 이에 대한 극명한 예를 제시하였다. 그는 국가 인간 연구 대상자 보호 위원회(National Commission for the Protection of Human Research Subjects)에서 근무하면서 어린 아동을 대상으로 하는 생물의학 및 행동 연구 윤리에 대한 권고안을 만드는 자신의 작업을 설명하였다. 6개월간의 심의와 수차례의 공개회의 끝에 위원회는 위원들 사이에서 거의 만장일치로 동의할 수 있는 일련의 제안을 도출할 수 있었다. 그러나 이 제안에 대한 각자의 이유를 물었을 때 Stephen Toulmin(2001)은 "왁자지껄이 시작되었다"고 말하였다. 위원들은 권고안이 무엇이어야 하는지에 대해 동의하는 듯 보였지만, 표면적인 합의 이면에는 그 단어가 의미하는 바에 대해 상당한 의견 차이가 있었다. 어떤 분야의 전문가들에게 이러한 일이 일어난다면, 초보자는 루브릭의 용어를 전문가와 다르게 이해할 가능성이 매우 높다.

예를 들어, 문학 텍스트에 답을 할 때 가장 좋은 작품은 '지속적이고 간결해야 한다'고 기대하는 것이 합리적일 수 있지만, '지속적'이라는 것은 '길고', '간결하다'는 것은 '짧다'는 것을 의미할 수 있기 때문에 일부 학생에게는 혼란스러울 수 있다. 사실 학생들은 "결정하세요. 지속성을 원하세요, 아니면 간결성을 원하세요?"라고 반응할 수도 있다. 왜냐하면 그들은 한 작품이 어떻게 두 가지를 모두 포함할 수 있는지 알 수 없기 때문이다. 주제 전문가에게는 이 두 가지 용어가 충분히 양립할 수 있으므로 지속성과 간결성을 모두 갖춘 작업을 하는 데 내적인 갈등이 없다. 이 것은 Michael Polanyi(1958)가 단어로는 초보자에게 질에 대한 이해를 전달할 수 없다고 말했을 때 지적한 점이다.

둘째, 루브릭은 개선보다는 채점에 더 초점을 맞추는 것 같다. 앞서 언급했듯이 샘플이 너무 어렵지 않다면 고품질의 학습 결과물은 학생들이 학습 도달을 위한 질 적 수준을 이해하도록 하는 데 매우 효과적일 수 있다. 저조한 작품에 대한 설명을 제공하는 것이 가치가 있는지는 명확하지 않다. 구체적인 예로, 널리 사용되는 Education Northwest(2016)의 6 + 1 작문 루브릭을 살펴보자. 최고 수준(수준 6 또는 탁월)의 경우 "글쓴이가 선택한 단어가 정확하고 설득력 있는 의미를 전달하거나 독자에게 생생한 그림을 만들어 내는가?"라는 핵심 질문이 루브릭에 다음과 같이 설명 되어 있다.

> 강력하고 매력적인 어휘를 사용하여 생생한 이미지를 만들고, 정확한 단어 및 (또는) 비유적인 언어를 사용하여 흥미롭고 자연스러운 방식으로 의미를 강화한다 (Education Northwest, 2016, p. 7).

이 설명은 적절해 보인다. 하지만 이 설명보다 좋지 않은 수행의 특성을 덧붙이는 것이 과연 유용한지 여부는 명확하지 않다. 예를 들어, 루브릭의 이 차원(개발 중)의 최하위 수준(3수준)에 해당하는 수행에는 다음과 같은 설명이 제시되어 있다.

> 어휘는 이해할 수 있지만 에너지와 상상력이 부족하며, 작품의 일부를 이해하려면 약간의 해석이 필요할 수 있다(Education Northwest, 2016, p. 7).

이러한 방식으로 우수하지 않은 작품을 특성화하는 것은 채점 목적에는 확실히 유용하지만, 작품을 개선하는 방향으로 전환시키지는 못한다.

　　게다가 많은 루브릭에서 이러한 설명은 질의 차이를 나타내기 위해 단어 몇 개를 변경하는 등 다소 형식적인 경향이 있다. 실제로 루브릭을 구성하는 사람들이 동의어 사전을 사용하여 한 수준의 작업과 다른 수준의 작업을 구별하는 데 사용할 수 있는 동의어에 가까운 단어를 생성한다고 인정하고 있다. 그러면 학생들은 형용사를 찾기 시작하여 한 수준에서 다음 수준으로 넘어갈 때 어떤 단어가 바뀌었는지 확인한다. 이 중 어느 것도 학생의 학습을 향상시키는 데 특별히 도움이 되지 않는다.

　　셋째, 루브릭은 여러 수행의 질 중 특정 측면을 선택하고 이를 일종의 특별한 지위로 격상시킨다. 한 수준에서 다음 수준으로 성과를 향상시키는 위해서는 여러 가지 복잡한 속성의 작은 변화 또는 최소한의 변화가 필요할 수 있지만, 이 모든 것을 나열하면 루브릭이 너무 번거로워지기 때문에 개발할 때는 이러한 수행의 질 중 특정 측면에만 초점을 맞추고 다른 측면을 희생하여 우선순위를 정한다. Greg Ashman (2015)은 이를 [그림 3-4]에 다음과 같이 제시하였다.

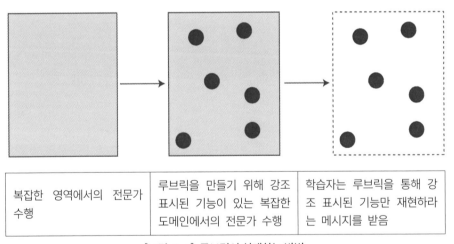

복잡한 영역에서의 전문가 수행	루브릭을 만들기 위해 강조 표시된 기능이 있는 복잡한 도메인에서의 전문가 수행	학습자는 루브릭을 통해 강조 표시된 기능만 재현하라는 메시지를 받음

[그림 3-4] 루브릭이 실패하는 방법

출처: Ashman (2015).

　　루브릭이 유치원 때부터 대학에 이르기까지 학생들이 학습해야 할 내용을 이해하도록 돕는 역할을 하는 것은 분명하다. 하지만 루브릭은 직사각형 격자로 정리된 평가기준의 모음일 뿐이라는 점을 기억해야 한다. 이러한 배열은 확실히 편리하지만, 루브릭이 거의 엄격한 보정을 받지 않기 때문에 한계점이 될 수 있고 심지어 오해의 소지가 생길 수도 있다. 크고 복잡한 루브릭을 만들 경우, 루브릭의 한 차원에 있는 4단계의 가치나 난이도가 루브릭의 다른 차원에 있는 4단계와 동등하도록 만드는 것은 불가능하다. 루브릭은 중요한 역할을 하지만, 학습 의도와 성취기준을 학생과 공유하는 다른 모든 방법과 마찬가지로 루브릭 또한 학생에게 학습해야 할 내용과 교사가 학생의 과제를 평가할 기준을 효과적으로 전달해야 한다. 가장 중요한 것은 교사가 루브릭에 무엇을 넣느냐가 아니라 학생이 루브릭을 통해 무엇을 얻느냐이다.

5. 실제적 기법

다음에 제시된 '강점 약점 토론(strengths and weaknesses discussion)' '예시 자료 제공 (model papers)' '쓰지 말아야 할 것(what not to write)' '수업 후 즉각적인 평가와 지연된 평가(immediate and delayed post-tests)' '퀴즈 만들기(test-item design)' '출석 기록표 (daily sign-in)' '선택-교환-선택(choose-swap-choose)' 및 '배울 것, 찾는 것, 왜냐하면(WALT, WILF, and TIB)' 기법은 학생들이 교실에서 학습 의도를 이해하고 도달하도록 돕기 위해 활용할 수 있다. 실제 사례를 통해 수업 적용 방법과 기대하는 효과를 자세히 살펴본다.

1) 강점 약점 토론

학생들이 다른 학생의 결과물 예시 자료를 살펴보고 각 결과물의 강점과 약점에 관해 서로 의견을 나누도록 하는 토론 수업 방식은 학습 의도와 성취기준을 이해하도록 돕기 위한 중요한 방법 중 하나이다. 실험 보고서 쓰는 방법을 지도하는 중학교 과학 교사의 수업 사례를 예로 들면, 교사는 학생들이 실험 보고서를 쓰기 전에 작년 학생들이 작성한 다섯 개의 실험 보고서를 모둠별로 나눠 주고, 학생들에게 어떤 보고서가 다른 것에 비해 더 나은지 서로 상의해서 고르도록 한다. 각 모둠의 학생들은 상대적으로 수준이 더 높다고 판단되는 보고서 순서대로 순위를 매긴 다음, 결과를 반 전체 학생들에게 발표한다. 전체 모둠에서 순위 발표를 마치면 교사는 학생들에게 상대적으로 더 수준이 높다고 판단한 기준을 물어보고 학생들과 함께 정보를 공유하며 실험 보고서의 루브릭을 만든다. 이러한 수업 과정은 앞서 설명했듯이 단순한 민주적 절차의 과정을 의미하는 것이 아니다. 교사는 자신의 과학 교과 내용 지식을 활용하여 루브릭이 해당 교과에서 학생들에게 전달하고자 의도하는 개념을 충실하게 전하여 학생들이 역량을 개발할 수 있도록 토론을 형성해 가야 한다.

이를 위해 교사는 루브릭을 뒷받침할 수 있는 절차를 나타내는 향상 모델을 준비하는 것이 효과적이다. 예를 들어, 지리 교육 협회에서는 지리 영역 글쓰기의 향상 모델로 다음과 같은 절차를 제안한다(Davies, Durbin, Clarke, & Dale, 2004).

1단계 '대비': 위치를 식별하기 위해 정확한 장소명을 사용하고, 장소와 기능을 설명하기 위해 단단함/부드러움, 구릉/평지, 습함/건조, 부자/빈곤과 같이 서로 대비되는 반대말을 사용한다.

2단계 '다양한 유형': 덥고, 차갑고, 얼고, 매우 덥고, 덥고 춥다는 단어를 사용하여 서로 다른 종류의 장소를 인식한다. 분리형, 반분리형, 계단식 및 아파트와 같은 용어를 사용하여 다양한 주거지를 묘사한다.

3단계 '비교': 숫자를 사용하여 기능(예: 두 배 많은 사람, 절반의 온도 범위)과 장소를 비교하고 장소 내 차이점을 설명한다.

4단계 '비율 및 패턴': 전체 장소에 대한 감각을 제공하기 위해 설명을 그룹별로 나누고, 장소와 형태를 묘사하기 위해 인구 밀도, 수렴 및 발산, 특징과 장소를 설명하기 위해 습도와 같은 개념을 결합한 용어를 사용한다.

이와 같은 향상 모델을 제공하는 것이 어쩌면 학생들에게 도움이 되지 않을 수도 있지만, 교사에게는 교과 수업에서 미리 향상 모형을 미리 생각해 두는 것이 학생들을 지도하는 데 도움이 된다.

2) 예시 자료 제공

앞에서 설명한 강점 약점 토론 기법을 변형하여 우수한 결과물을 예시 자료로 제공할 수 있다. 예를 들어, 한 고등학교 교사는 학급에 글쓰기 과제를 제시한 후 과제를 수합하고 나면 별도로 각 과제마다 임시 등급을 부여해서 기록해 두지만 과제 종이에는 아무것도 적지 않는다. 다음 날 교사는 학생들에게 자신의 글쓰기 과제와 함께 교사가 가장 잘 쓴 과제라고 판단한 세 가지 과제의 복사본을 나눠 주고 다음 수업 전까지 이를 읽어 오도록 한다. (이 단계에서 예시 자료 제공 방법은 어떤 과제가 좋은 과제인지 미리 알려 주기 때문에 강점 약점 토론은 차이가 있다) 다음 수업에서 교사는 가장 잘 작성된 것으로 판단한 세 개의 글쓰기에서 중요한 특징이라고 생각할 수 있는 부분에 관해 토론을 진행한다. 이후 교사는 세 개의 우수한 글을 작성한 학생을 포함한 전체 학생에게 글쓰기를 다시 작성하여 제출하도록 안내한다.

이 방법은 두 가지 측면에서 주목할 가치가 있다. 먼저 우수한 작업을 구체적인 예로 학생들에게 보여 준다. 다음으로 더 중요한 측면은 우수한 글쓰기로 선택되지 않은 학생들이 자신의 글과 교사가 제공한 글을 비교하는 인지 과정을 거치기 때문에 다른 사람이 직접 제시한 피드백을 받았을 때보다 더 매력적인 피드백을 제공할 수 있다.

그러나 학생들과 학습 결과물을 공유할 때 고려해야 할 몇 가지 주의 사항이 있다. 첫 번째 주의점으로, 학생들에게 제공되는 예시 자료는 학생들로 하여금 자신이 성취 가능한 수준이라고 생각할 수 있도록 하는 수준이어야 한다. 구체적 사례로, 무크(Massive Open Online Course: MOOC)에 등록한 150,000명을 대상으로 한 연구를 살펴보면 과제를 제출한 후 친구의 예시 자료를 제공받았을 때 자신의 것보다 훨씬 질 높은 친구의 과제를 읽은 학생들은 과정을 이수할 가능성이 낮았고, 이러한 현상은 제공 받은 친구의 과제 수준이 높을수록 더욱 강하게 나타났다. 그러나 자신보다 성취가 뒤처진 과제를 읽은 학생들은 자신의 비슷한 수준의 과제를 살펴본 학생들과 같은 비율로 과정을 마쳤다(Rogers & Feller, 2016).

두 번째 주의점은 질적 수준이 높은 과제 예시를 하나만 보여 줄 경우에 학생들이 모방해야 할 자료로 보일 수 있다는 점이다. 앞의 글쓰기 수업에서 예로 든 교사처럼 우수한 수준의 과제 중 매우 다른 형태의 세 가지 예시를 학급과 공유하는 것이 중요하다. 이는 학생들에게 성공으로 가는 하나의 방법이 아니라 실제로 높은 평가를 받는 여러 방법이 있다는 것을 안내한다.

　세 번째 주의점은 학생의 관심을 교사가 집중하고 있는 곳으로 이끌 때 학생의 학습이 극대화된다는 것이다. 예를 들어, 출판이나 그래픽 디자인 분야에서는 폰트, 타이포그래피, 레이아웃 등의 그래픽 요소를 위해 다음과 같은 무의미한 문장(Lorem ipsum)을 만들어 채워 넣는다.

> Lorem ipsum dolor sit amet, consectetur adipiscing elit, sed do eiusmod tempor incididunt ut labore et dolore magna aliqua. Ut enim ad minim veniam, quis nostrud exercitation ullamco laboris nisi ut aliquip ex ea commodo consequat. Duis aute irure dolor in reprehenderit in voluptate velit esse cillum dolore eu fugiat nulla pariatur. Excepteur sint occaecat cupidatat non proident, sunt in culpa qui officia deserunt mollit anim id est laborum.

여기서 중요한 부분은 독자가 이해할 수 있는 글을 적어 둔다면 독자가 글자의 서체나 배치를 보는 대신에 글을 읽을 것이라는 점이다. 이해할 수 없도록 의미 없는 단어를 배열해 둘 때 독자는 의미에 집중하기보다는 서체나 글자의 배치에 집중하게 된다. 마찬가지로 교사가 수업에서 초점을 두고 다루고자 하는 특정 내용에 관한 예시가 아니라 모든 측면에서 우수한 학생의 과제를 예시로 선택해 다른 학생들에게 보여 준다면 예시를 살펴보는 학생들에게 의도하는 결과를 얻을 가능성은 적다. 예를 들어, 헌법의 견제와 균형에 관한 훌륭한 내용의 예시 자료 글이 깔끔한 손 글씨와 정확한 맞춤법으로 쓰여졌다면, 예시를 보는 학생들은 헌법의 견제와 균형에 관한 요점뿐 아니라 손 글씨와 맞춤법에도 초점을 맞추어 버릴 수 있다. 헌법의 견제와 균형에 관한 특징에만 집중하도록 한다면, 학생들이 글을 읽으며 견제와 균형에 관한 좋은 에세이가 무엇인지 더 명확하게 알 수 있게 된다. 물론 교사는 학생들이 맞춤법에 맞지 않고 알아보기 힘든 글씨로 과제를 제출하는 것을 원하지 않지만, 학생들이 한 가지에만 집중하기를 바랄 때는 그 한 가지에 집중할 수 있도록 하는 것이 중요하다.

어떤 사람들은 이런 종류의 지도 과정이 비교적 고학년이나 중고등학교에만 적용될 수 있다고 생각하지만, 실제로 학생들은 아주 어린 나이부터 과제의 질적 수준에 관해 생각하는 데 참여할 수 있다. 예를 들어, 저학년 수업 사례에서 아이들이 수채화물감으로 그림을 그리는 과정에서 수업이 시작되고 15분 정도 후에 교사는 한 여학생의 그림을 들고 다른 학생들에게 왜 이것이 특히 좋은 그림의 예시로 생각해 볼 수 있는지 발표해 보도록 했다. 한 학생이 교사가 보여 주는 그림을 보고 다시 자신의 그림을 보다가 잠시 후 "다 갈색이 아니니까요"라고 발표했다. 이 학생은 자신이 너무 조바심을 내며 빨리 그림그리기를 마치려고 다른 색을 사용하거나 물감이 마를 때까지 기다리지 않았다는 것을 스스로 깨달았다. 발표한 학생이 한 단계 더 높은 수준의 사고를 할 수 있었던 것은 자신의 그림과 교사가 제시한 예시를 비교할 때였다. 학생은 어린 나이에도 스스로 자신의 수준보다 한 단계 더 높은 인지 수준으로 도약할 수 있었고, 이를 위해 필요한 것은 '비교'뿐이었다.

3) 쓰지 말아야 할 것

일부 교사들은 왜 학생들이 자신의 과제를 수행할 시간에 다른 학생의 과제를 보면서 시간을 보내야 하는지 궁금해 하지만, 많은 교사의 수업 사례에서 발견한 것처럼 학생들은 자신의 과제보다 다른 친구의 과제에서 오류와 약점을 훨씬 더 잘 발견한다. 학생들이 그러한 오류나 약점을 지적하면 자신의 과제에서 반복하지 않을 가능성이 더 크다.

수업에서 학생들이 함께 다른 학생의 과제에서 약점을 판단하는 한 방법으로 '쓰지 말아야 할 것' 목록을 작성해 볼 수 있다. 이는 학생들이 다른 학생에게 피해야 할 함정들에 관한 제안을 서로 공유하도록 하는 것이다. 다음에서 오해에 관해 더욱 자세히 다루겠지만, 지금은 학생들에게 예시 자료를 제공할 때 올바른 예와 잘못된 예를 모두 제시하는 것이 올바른 예만 제시하는 것보다 더 효과적이라는 것에 유의하도록 한다.

4) 수업 후 즉각적인 평가와 지연된 평가

학생들에게 학습 의도를 명확하게 이해하도록 돕는 또 다른 방법으로는 수업 후 즉각적으로 평가를 실시하는 방법과 지연된 평가를 진행하는 방법이 있다. 적절한 예시로 4~5학년 학생 74명이 25분간 수업에 참여하여 수직선에 소수를 표시하고 크기 순서대로 소수를 나열하는 방법을 배운 실험 연구(Durkin & Rittle-Johnson, 2012)를 들 수 있다. 이 연구에서는 학생을 무작위로 분류해서 두 그룹으로 나눈 후 절반의 학생은 올바른 예시만 공부하고, 나머지 절반은 올바른 예와 잘못된 예를 혼합하여 수업을 진행했다. 실험을 시작할 때 학생들은 십진수에 대한 개념적 지식과 절차적 지식을 모두 다루는 20분간의 평가를 완료했다. 개념적 지식은 자릿수가 서로 다른 소수 중 같은 수를 찾는 문항으로 구성되었고(학생들에게 0.5100, 0.051, 0.510, 51 중 어느 것이 0.51에 해당하는지 동그라미를 치게 함), 절차적 지식은 소수를 수직선의 적절한 위치에 표시하는 문항으로 구성되었다(수직선의 정수 0~1 사이에 소수 0.9를 쓰도록 함). 수업이 끝날 때 학생들은 동일한 유형의 문항으로 두 번째 시험을 치뤘고, 2주 뒤 다시 동일한 유형의 시험을 완료하였다.

예상할 수 있듯이 모든 학생은 수업 전에 실시한 첫 번째 평가보다 수업 후에 즉각적으로 진행된 평가에서 더 높은 점수를 얻었고, 2주 후에 진행된 평가에서도 높은 점수를 받았다(〈표 3-4〉 참조). 그러나 정답만 살펴봤던 학생들의 점수는 개념적 지식의 경우 7%, 절차적 지식의 경우 19%의 성취가 증가한 반면, 정답과 오답을 모두 본 학생들의 점수는 14%와 26%로 향상 폭이 더욱 컸으며, 이는 성취도가 높은 학생과 낮은 학생 간에 유사한 향상 결과를 보였다. 표준화된 효과 크기를 살펴보면 이러한 향상은 0.35, 1.01, 0.72 및 1.05 표준편차로 평균인 학생을 64번째, 84번째, 76번째 및 85번째 백분위수로 이동시키는 것과 같다. 게다가 정답과 오답을 모두 살펴본 학생들은 2주 뒤 진행된 평가에서 오해에 의한 오류가 더 적었다. 정답만 살펴본 학생 집단에서는 오답 비율이 1% 감소했고, 정답과 오답을 모두 살펴본 집단에서는 8% 감소했다(Durkin & Rittle-Johnson, 2012).

<표 3-4> '정답만' vs '정답과 오답 모두' 집단의 수업 후 즉각적인 평가 결과 향상 정도

	개념적 지식		절차적 지식	
	향상 정도	효과 크기	향상 정도	효과 크기
'정답만' 제공	7%	0.35	19%	1.01
'정답과 오답 모두' 제공	14%	0.72	26%	1.05

5) 퀴즈 만들기

초등학교 4학년 이상의 학생들에게 학습 의도를 명확히 이해하고 공유하며 교사에게 자신의 이해 수준을 알리는 데 특히 유용한 방법은 자신이 학습한 내용으로 평가 문항을 직접 만들어 보고 정답을 표시하도록 하는 것이다. 대학생 260명을 대상으로 진행된 실험 연구를 살펴보면 이 방법은 학생들에게 학습 안내를 제공하거나 자신의 방식대로 평가를 준비하도록 내버려두는 것보다 더욱 효과적이었다(Foos, Mora, & Tkacz, 1994). 또한 학습한 내용에 대해 자신만의 개요를 만든 후 이를 바탕으로 질문을 만든 학생들은 다른 사람이 만든 개요를 받은 학생보다 개요를 작성한 부분에서 더 우수한 성취를 보였다(Foos et al., 1994).

이것은 종종 시험에 두려움을 느끼는 고학년 학생들에게 효과적인 전략으로, 학습을 마친 후 교사가 정답이 아닌 질문에 채점한다는 사실은 많은 학생에게 자유로운 경험이 될 수 있다.

학생들이 스스로 질문을 만들어 보도록 하는 방법의 또 다른 효과는 학생들이 학습했다고 생각하는 것을 교사가 확인할 수 있다는 점이다. 이러한 방법의 결과는 교사가 학생들이 학습했다고 생각하는 것과 다르게 나타날 때가 많은데, 사실 교사가 수업을 마친 후에 혼자서 학생들이 학습을 했다고 생각하는 것 자체가 적절하다고 보기는 어렵다. 이것에 관한 좋은 예시는 과학 탐구 수업에서 찾아볼 수 있다. 교사는 학생들에게 〈표 3-3〉에 언급된 쥐며느리가 건조한/습한 환경, 따뜻한/시원한 환경 중 어떤 종류의 서식지를 선호하는지 알아보기 위한 실험을 설계하도록 안내했다. 수업 후 교사는 자신이 수업에서 활용할 수 있는 질문을 학생들에게 만들어 보도록 했고, 대다수의 학생은 쥐며느리가 어떤 서식지를 선호하는지 묻는 질문을 작성했다. 학생들은 이번 수업의 중요한 성취기준이었던 가설 설정과 관련한 변인 통제를 실험 설계에 반영하지 않았고, 교사는 학생들이 수업의 요점을 놓치고 있다는 것을 확인할 수 있었다(〈표 3-3〉 참조).

6) 출석 기록표

이 방법은 저학년 학생에게 적합하다. 출석 기록표는 교사가 학생들의 이름이 적힌 종이와 요일이 표시된 표가 그려진 종이를 준비하고 매일 학생들이 학교에 도착하면 자신의 칸에 이름을 따라 쓰도록 하는 것이다. 학생 중 일부는 자신의 이름을 읽기 쉽게 또박또박 쓸 수 있는 반면, 다른 학생은 상자에 구불구불한 선 정도를 그리기도 한다. 매주 금요일 학생들은 기록 종이에 가서 자신이 쓴 다섯 번의 출석 기록표를 살펴보고 어느 글씨가 가장 예쁜지 표시한다.

7) 선택-교환-선택

학생들을 학습 의도에 맞게 참여시키는 또 다른 기술로는 '선택-교환-선택' 방법이 있다. 이 방법은 '매일 출석 기록표' 방법과 유사하다. 교사는 학생들에게 '나비'를 10번 쓰도록 한다. 이후 학생들은 자신이 10번 쓴 '나비' 글자 중에서 가장 예쁘게 잘 썼다고 생각하는 것을 선택하고 동그라미 친다. 그런 다음 학생들은 친구와 종이를 교환하고 친구가 쓴 '나비' 글자 중에서 가장 예쁘게 잘 썼다고 생각하는 글자에 동그라미를 친다. 만약 친구의 생각이 다르다면 이유에 관해서 서로 토론하도록 한다.

학생들이 질 높은 학습 결과에 대해 토론할 수 있는 기회는 사실상 무한하다. 프랑스어 수업에서 한 교사는 학생들에게 좋은 프랑스어 억양이 어떤 것인지 이해하기를 원했고, 학급 학생들을 다섯 명씩 모둠으로 나눈 후 각 모둠에서 동일한 짧은 프랑스어 구절이 적힌 카드를 제공했다. 각 모둠의 학생들은 번갈아 가며 카드를 큰 소리로 읽은 뒤 어느 학생이 가장 좋은 프랑스어 억양을 가지고 있는지 결정했고, 교사는 각 모둠에서 선택된 학생들의 발음을 반 전체 학생들 앞에서 발표하도록 한 후 각 억양의 강점과 약점에 관한 학급 토론을 만들어 갔다.

8) 배울 것, 찾는 것, 왜냐하면

물론 단순히 학습 의도와 성취기준의 성공적인 도달 수준을 학생들에게 바로 제시하는 것이 적절할 때도 있다. Shirley Clarke(2001)는 초등학교 교사들에게 WALT (We are learning to), WILF(What I'm looking for) 및 TIB(This is because)라는 두문자어를 소개했다. 학생들에게 이는 유용한 출발점이 될 수 있다. 예를 들어, 교사가 학생들에게 문단 구성 규칙을 소개할 때 학습 의도는 "우리는 문법적으로 올바른 문단 쓰는 법을 배우고 있습니다"일 수 있다. 그리고 교사가 학생들에게 성취기준에 대해 다음과 같이 언급할 수 있다. "선생님이 문단을 시작할 때 대문자로 시작하는지, 띄어쓰기가 되어 있는지, 마침표와 물음표 또는 느낌표로 끝나도록 문장을 썼는지 확인할 겁니다"라고 말한 후 "이러한 규칙이 필요한 이유는 우리가 글을 읽는 것을 더욱 쉽게 만들어 주기 때문입니다"라고 말할 수 있다.

6. 결론

어디로든 가기 위해서는 자신이 어디로 가고 있는지 명확하게 이해하는 것이 필요하지만, 교사는 전통적으로 학습 의도와 성취기준의 도달 수준을 학생들과 공유하는 것을 중요하게 여기지 않았다. 불행하게도 교육 현장이나 정책에서 시계추는 반대 방향으로 너무 많이 흔들렸다. 교사가 수업을 시작할 때 학습목표를 제시하지 않으면 나쁜 수업으로 간주되는 것처럼 말이다.

이 장에서는 학생들이 학습에서 어디로 가고 있는지, 무엇이 높은 수준의 학습 결과물로 간주되는지 아는 것이 중요하지만, 이를 수행하기 위한 간단한 공식이 있을 수 없음을 보여 주는 근거를 여러 연구를 통해 검토했다. 교육의 다른 모든 것과 마찬가지로 간단한 규칙은 없으며, 학습 의도와 성공적인 학습 도달의 수준을 가장 잘 전달하는 방법에 대해 전문적으로 판단하는 것은 교사의 몫이다. 단순한 공식이 있을 수는 없지만 다수의 교사가 수업에서 유용하다고 생각한 방법들이 있으며, 그 중 일부를 이번 장에 제시하였다.

교사와 학생이 자신이 어디로 향하고 있는지 명확히 인식하고 나면 다음 단계는 학습이 제대로 진행되고 있는지를 이해하는 것이다. 이를 위해 다음 장에서는 학생들에 어디에 있는지에 대한 증거를 수집하는 방법에 대해 다룰 것이다.

제4장

학습 증거
도출하기

학습 증거
도출하기

3장에서는 학생들이 무엇을 배우기 원하는지 명확히 해야 한다는 점의 중요성을 알게 되었다. 이를 파악한 후에는 학생들이 학습의 어느 단계에 있는지 확인해야 한다. 심리학자 David P. Ausubel(1968)은 학습자가 이미 알고 있는 내용이 학습에 영향을 미치는 가장 중요한 요소이며, 교사의 임무는 이를 확인하고 그에 따라 가르쳐야 한다고 주장했다. 많은 교실에서 이러한 증거를 이끌어 내는 과정은 주로 즉흥적으로 이루어진다. 교사는 학생들을 참여시킬 교육활동을 언제나 계획하지만, 학생들이 학습의 어느 단계에 있는지 알아낼 방법을 자세히 계획하는 경우는 거의 없다. 4장에서는 이 과정을 계획하는 것의 중요성을 강조하고, 질문을 사용하여 학생이 무엇을 알고 있는지 알아내고 학생의 아이디어가 어디에서 나오는지 발견하는 방법에 대한 지침을 제공한다. 또한 좋은 질문이 되는 요소와 몇 가지 대안에 대해 자세히 설명한다. 마지막으로 질문을 효과적으로 사용하여 학생의 필요에 맞게 수업을 조정하는 방법과 몇 가지 실용적인 지침을 제공하고자 한다.

1. 학생들이 무엇을 알고 있는지 파악하기

[그림 4-1]은 Shlomo Vinner(1997)가 인용한 제3차 국제 수학 및 과학 연구(TIMSS)에 포함된 두 가지 문항이다.

문항 1: 어떤 분수가 가장 작은가?	문항 2: 어떤 분수가 가장 큰가?
A. $\frac{1}{6}$	A. $\frac{4}{5}$
B. $\frac{2}{3}$	B. $\frac{3}{4}$
C. $\frac{1}{3}$	C. $\frac{5}{8}$
D. $\frac{1}{2}$	D. $\frac{7}{10}$

[그림 4-1] 분수 문항 예시

출처: Vinner (1997).

이 두 문항은 상당히 비슷해 보이지만, 두 번째 문항이 더 큰 숫자를 포함하고 있기 때문에 분명히 조금 더 복잡하고, 훨씬 더 어려운 문항이다. 예를 들어, 첫 번째 문항의 성공률은 88%였지만 두 번째 문항은 46%에 불과했다(Vinner, 1997). 즉, 첫 번째 질문의 정답을 맞힌 학생 중 약 절반만이 두 번째 질문에도 답할 수 있었다.

교사들에게 왜 그런지 물어보면 여러 가지 가능한 이유가 나온다. 1번 문항의 분수를 좀 더 쉽게 시각화할 수 있기 때문에 1번 문항이 2번 문항보다 쉽다는 의견이 있다. 1번 문항에서 선택지 C보다 확실하게 큰 B를 제외하고는 모두 단위분수(분자가 1인 분수)이기 때문에 비교하기가 더 쉽다고 제안하기도 한다. 세 번째 일반적인 제안은 1번 문항에는 최소공배수가 있지만 2번 문항에는 없기 때문에 계산을 해야 한다는 점인데, 이는 분명히 더 복잡한 2단계 문제이지만 많은 성인(수학 교사 포함)이 학교에서 일반적으로 학생들이 배우는 방법보다 각 분수를 백분율로 변환하여 두 번째 문제에 답하는 방식을 선호한다는 점이 흥미롭다.

이 모든 설명은 믿을 만하지만 조금 더 자세히 살펴보면 다소 흥미로운 사실이 드러난다. 2번 문항에 답할 때 39%의 학생이 B를 선택했다. 이 문항은 학생의 46%가 정답을 맞혔고, 54%의 학생이 오답을 선택했지만 39%의 학생이 동일한 오답 B를 선택했다. 즉, 오답을 선택한 학생 중 거의 4분의 3이 동일한 오답을 선택했다는 뜻이다.

이는 매우 중요하다. 학생들의 오류가 무작위적이라면 각 오답이 다른 오답만큼 자주 선택되어 B, C, D를 각각 약 18%의 학생이 선택하게 된다고 예상할 수 있다. 하지만 B가 다른 두 오답을 합쳤을 때보다 두 배 이상 많이 선택되었다. 이 문항에 대한 학생들의 오류가 무작위가 아니라 체계적임을 시사한다.

선택지 B를 선택하는 것이 학생들이 분수에 대해 배우는 방법과 관련이 있다는 설명이 가장 그럴듯하다. 처음에는 혼란스러워 하지만 학생들은 전체가 더 많은 조각으로 나뉘어져 있기 때문에 5분의 1이 4분의 1보다 작다는 것을 깨닫게 된다. 이로부터 많은 학생은 가장 큰 분수는 분모가 가장 작은 분수이고, 가장 작은 분수는 분모가 가장 큰 분수라고 결론을 내린다. 이 규칙은 단위분수에서는 완벽하게 적용되지만 그 외의 분수에서는 그렇지 않을 수 있다.

1번 문항을 풀 때 분수에 대한 이해가 불완전한 학생은 단순히 가장 큰 숫자인 6을 분모로 가진 정답 A를 선택하게 된다. 그러나 두 번째 문항에 동일한 전략을 적용하면 가장 작은 분모를 찾게 되고, 4를 찾은 학생은 오답인 B를 선택한다.

이것이 두 문제의 정답률에 차이를 나타내는 유일한 이유라고 확신할 수는 없다. 하지만 2번 문항의 정답을 선택한 학생의 비율(46%)에 단순한 전략(naïve strategy)으로 생성된 정답을 선택한 학생의 비율(39%)을 더하면 85%로, 1번 문항의 정답률 88%에 매우 근접하다는 점은 의미가 있다. 즉, 1번 문항을 맞힌 학생들 중 상당수가 잘못된 이유로 정답을 맞혔다는 강력한 증거가 된다.

이러한 해석이 왜 중요할까? 교사로서 학생들에게 질문을 던지고 원하는 답을 얻으면 학생들의 학습이 올바른 방향으로 나아가고 있다고 결론을 내리는 경향이 있기 때문이다. 그러나 우리가 던지는 질문이 2번 문항보다 1번과 더 비슷하다면, 실제로는 완전히 다른 방향으로 가고 있는데도 불구하고 학생들의 학습이 제대로 진행되고 있다고 가정할 위험이 있다.

2. 학생들의 아이디어는 어디에서 비롯되었는지 파악하기

다음 도형을 설명해 보라는 질문에 많은 학생은 '거꾸로 된 삼각형'이라고 답한다.

모양과 방향이 서로 독립적이라는 사실을 학생들이 인식하지 못하기 때문에 일반적으로 이를 오개념으로 간주하게 된다. 삼각형은 어느 방향으로 향하든 삼각형이다. 그러나 도형의 이름을 지을 때 방향이 중요하지 않다는 사실을 알고 있는 학생이 종종 있기는 하지만 대부분 수학적 언어가 아니라 일반적인 언어를 사용해서 이 도형을 '거꾸로 된 삼각형'이라고 설명한다. 이것의 좋은 예가 정사각형이라는 단어이다.

수학 수업에서 정사각형은 네 변의 길이가 같고 네 각의 크기가 같은 사각형을 의미한다. 그러나 수학 수업 밖의 세상에서는 모양보다는 방향을 설명할 때 정사각형이라는 단어를 더 자주 사용한다(예를 들어, 그림의 변의 길이가 같지 않더라도 벽에 그려진 그림을 '정사각형'으로 부를 수 있다). 또한 실제로 정사각형인 도형도 모양이 아닌 방향에 따라 정사각형이라고 설명하기도 한다(야구장의 '다이아몬드'도 결국 정사각형이다).

종종 오개념처럼 보이는 것도 다른 상황에서는 완벽하게 좋은 개념일 수 있다. 삼각형을 역삼각형이라고 설명하는 것은 수학 수업에서는 분명 오류이지만, 다른 맥락에서는 의사소통에 도움이 된다('역삼각형'이라는 문구를 구글에서 검색해 보라).

다른 과목에서도 마찬가지이다. 학생이 "I spended all my money"라고 말할 때 이를 오개념으로 간주할 수도 있지만, 일반적인 규칙을 과도하게 사용했다고 보는 것이 더 합리적이다. 동사에 −d 또는 −ed를 추가하여 과거 시제를 만들면 대부분의 경우에 효과가 있으므로 학생은 확률 놀이를 한 것에 지나지 않을 수 있다!

어떤 사람들은 이러한 의도하지 않은 개념이 잘못된 가르침의 결과라고 주장하기도 한다. 교사가 설명을 좀 더 주의 깊게 하고 의도하지 않은 특징이 의도한 특징과 함께 학습되지 않도록 했다면 이러한 오개념이 발생하지 않았을 것이라는 주장이다. 그러나 이 주장은 두 가지 중요한 점을 인정하지 않는다. 첫째, 과잉 일반화는 인간 사고의 근본적인 특징이다. 학생은 처음에 개라는 용어를 귀와 네 개의 다리, 꼬리가 있는 푹신한 장난감과 연관시킬 수 있다. 하지만 곧 개라는 단어가 특정 봉제 인형 이외의 다른 사물에도 적용된다는 사실을 알게 되면서 개, 고양이, 말을 구별하는 방법을 배울 때까지 개라는 단어는 귀, 네 다리, 꼬리가 있는 다양한 푹신한 장난감(개 인형이 아니더라도)을 연상하게 된다.

여기서 중요한 점은 학생들이 스스로 지식을 구성하는 데 능동적이라는 사실이다. 학생들은 우리가 가르치는 내용을 포함하여 주변에서 일어나는 일들을 말 그대로 이해하며, 때로는 우리가 의도한 것과는 다른 의미를 만들어 내기도 한다. 4~7세 어린이에게 "바람은 어디서 오지?"라고 물었을 때 나오는 대답이 가장 좋은 예가 될 수 있다. 대부분의 어른은 일반적으로 아이들이 '신'이라는 대답을 할 것이라고 생각하지만, 그에 못지않게 인기 있는 대답은 '나무'이다. 이는 아이들이 잘못 배웠거나 잘못 기억한 게 아닐 가능성이 높다. 아이들은 바람이 불면 나무가 흔들리는 모습을 관찰하고 나무와 바람의 상관관계가 인과관계를 의미한다고 결론을 내리게 되는 것이다.

둘째, 의도하지 않은 개념을 형성하지 않도록 학생들의 환경을 통제하고 싶어도 통제할 수 없다. 예를 들어, 많은 학생이 2.3에 10을 곱하면 2.30이 된다고 생각한다. 하지만 이러한 개념은 배운 적이 없을 가능성이 매우 높다. 오히려 이러한 믿음은 주변에서 보이는 것의 규칙성을 관찰한 결과로 생겨난다. $7 \times 10 = 70$, $8 \times 10 = 80$ 등을 보고 정수에 10을 곱하면 0을 더하면 된다는 결론을 내린다. 한 자릿수에 10을 곱하는 것을 가르치기 전에 소수를 도입하여 이러한 '오해'가 발생할 가능성을 줄일 수 있지만, 이는 잘못된 방법이다.

학생들이 배운 내용이 교사가 의도한 바와는 완전히 다를 수 있으며, 이는 예측할 수 없는 수업의 특성 때문에 불가피한 현상임을 교사들은 인정해야 한다. 따라서 교사는 학생이 무언가를 이해했다고 가정하기 전에 학생의 사고를 탐구하는 것이 중요하다. 그러나 학생들의 사고에 대한 강력한 통찰력을 제공하는 질문을 생성하는 것은 그리 간단하지 않다.

다음 방정식을 생각해 보자.

$$3a = 24$$
$$a + b = 16$$

a와 b가 무엇인지 물으면 많은 학생이 이 방정식은 풀 수 없다고 대답한다. 교사는 이런 종류의 방정식에 대한 도움이 더 필요하다고 결론을 내릴 수 있다. 하지만 이 문항을 어려워하는 이유는 학생의 수학적 능력 부족 때문이 아니라 학생의 신념 때문인 경우가 많다(Schoenfeld, 1989). 학생들에게 자신이 가진 어려움을 이야기하게

하면 "저는 계속 b가 8이라고 생각하는데, a가 8이기 때문에 그럴 수 없어요"와 같은 말을 하는 경우가 많다. 많은 학생이 이러한 믿음을 갖게 된 이유는 방정식 풀이를 배우기 전에 각 문자가 다른 숫자를 나타내는 대수 공식(algebraic formulas)으로 숫자를 대입하는 연습을 했기 때문이다. 학생들은 각 문자가 고유한 숫자를 나타내야 한다고 배우지는 않았지만, 이전 경험을 통해 암묵적인 규칙을 일반화했다. 그리고 우리는 항상 가장 아래에 있는 변이 수평인 삼각형을 보여 준 다음 삼각형의 넓이는 밑변에 높이를 곱한 값의 절반이라고 가르치는데, 거꾸로 된 모습을 보고는 계산에 오류가 생기기 때문에 '거꾸로 된 삼각형'이라고 이름 짓는다(만약 '위쪽이 바른 방향'이 아니라면 어떻게 삼각형에 밑변이 있을 수 있는가?).

여기서 중요한 점은 두 번째 방정식의 16이 다른 숫자이고 학생들에게 필요한 계산 능력이 있었다면, 학생들은 이 방정식을 풀었을 테고, 교사는 학습이 잘 진행되고 있다고 가정했을 가능성이 높다.

학생의 학습에 대해 인사이트를 얻을 수 있는 질문은 만들기 쉽지 않고 기존의 시험 문제와 다른 경우가 많다. 실제로 일부 교사는 불공평함을 느끼기도 한다. 첼시 대수학 진단 검사[1](Hart, Brown, Kerslake, Küchemann, & Ruddock, 1985)에서 발췌한 '낮은 수준의 문제'에 대한 많은 수학 교사의 반응을 살펴보자.

단순화하기(만약 가능하다면): $2a + 5b$

이 문제는 타당하지 않다고 인식될 수 있다. 왜냐하면 가능한 한 단순화하라는 표현이 문제에 들어 있어서 학생들은 문제에 답할 때 단순하게 만드는 계산을 꼭 해야만 한다고 생각하기 때문이다. 반대로 아무것도 하지 않으면 점수를 얻을 수 없다는 내용은 문제에 포함시키지 않았기 때문이다. 이러한 질문은 고난도 시험의 문항에 설정된 표준 및 공정성 지침(예: Educational Testing Service, 2002)을 충족하지 못할 수 있다. 그러나 학생들이 대수학의 핵심 원리를 이해하고 있는지 알아보는 데에는 유용한 질문이다. 학생이 $2a + 5b$를 단순화하려는 유혹을 받을 수 있다는

---

1) Chelsea Diagnostic Test for Algebra.

사실을 교사는 파악해야 한다. 왜냐하면 학생이 대수를 공부하면서 진전을 이루기 위해서는 이러한 오해를 반드시 해결해야 하기 때문이다.

학생들에게 다음 두 분수 중 어느 것이 더 큰지 묻는 경우에도 비슷한 문제가 발생한다.

$$\frac{3}{7} \ \text{or} \ \frac{3}{11}$$

중학생은 일반적으로 이 문항의 정답을 맞히지 못한다.[2] 많은 교사가 이 문제를 속임수 문제라고 생각하기 때문에 고난도 시험에 사용해서는 안 된다고 생각한다. 하지만 교실 내 토론을 유도하는 데에는 매우 좋은 질문이다. 이 문항이 속임수 문항으로 간주된다는 사실은 평가를 통해 교사가 다음에 해야 할 일을 알려 주기보다는 학생을 분류하고, 순위를 매기고, 채점할 수 있어야 한다는 생각이 교사의 관행에 얼마나 뿌리 깊게 자리 잡고 있는지를 보여 준다.

또 다른 예를 살펴보자. 한 교사가 물질을 이루는 분자 구조에 대한 수업을 진행했다. 교사는 학생들에게 물이 수소 원자 2개가 산소 원자에 연결된 분자들로 구성되어 있다고 설명한 후, 어떻게 생겼는지 그려 보게 했다. 학생들은 적절하게 분자 모형을 그렸지만, 교사가 학생들에게 분자 사이에 무엇이 있는지 물었을 때 모든 학생이 "물"이라고 답했다. 학생들은 분자가 물이라고 생각하지 않고 분자가 물 속에 있다고 생각했다.

어떤 내용을 한 번 더 복습할지 아니면 넘어갈지는 교사가 전문적으로 결정해야 하며, 이 과정에서 여러 가지 요소를 고려해야 한다. 예를 들어, 교육과정(curriculum)은 중요하지만 학습 진도 측면에서는 중요하지 않을 수 있다. 즉, 학생이 그 시점에서 무언가를 배우지 못하더라도 여전히 진도는 나가 버릴 수 있다. 반면에 의미 있는 진전을 위한 절대적인 전제 조건도 있다. 예를 들어, 학생이 주어진 분수와 같은 크기의 분수를 생성할 수 없다면 분수의 덧셈을 가르치는 것은 의미가 없다. 또한 더 큰 맥락에서의 고려도 필요하다. 예를 들어, College Board의 대학 진학 시험

---

2) 역사 주: 미국 상황과 우리나라의 상황이 다를 수 있다.

중 하나에서 4점 또는 5점을 받으면 대학 학점이 부여되지만 1점 또는 2점은 그렇지 않다. 따라서 교사는 많은 학생이 이해하지 못했더라도 특정 지점에서 진도를 넘어가는 방법이 옳은 일이라고 판단할 수 있는데, 학생들이 3점보다는 4점을 받는 것이 실질적인 차이를 나타내는 반면, 1점보다는 2점을 받는 것은 차이가 없다는 이유에서이다. 이것이 옳고 그르다고 말하는 것이 아니다. 각 교사가 스스로 내려야 하는 전문적인 결정이다. 다만 학급 학생들이 무엇을 알고 있는지 알아보지 않고 그런 결정을 내리는 것은 비전문적인 행동이다. 학생들의 생각을 들여다볼 수 있는 질문은 쉽게 만들어 내기 어렵지만, 학생들의 학습의 질을 향상시키기 위해서는 매우 중요하다.

이 시점에서 흔히 교사들은 채점하느라 바빠서 그런 질문을 개발할 시간이 없다고 한다. 하지만 이는 우리의 표준적인 수업 루틴이 얼마나 비효율적인지를 보여 준다. 학생들이 중요한 요점을 이해하지 못했다는 사실을 교사가 알아채기 전에 수업을 마쳐야 할 수도 있기 때문에 대부분의 교사는 전체 학생의 노트에 똑같은 내용을 적게 하는 경험을 해 본 적이 있을 것이다. 여기서 중요한 점은 '교사는 학생이 수업 시간에 학습을 하고 있을 때, 학생이 이해했는지 여부를 알 수 있는가? 아니면 교사가 학생의 노트를 보고 나서야 이를 발견할 수 있는가?'이다. 이러한 관점에서 보면 채점은 학생들이 수업 시간에 학생들이 의도한 학습을 달성하지 못했다는 사실을 발견하지 못한 교사에 대한 처벌로 볼 수 있다. 학생의 답변과 교사가 한 질문의 의미가 서로 일치할 때 교사는 학생들 앞에서 한 번에 학급의 학습을 다시 진행하는가? 아니면 학생들이 자리를 뜬 후 한 명씩 서면으로 진행하는가?

미국에서는 대부분의 교사가 수업 준비 시간의 대부분을 학생의 과제를 채점하는 데 사용하며, 거의 항상 혼자서 채점한다. 다른 나라에서는 수업 준비 시간의 대부분은 아니더라도 많은 시간을 새로운 주제를 어떻게 도입할지, 어떤 맥락과 예시를 사용할지 계획하는 데 사용하며, 교사들은 그룹을 이루어 자신의 수업이 성공적인지 알아보기 위해 질문을 고안한다. 앞서 언급했듯이 학생들의 생각을 들여다볼 수 있는 질문은 쉽게 만들어 내기 어렵기 때문에 교사들의 협업은 좋은 질문을 만드는 데 도움이 된다.

3. 실제적 기법

교사가 주도하는 교실 토론은 가장 보편적인 교육 방법 중 하나이다. 일반적으로 교사가 질문을 하고 그 질문에 답할 학생을 선택한 다음, 학생이 말한 내용에 대한 일종의 평가인 학생의 답변에 응답하는 I-R-E(시작-반응-평가) 모델을 따른다 (예: Mehan, 1979 참조).

물론 교사의 대화가 이러한 상호작용을 주도하지만, 교사와 학생의 상대적인 대화 비율은 국가마다 상당한 차이가 있다. 미국 교사는 학업성취도 평균이 높은 국가의 교사보다 말을 적게 한다. 예를 들어, 1999년 TIMSS 비디오 연구에 따르면 미국 중학교 수학 교실에서 교사는 학생 한 명당 8개의 단어를 사용하는 것으로 나타났다. 일본과 홍콩에서는 이 수치가 각각 13개와 16개이다(Hiebert et al., 2003). 많은 사람이 미국 교사가 말을 너무 많이 하기 때문에 학업성취도가 낮다고 생각하지만 실제로는 그렇지 않다. 학생들이 얼마나 많이 배우는지는 교사가 말하는 양보다는 교사가 말하는 내용, 즉 양보다 질에 훨씬 더 좌우되는 경향이 있다.

초등학교 교실에서 녹음한 1,000개의 교사 질문을 분석한 대규모 연구도 있다 (Brown & Wragg, 1993). 질문의 절반 이상(57%)이 "누가 문제를 다 풀었나요?" 또는 "책을 가져왔나요?"와 같은 관리적인 질문이었다. 나머지 $\frac{1}{3}$ 정도의 질문은 "곤충의 다리는 몇 개일까요?"와 같이 이전에 제공된 정보를 기억하기만 하면 되는 질문이었다. "새는 왜 곤충이 아닌가?"와 같이 학생들에게 분석, 추론 또는 일반화를 요구하는 질문은 교사가 던진 질문의 8%에 불과했다(Brown & Wragg, 1993). 이 교실에서 교사가 던진 질문 중 실제로 새로운 학습을 유발한 질문은 10% 미만이었다. 나머지는 학생들이 이미 알고 있는 내용을 반복하거나 교실 운영에 관한 것이었다. 이 문제를 해결하게 되면 분명히 학생의 학습이 개선될 것이다.

수업 시간에 질문을 하면 좋은 이유는 단 두 가지, ① 생각을 유도하고, ② 다음에 무엇을 해야 할지에 대한 정보를 교사에게 제공할 수 있어서이다. 전자의 예로, 한 6학년 교사는 삼각형이 두 개의 직각으로 이루어질 수 있는지 학생들에게 질문했고, 학생들은 그룹으로 나뉘어 답을 찾기 위해 토론을 했다. 한 그룹에서 어떤

학생은 평행선이 무한대에서 만난다는 말을 들은 기억을 떠올려 아주 길고 가는 삼
각형을 만들면 가능하다고 생각했다. 또 다른 학생은 세 각을 더하면 180°가 된다는
것을 알고 직각이 두 개이면 이미 그 합에 도달했음을 알 수 있기 때문에 0°의 각을
가질 수 있는지 궁금해 했다. 한 여학생은 한쪽 각을 북극에, 나머지 두 각을 적도에
놓으면 직각이 세 개인 삼각형을 만들 수 있다고 확신했다(처음 두 학생은 제대로 된
삼각형이 아니라며 일축했다). 이 질문은 닫힌 질문처럼 보이지만, 이 질문에 답하는
것은 학생들에게 생각을 불러일으키기 때문에 가치 있는 활동이었다.

　질문을 하는 또 다른 이유는 수업에 도움이 되는 정보를 수집하기 위해서이다.
예를 들어, 과학 교사가 학생들에게 "빛은 어느 방향으로 이동할까? 내 눈에서 물체
까지? 아니면 물체에서 내 눈까지?"라고 질문할 수 있다. 이 질문 역시 닫힌 질문이
다. 결국 두 가지 선택지 중에서 하나는 틀린 답이다. 그러나 많은 학생이 빛은 눈
에서 보고 있는 물체로 이동하는 것이 아니라 그 반대 방향으로 이동한다고 생각하
기 때문에 이 질문은 매우 중요한 질문이다.

　TIMSS 비디오 연구의 또 다른 발견은 미국 교실의 학생 참여도가 상대적으로 낮
다는 것이다(Hiebert et al., 2003). 이는 다른 연구 결과와도 일치한다(예: Rowan,
Harrison, & Hayes, 2004; Weiss, Pasley, Smith, Banilower, & Heck, 2003). 학습의 증거를
이끌어내는 데 도움이 되는 실제적인 기법에 대한 논의를 시작하기 위해 먼저 학생
참여 기법(Student Engagement Techniques)에 초점을 맞추어 보겠다. 다음으로 대기 시
간(Wait Time) 평가 및 해석적 경청(Evaluative and Interpretive Listening), 질문 구조
(Question Shells), 핫 시트 질문(Hot-Seat), 학생 응답 시스템(All-Student Response
Systems), ABCD 카드(ABCD Cards), 미니 화이트보드(Mini Whiteboards), 출구 패스(Exit
Passes), 토론 및 진단 문항(Discussion Questions and Diagnostic Questions), 대안 질문
(Alternatives to Questions)에 대해 소개하겠다.

1) 학생 참여 기법

Malcolm Gladwell(2008b)은 저서 『아웃라이어(Outliers)』에서 캐나다의 주니어 하

키 리그 팀 '메디신 햇 타이거즈'에 속한 25명의 키, 몸무게, 생년월일, 포지션 등의
데이터를 제시했다. 그런 다음 독자에게 데이터에서 특이한 점을 찾아보라고 했다.
누군가가 지적하기 전까지는 거의 눈치채지 못하는 이 데이터의 놀라운 특징은 선
수들의 나이는 모두 다르지만 25명의 선수 중 8명이 1월에 태어났고 나머지 6명은
2월이나 3월에 태어났다는 것이다. 리그는 연령대별로 구성되며, 같은 해에 태어난
선수들이 함께 플레이한다. 아이들이 경쟁 리그에서 하키를 시작할 때, 연초에 태어
난 아이들은 다른 아이들보다 조금 더 강하고 빠르며 크기 때문에 팀에 선발될 가능
성이 더 높다. 그 결과 선발된 아이들은 빙판 위에서 더 많은 시간을 보내고 더 많
은 코칭을 받을 가능성이 높다. 시간이 지남에 따라 이는 상당한 이점이 된다.

　다른 스포츠에서도 동일한 효과가 발견되었는데, 연령대를 구분하는 데 사용된
기준 날짜에 가장 가까이 태어난 사람이 최고 수준에서 활약할 가능성이 높다. 이를
마태 효과(Matthew effect)라고 부른다(Stanovich, 1986). "무릇 있는 자는 받아 풍족하
게 되고, 없는 자는 그 있는 것까지 빼앗기리라"(마 25:29, 신 개정 표준 번역). 이것이
왜 중요할까? 우리가 매일 교실에서 이와 같은 종류의 효과를 만들어 내기 때문이다.

　거의 모든 교실에서 몇몇 학생은 교사가 던진 질문에 대한 답을 알고 있음을 보
여 주려는 열망으로 적극적으로 손을 들지만 같은 교실에서 다른 학생들은 눈에 띄
지 않으려고 노력하며 질문을 받지 않으려고 한다. 한 교사는 자신의 교실을 이렇게
묘사했다.

　　저는 닫힌 질문으로 생각 없이 가르치는 스타일에 불만이 생겼고, 정답을 받아
　들이는 데 게을렀고, 때로는 수업에 너무 열심히 참여하지 않아도 된다고 암묵적
　으로 동조하기도 했습니다. 저는 질의응답이 원활하게 진행되지 않으면 질문을 바꾸
　거나 제가 직접 대답하거나 '더 똑똑한 학생'에게만 답을 구하고 있다는 사실을 알
　고 있었습니다. 외부 관찰자가 제 수업을 보면, 졸고 있는 구경꾼들로 둘러싸인 소
　규모 토론 그룹이라고 생각할 겁니다. (지금도 그렇죠?) (Black et al., 2004, p. 11)

　참여도가 높은 교실 환경은 학생의 성취도에 상당한 영향을 미치는 것으로 보인

다. 한 연구에서는 Thinking Together 프로그램(Dawes, Mercer, & Wegerif, 2000)에
7개 초등학교의 4학년 학생 191명이 연구 대상으로 참여했다. 교사들은 학생들이
개별적으로 또는 다른 학생들과 협력하여 과학과 수학에 대해 사고하는 도구로서
언어를 사용하는 능력을 개발할 수 있도록 고안된 12개의 수업 계획을 제공 받았다.
연구자들은 이 학생들이 교사가 구성한 평가(teacher-constructed measures)와 표준화
과학 성취도 평가에서 비슷한 학교의 대조군 학생들보다 우수한 성적을 거둔다는
사실을 발견했다(Mercer, Dawes, Wegerif, & Sams, 2004). 더욱 놀라운 사실은 이 학생
들이 순수히 공간적 지능을 테스트하는 Raven's Progressive Matrices[3]에서 대조군
보다 우수한 성적을 거뒀다는 점이다. 교실 토론에 참여하면 실제로 더 똑똑해진다.

따라서 교사가 학생에게 참여 여부를 선택할 수 있도록 허용하는 경우(예: 답을
알고 있다는 것을 보여 주기 위해 손을 들도록 허용하는 경우), 참여하는 학생은 더 똑똑해
지고 참여를 피하는 학생은 능력을 향상시킬 기회를 포기하게 되므로 실제로 성취
도 격차가 더 커지게 된다. 하지만 교사는 몇 가지 전략을 활용하여 학생들이 계속
참여하도록 유도할 수 있다. 가장 일반적인 방법은 '손 들지 않기' 규칙을 적용해서
무작위로 학생을 선정하는 것이다.

현재 많은 교사가 교실에서 "질문할 때를 제외하고는 손을 들지 않는다"는 규칙
을 적용하고 있다(Leahy et al., 2005). 교사가 질문을 던진 다음 무작위로 학생을 골라
내는 방식이다. 런던 남동부 그리니치의 한 중학교 교사는 이 기법을 pose-pause-
pounce-bounce라고 설명했다. 이 교사는 질문을 던지고(pose) 5초 이상 멈춘(pause)
다음(때로는 시간을 측정하기 위해 숨을 쉬면서 "하나, 둘, 셋, 넷, 조금만 더 기다려야 해"라고
중얼거린다), 무작위로 한 학생을 지목해서 대답을 들은 다음(pounce), 그 학생의 대답
을 다시 무작위로 다른 학생에게 "그 대답에 대해 어떻게 생각해?"라고 묻는다
(bounce).

대부분의 교사는 별도의 도구 없이 무작위로 학생을 선택할 수 있다고 생각하지
만, 조금만 생각해 보면 수업을 계속 진행하기 위해 토론을 서둘러 마무리해야 할

---

3) Raven's Progressive Matrices: 일반적인 인간 지능과 추상적 추론을 측정하는 데 사용되는 비언어
적인 테스트(위키백과)이다.

때 좋은 대답을 할 수 있는 우수한 학생 중 한 명에게 끌리는 경우가 대체로 많다는 것을 깨닫게 된다. 많은 교사가 무작위 추출 도구를 사용하는 이유이다. 이러한 도구는 인터넷에서 다운로드할 수 있으며, 전자칠판과 함께 제공되는 소프트웨어에 무작위 추출 프로그램이 포함되어 있는 경우가 많다. 교사가 학생 이름을 입력하면 앱이 무작위로 이름을 뽑아 주는 스마트폰용 앱도 있다. 학생 이름이 적힌 아이스크림 막대와 컵도 같은 효과를 낼 수 있다. 아이스크림 막대는 훨씬 더 유연하게 사용할 수 있다. 부주의한 학생의 이름이 적힌 막대를 10개 더 만들어서 통에 추가하는 방식으로 활용할 수도 있다. 교사가 아이스크림 막대를 '조작'하고 있다는 우려가 있는 경우, 많은 교사가 학생에게 막대가 담긴 컵을 주어 그날의 막대를 선택하게 함으로써 이 문제를 해결할 수 있다.

아이스크림 막대의 주요 장점은 단점이 될 수도 있다. 최근에 답한 학생도 과제를 지속해야 한다는 것을 알 수 있도록 막대를 계속 바꿔서 뽑아야 한다. 하지만 교사가 모든 학생이 차례대로 답할 수 있도록 보장할 수는 없다. 이 문제를 해결하는 한 가지 방법은 컵에 칸막이를 만들고 교사가 막대기를 선택한 후에는 컵의 '완료' 쪽에 선택된 막대를 놓으면 된다. 이렇게 하면 방금 질문에 답했던 학생도 과제에서 집중하지 못하는 모습을 보이면 교사가 컵의 '완료' 쪽에서 막대를 다시 선택한 후, 한 질문에 답했다고 해서 다음 30개 정도의 질문에서 긴장을 풀어도 된다는 생각을 가지면 안 된다고 강조할 수 있다.

무작위로 학생을 선발하는 방법은 학급 운영 방식과 교사와 학생의 역할에 대한 규범과 기대의 네트워크(the network of norms and expectations)인 교실 계약(Brousseau, 1984)에 급진적인 변화를 가져온다. 이것을 처음 도입했을 때는 거의 모든 사람이 손을 들지 않는 방식을 싫어했다고 해도 과언이 아니다. 교사들은 이미 잘 정립된 교수법에 변화를 줄 필요가 없었기 때문에 싫어했고, 선택적으로 참여하는 수업에 익숙해진 학생들도 싫어했다. 많은 교사는 수업 참여에 익숙하지 않은 학생들이 무작위로 호출되면 충격을 받을 수 있다는 사실을 알고 있다. 다른 모든 교수법과 마찬가지로 교사는 무작위 질문을 신중하고 또 신중하게 적용해야 한다. 많은 학생이 수줍음이 많고 참여하기를 원하지 않으므로 교사는 이에 민감하게 반응해야 한다.

그러나 그런 학생을 절대 부르지 않는 것이 최선의 대응이라고 결정하는 것은 학생이 현재 진행 중인 상황에 전혀 참여하지 않아도 된다고 허용하는 것만큼 나쁠 수 있다. 일부 교사는 학생에게 생각하고 있을 때는 집게손가락을 턱에 대도록 한다. 이는 분명한 시각적 신호이기 때문에 교사는 일부 학생들이 항상 이 방법을 사용하는지 모니터링할 수 있다.

또한 손을 들지 못하게 하는 방식은 학생들을 당황하게 하려는 의도가 아니라 모든 학생에게 참여가 선택 사항이 아니라는 점을 인식하도록 하는 방법임을 명심해야 한다. 교사가 응답할 학생을 선택하기 전에 몇 분 동안 질문에 대한 답을 생각하고 주변 학생과 토론할 시간을 주면 학생들이 말을 하지 않을 가능성이 훨씬 줄어든다. 학생에게 친구들과 이야기하도록 하는 방법에는 두 가지 장점이 있다. 학생이 생각을 정리할 수 있고, 학생이 답변에 사용할 수 있는 어휘를 연습할 수 있는 기회를 제공한다는 점이다. 손을 들지 않으면서도 부담을 낮추는 또 다른 좋은 방법은 학생들을 무작위로 선택할 때 자신이 생각한 것을 말하도록 요청하지 않고 대화 상대가 말한 것을 발표하도록 요청하는 것이다. 이 방법은 다른 사람의 말을 전달하면 되기 때문에 감정적 부담이 적고, 서로의 말에 귀를 기울이게 하는 추가적인 이점이 있다.

그러나 무작위 선택으로 바꾸면 꾸준히 참여하고 있는 학생들에게 좋은 반응을 기대하기 어려울 수 있다. 일부 학생의 입장에서는 교사에게 자신이 정답을 알고 있다는 사실을 더 이상 보여 줄 수 없기 때문이다. 이 문제를 해결하는 한 가지 방법은 무작위로 두 명의 학생에게 질문에 답변을 요청하되, 세 번째 답변을 할 때는 나머지 학생에게 다른 의견이 있는지 물어보는 방법을 쓸 수 있다. 또한 학생들에게 생각할 시간을 주고, 친구들과 의논할 수 있는 시간을 준 다음, 대답할 학생을 1~2명 뽑는 것이 중요하다. 반대로 하게 되면 미리 선택된 학생을 제외한 모든 학생은 집중할 필요가 없다는 것을 알아챌 수 있다.

학생들이 무작위 질문을 반기지 않는 또 다른 이유는 질문을 받는 시점을 통제할 수 없기 때문이다. 어떤 교실에서 모든 질문에 손을 들었던 세 명의 학생이 실제로는 교사가 보지 않을 때 컵에 들어 있는 아이스크림 막대를 없앴다(Barry & Hardy, 2010). 이 사실이 밝혀졌을 때 대부분의 학생은 답을 알고 있을 때에만 손을 들었다고 말했다. 그러나 답을 모를 때 대답을 요구받는 것은 성적이 우수한 학생이라는 자신의 이미지에 위협이 된다고 생각했다. 이러한 느낌이 너무 강해서 답을 모르는 질문을 받는 위험을 감수하기보다는 질문에 대답하지 않는 것을 더 선호했다(Barry & Hardy, 2010). 이는 심리학자들이 말하는 성취 목표 지향성의 완벽한 예로, 다음 장에서 더 자세히 설명하겠다(Dweck, 1986). '손 들지 않기'에 대한 학생들의 반응은 이 기법의 놀라운 효과를 보여 주는데, 바로 이 기법이 수업을 더욱 응집력 있게 만들고 학생들이 학습자로서 서로를 더욱 지지하도록 유도하는 경향이 있다는 점이다. 성취도가 높은 학생이 자신이 정답이라고 확신할 때에만 참여하는 경우, 모든 것을 알고 있다는 인상을 줄 수 있다. 그러나 무작위로 선발하면 성취도가 높은 학생도 실수를 할 수 있고, 이는 학급의 다른 학생들에게 누구나 실수할 수 있다는 메시지를 전달하게 된다. 또한 성취도가 높은 학생은 반 친구들에게 더 감사하게 된다. 성취도가 높은 한 학생은 교사가 10주 동안 손을 들지 못하게 한 후 "반 친구들이 그렇게 똑똑한지 몰랐다"고 말했다. 학생들이 참여 의사를 표시하기 위해 손을 들도록 허용하면 교실의 대화는 가장 빨리 손을 들고 발표하는 학생에 의해 주도되는 경향이 있으며, 발표를 먼저 한다고 해서 그 학생이 가장 중요하다거나 사려 깊거나 흥미로운 말을 하는 학생은 아닐 수 있다.

많은 교사가 가장 놀라는 점은 학생들이 손 들지 않는 수업에 얼마나 빨리 익숙해지는지이다. 학생들은 이 방식이 마음에 들지 않더라도 더 공정한 방식이라는 것을 받아들이고 이를 실행에 옮기고 싶어 한다. 스웨덴 하닝에 있는 보츠만스콜란 초등학교의 사례가 이를 잘 보여 준다. 한 교사는 새 학기가 시작된 지 얼마 지나지 않아 한 신입생이 반에 들어왔을 때 어떤 일이 있었는지 설명했다.

> 2주 전에 새로운 학생이 전학을 왔어요. 그리고 학생들의 답을 얻기 위해 아이스크림 막대가 든 컵을 집어 들었을 때 새 학생의 이름이 적힌 막대기가 있는 것을 발견했습니다(제가 넣은 것이 아니었습니다). 그리고 그 여학생의 이름이 적힌 막대기가 또 하나 있는 것을 발견했습니다. 다른 두 명의 학생이 제가 깜빡했던 전학생을 위해 막대를 꽂아 준 것입니다(E. Hartell, 개인 통신, 2015년 3월 17일 인용).

이 시점에서 학생들이 손을 드는 것이 문제가 아니라 교사가 손을 든 사람만 선택하는 것이 문제라는 점을 지적할 필요가 있다. 교사가 손을 든 사람에 대한 응답자의 선택을 제한하지 않는 한 학생들이 손을 들어 응답하고 싶다는 의사를 표시하는 것은 괜찮다. 문제는 손을 드는 학생이 많으면 손을 들지 않은 학생을 선택하기가 더 어려워진다는 것이다.

교사가 무작위로 학생을 부를 때[Doug Lemov(2010)의 용어인 cold call] 많은 학생은 여전히 "모르겠어요"라고 대답하며 참여를 거부할 것이다. 이에 대해 교사가 어떻게 반응하는지가 중요하다. 일부 교사는 이를 받아들이고 다른 학생에게 같은 질문을 계속하지만, 이는 사실상 학생이 참여를 거부할 수 있도록 허용하는 것이다. 교사는 "질문할 때를 제외하고는 손을 들지 않는다"는 규칙을 채택함으로써 모든 학생이 참여하는 교실이 되어야 한다는 것을 암시했다. 그러나 학생은 참여를 원하지 않는다는 의사를 표시했고, 교사는 이를 수락했다. 즉, 학생은 교실 계약을 변경하려는 교사의 시도에 성공적으로 저항한 것이다. 더 나은 대응 방법은 교사가 "알겠습니다. 조금 있다가 다시 돌아올게요"라고 말한 다음 교실을 돌아다니며 질문에 대한 여러 가지 답변을 받은 후 원래 학생에게 돌아와서 "자, 이 중 어떤 답변이 가장 마음에 듭니까?"라고 말하는 것이다. 다른 학생들이 하나의 정답으로 대답한 경우에도 원래 학생에게 돌아가서 정답을 반복하도록 하는 것은 옵트아웃[4](opt-out)이 없는 교실이라는 점을 강조하기 때문에 여전히 가치가 있다(Lemov, 2010).

학생들은 종종 "모르겠어요"라고 말하는 경우가 많은데, 이는 몰라서가 아니라 생각하는 것이 귀찮아서이다. Henry Ford는 사람들이 생각하는 것을 피하기 위해 많은 시간을 투자하기 때문에 생각하는 것이 어렵다는 것을 안다고 말한 적이 있다. 교사는 먼저 학생이 모르겠다고 반응한 이유를 확인해야 하지만, 이러한 상황에서 교사가 "좋아, 하지만 만약 알았다면 뭐라고 말하겠니?"라고 물어볼 수 있다고 제안했다(E. Keene, 개인 통신, 2011년 3월 7일 인용). 학생의 부담을 덜어 주면서 학생을 지원하는 다른 방법으로는 친구에게 물어보는 것을 허용하거나 교사가 오답 두 개를

---

4) 역자 주: 당사자가 자신의 데이터 수집을 허용하지 않는다고 명시할 때 정보 수집이 금지되는 제도 (위키백과)이다.

제거하는 방식(go fifty-fifty)을 요청할 수 있다. 이러한 모든 전략은 수업 참여가 선택 사항이 아니며, 학생이 질문에 답하기를 거부하더라도 교사는 학생의 참여를 유지할 수 있는 방법을 모색한다는 사실에서 의의가 있다.

2) 대기 시간

교사가 응답을 평가하기 전에 학생이 응답할 수 있는 시간을 얼마나 주는지도 중요하다. 우리는 오랫동안 교사가 학생에게 질문에 답할 시간을 많이 주지 않는다는 사실을 알고 있으며(예: Rowe, 1974 참조), 이 '생각하는 시간' 동안에 학생이 신속하게 응답하지 않으면 교사는 종종 단서를 제공하거나, 어떤 식으로든 질문을 약화시키거나, 다른 학생에게 넘기는 방식으로 학생을 '도와주게' 된다. 그러나 교사가 학생의 답변을 즉시 평가하지 않으면 학생이 답변을 연장할 가능성이 높기 때문에 학생의 답변과 교사의 답변에 대한 평가 사이의 시간(정교화 시간이라고 할 수 있음)도 그 이상으로, 아니 그보다 더 중요할 수도 있다. 학생이 말하는 것은 곧 생각하는 것이고, 생각하는 것은 곧 배우는 것이다.

물론 질문이 단순한 사실 회상에 관한 것일 때는 학생이 답을 생각해 보고 확장할 시간을 주는 것이 큰 도움이 되지 않을 수 있다. 코네티컷주의 수도를 모른다면 시간을 더 주는 것은 도움이 되지 않는다. 그러나 Kenneth Tobin(1987)은 생각이 필요한 문제의 경우 학생의 답변이 끝나고 교사의 평가까지 걸리는 시간을 평균 1초 미만에서 3초로 늘리면 학습 효과가 측정 가능하게 증가하지만, 3초 이상으로 시간을 늘리면 효과가 거의 없고 수업 속도도 떨어질 수 있다고 하였다.

교실(특히 고등교육 강의실)에서의 일반적인 질의응답 시간에서는 대기 시간을 늘리는 것이 좋은 방법일 수 있지만, 그보다 더 중요한 것은 대기 시간 동안 학생들이 무엇을 하고 있느냐는 것이다. '죽은' 시간이 길어지는 것은 분명 불편한 일이지만, 교사가 질문을 던졌는데 아무런 답변이 나오지 않는다면 교사가 직접 답을 제시하기보다는 학생에게 그 질문에 대해 다른 학생들과 토론하도록 하는 것이 좋다(흔히 '생각 짝 나누기'라고 부르는 기법). 교사가 대화가 끝날 때 응답할 학생을 무작위로 선택할 수 있다는 사실을 알면 학생들은 대화에 더 집중할 가능성이 높다.

3) 평가 및 해석적 경청

캘리포니아 대학교 로스앤젤레스 캠퍼스의 수석 코치였던 John Wooden은 역대 최고의 대학 농구 코치 중 한 명으로, 어떤 이들은 그를 모든 스포츠의 최고 코치라고 칭하기도 했다(Serwer, 2010). 그는 다른 코치들이 성공하지 못하는 이유를 묻는 질문에 "그들은 경청하지 않기 때문"이라고 답한 적이 있다. "경청은 배우는 가장 좋은 방법이다. 감독의 말에 귀를 기울여야 한다"(Serwer, 2010). 물론 중요한 것은 경청하는 방법이다.

교사는 학생의 응답을 들을 때 학생이 얼마나 이해하고 있는지 파악하기보다는 답변의 정확성에 더 초점을 맞추는 경우가 많다(Even & Tirosh, 1995, 2002; Heid, Blume, Zbiek, & Edwards, 1999). 이러한 교사는 학생이 틀린 답을 했을 때 "정답과 비슷해" "정답에 가까워" 또는 "약각만 바꿔서 다시 말해봐"와 같은 말로 반응하기 때문에 쉽게 식별할 수 있다. 교사가 실제로 전달하고자 하는 의미는 "정답을 말해 줘야 수업의 나머지를 계속 진행할 수 있다"는 것이다. Brent Davis(1997)는 이러한 교사의 행동을 **평가적 경청**(evaluative listening)이라고 불렀다.

학생의 대답을 평가적으로 듣는 교사는 학생이 자신이 원하는 내용을 알고 있는지 여부만 알게 된다. 학생이 정답을 맞히지 못하면 교사는 학생이 이해하지 못했다는 사실과 해당 내용을 다시 가르쳐야 한다는 사실만 알게 된다. 그러나 교사는 학생이 말하는 내용 속에 더 잘 가르칠 수 있는 방법, 즉 학생의 요구를 더 잘 충족시키기 위해 수업을 조정하는 방법에 대한 정보가 있다는 것을 알게 되면 해석적 경청 (inter-pretive listening)을 한다. 이러한 교사가 학생들의 반응에서 배우고자 하는 것은 "학생들이 이해했나?"가 아니라 "학생들의 말을 주의 깊게 들음으로써 학생들의 사고에 대해 무엇을 배울 수 있을까?"이다. 한 7학년 학생은 최근 몇 달 동안 선생님에게 어떤 변화를 느꼈느냐는 질문에 "선생님은 예전에는 질문을 할 때 정답에 관심이 많으셨어요. 이제 선생님은 우리가 생각하는 것에 관심이 있습니다"(Hodgen

& Wiliam, 2006, p. 16)라고 응답하였다.

4) 질문 구조

학생의 사고를 더 잘 드러낼 수 있는 방식으로 질문을 구성하는 데 도움이 되는 일반적인 구조는 여러 가지가 있다. 하나는 "왜 [ ]의 예가 [ ]인가?"라는 일반적인 구조이다. 앞서 이러한 구조 중 하나를 보았다("왜 새는 곤충이 아닌가요?"). 마찬가지로 "마그네슘은 금속인가?"라고 질문하기보다는 "마그네슘은 왜 금속인가?"라고 질문하면 더 사려 깊고 합리적인 답변이 나올 가능성이 높다. 다른 예는 〈표 4-1〉에 제시되어 있다.

〈표 4-1〉 질문 구조 사용의 예

원 질문	재구조화 질문
• 정사각형은 사다리꼴인가요?	• 정사각형이 사다리꼴인 이유는 무엇인가요?
• 탄소는 금속인가요?	• 탄소는 왜 금속이 아닌가요?
• être는 정규 동사인가요?	• être가 불규칙 동사인 이유는 무엇인가요?
• 문장인가요, 절인가요?	• 왜 문장이 아닌 절로 되어 있나요?
• 슬레이트는 변성암인가요?	• 슬레이트가 변성암인 이유는 무엇인가요?
• 베니스의 상인은 희극인가요, 비극인가요?	• 베니스의 상인은 왜 희극인가요, 비극인가요?
• 23이 소수인가요?	• 23이 왜 소수인가요?
• 광합성은 흡열 반응인가요?	• 광합성이 흡열 반응인 이유는 무엇인가요?

또 다른 기법은 〈표 4-2〉와 같이 학생들에게 대비를 제시한 다음 대비를 설명하도록 요청하는 것이다.

<표 4-2> 대비를 중심으로 재구조화한 질문 구조 사용의 예

원 질문	재구조화 질문
• 소수란 무엇인가요?	• 왜 17은 소수이고 15는 아닌가요?
• 아파르트헤이트[5] 하의 삶은 어땠나요?	• 아파르트헤이트 하에서 흑인과 백인의 삶은 어떻게 달랐나요?
• 박쥐는 포유류인가요?	• 박쥐는 포유류이고, 펭귄은 왜 포유류가 아닌가요?

5) 핫 시트 질문

교실 토론을 심화시키는 또 다른 유용한 기법은 핫 시트(Hot-seat) 질문이다. 일반적인 교실에서는 교사가 질문을 해서 학생들의 참여를 유도할 수 있지만, 주제에 대한 발전이 거의 없는 다소 밋밋한 토론으로 이어지는 경향이 있다. 핫 시트 질문에서는 교사가 한 학생에게 질문을 한 다음 같은 학생에게 일련의 후속 질문을 하여 학생의 생각을 심도 있게 조사한다. 다른 학생들은 교사가 언제든 핫 시트에 앉은 학생에서 다른 학생(아이스크림 막대로 선택한 학생!)을 향해 "자밀라가 방금 한 말을 요약해 보세요"라고 말할 수 있다는 것을 알기 때문에 주의 깊게 집중한다. 교사가 특정 학생 한 명과 토론을 할 때 다른 학생들이 조용히 있는 것만으로는 충분하지 않다. 학습자 커뮤니티를 만들고 싶다면 한 학생이 말할 때 다른 학생들이 그 학생과 교사의 말을 주의 깊게 경청하는 것이 중요하다.

지금까지 논의한 기법들은 교실 참여도를 높이는 데 매우 효과적인 방법이지만, 교사의 교육적 의사결정에 반드시 좋은 근거 자료가 되는 것은 아니다. 내가 풀타임으로 가르치던 시절, 매일 가장 많이 내린 결정은 "이걸 한 번 더 검토해야 할까, 아니면 그냥 넘어가도 될까?"였다. 대부분의 교사가 그러하듯, 저는 이 질문에 답하기 위해 질문을 만들어서 학급에 물어보면 6명 정도의 학생이 손을 들었다. 그런 다음 그 학생 중 한 명을 선택하고 그 학생이 정답을 말하면 "좋아요"라고 말하고 계속 진행했다. 암묵적으로 그 한 학생의 대답이 전체 학생의 학습에 좋은 길잡이가

---

5) 역자 주: Apartheid, 남아프리카 공화국의 유색인종에 대한 차별 정책이다.

될 것이라고 가정하고 있었다. 지금 생각해 보면 그때 누군가 나에게 "그 학생의 반응이 나머지 학생들의 이해 수준에 대한 좋은 지침이 될 수 있나요?"라고 물었다면 분명 아니라고 대답했을 것이다. 하지만 아무도 그런 질문을 하지 않았다. 그래서 대부분의 교사처럼 자신감 넘치는 한 명의 지원자의 반응에 따라 30명 이상의 다양한 학생 그룹의 학습 요구 사항을 결정했다.

앞서 언급했듯이, 무작위로 선택된 학생은 자신 있는 지원자보다 집단의 요구 사항을 더 잘 대표할 가능성이 높기 때문에 지원자보다는 무작위로 학생에게 물어보는 것이 더 좋지만, 판단에 대한 증거 기반은 여전히 매우 빈약하다. 모든 학생의 학습 요구를 반영하는 결정을 내리려면 증거의 기반을 넓혀야 하며, 이것이 바로 형성평가가 본질적으로 평가인 이유이다.

많은 사람이 평가라는 단어를 사용할 때 학생들이 무엇을 알고 있는지 알아내기 위한 공식적인 메커니즘인 퀴즈, 시험 등을 떠올리기 때문에 형성평가라는 용어가 도움이 되지 않는다고 주장해 왔는데, 이는 중요한 점이다. Lee J. Cronbach(1971)가 지적했듯이, 평가는 단순히 추론을 이끌어 내기 위한 절차에 불과하기 때문에 이 과정에서 적합한 용어이다. 우리는 학생들에게 할 과제를 주고, 그들이 하는 과제를 살펴보고, 우리가 확인한 증거를 바탕으로 결론을 도출한다. 교사의 교육적 의사결정을 평가 과정으로 생각하면 우리가 도출하고자 하는 결론에 대한 증거의 적절성에 주의를 기울이게 된다. 학생 한 명의 증거를 바탕으로 30명 이상의 학생의 학습 요구 사항에 대한 결론을 도출하는 경우, 증거의 질이 좋지 않다면 아무리 훌륭한 교사라도 좋은 결론을 도출할 수 없다. 교사가 양질의 질문을 활용하여 교육적 결정을 내리려면 교육적 결정을 위한 증거 기반을 넓힐 수 있는 방법을 찾아야 한다. 즉, 수업을 진행할 때 학생 응답 시스템을 일상적으로 사용해야 한다.

6) 학생 응답 시스템

학생 응답 시스템[6]의 개념은 매우 간단하다. 교사가 모든 학생으로부터 실시간으로 응답을 받을 수 있는 방식으로 질문을 던지는 것이다. 일부 교사는 학급을 돌아다니며 "지구 온난화: 자연적인가, 인위적인가?" 또는 "맥베스: 미쳤나, 나빴나?"와 같은 질문에 대한 각 학생의 견해를 묻는 학급 투표를 사용하지만, 이는 모든 학생이 의견을 표현할 때에만 효과적이며 전체 학급을 돌아다니면 상당한 추진력을 잃게 될 수 있다. 그렇기 때문에 모든 학생으로부터 동시에 정보를 수집하는 것이 가장 좋다.

많은 교사가 손가락의 위치 또는 손가락 수로 표현하는 등의 기법으로 전체 학생으로부터 동시에 정보를 수집하는데, 학생들은 엄지손가락의 위치(위로 향함: 자신 있음, 가로로 향함: 잘 모르겠음, 아래로 향함: 여전히 혼란스러움)나 주먹을 쥐고 0에서 5까지의 숫자(0: 전혀 이해 못함) 또는 적절한 손가락 수(다섯 손가락까지: 자신 있음)로 자신의 이해에 대한 자신감을 표시한다. 이러한 기법의 문제점은 자기 보고라는 점이며, 말 그대로 수천 건의 연구 결과에서 알 수 있듯이 자기 보고는 신뢰할 수 없다는 것이다.

하지만 아주 작은 변화만으로도 쓸모없는 자기 보고가 매우 강력한 도구로 바뀔 수 있다. 교사가 묻는 질문이 정서적 질문이 아니라 인지적 질문인지, 즉 감정이 아닌 사고에 관한 질문인지 확인하기만 하면 된다. 예를 들어, 한 초등학교 교사가 학생들에게 'Its'라는 단어에 아포스트로피(apostrophe, ')가 필요한 경우와 그렇지 않은 경우를 가르치는 것을 관찰했다. 칠판에 'Its on its way'라는 문장을 적고 학생들에게 칠판 앞으로 와서 필요한 구두점을 추가하도록 했다. 한 학생이 다가와 마침표를 추가했고(아마도 항상 낮은 곳에 달린 과일을 먼저 따야 한다는 이유로), 다른 학생은 첫 번째 'Its'에 아포스트로피를 추가했으며, 세 번째 학생은 두 번째 'its'에 아포스트로피를 추가했다. 그런 다음 교사는 "이제 맞습니까?"라고 물었고, 모든 학생은 엄지손가락을 위나 아래를 가리키며 대답해야 했다. 이 작은 질문 방식의 변화만으로도 학생들이 숨을 곳이 없는 상황이 만들어진다. 정답이 아닌데도 정답이라고 신호를 보내면 학생들은 이해하지 못한다는 것을 드러내는 것이다. 반면에 학생이 틀렸다고 신호를 보내면 교사는 칠판으로 가서 오류를 수정하도록 요청할 가능성이 높다.

모든 과목과 모든 수준에서 동일한 기본 아이디어를 사용할 수 있다. 예를 들어,

---

6) 역자 주: 학생의 참여를 촉진하기 위해 사용되는 다양한 도구와 기술을 포함한다. 예를 들어 손들어 답하기, 디지털 도구, 온라인 플랫폼(카훗, 폴에브리웨어 등) 등을 사용할 수 있다.

고등학교 화학 수업에서 학생들이 화학 방정식의 균형을 맞추는 방법을 배우는 것을 목격한 적이 있다. 교사는 칠판에 수산화수은과 인산의 반응으로 인산수은과 물을 생성하는 기본 불균형 방정식을 적었다.

$$Hg(OH)_2 \ + \ H_3PO_4 \ = \ Hg_3(PO4)_2 \ + \ H_2O$$

학생들에게 칠판에 방정식의 균형을 맞추는 데 도움이 되는 변경 사항을 제안하도록 하였고, 지원자가 더 이상 나오지 않자 교사는 학생들에게 방정식이 이제 균형을 이뤘는지 여부를 엄지손가락으로 표시하도록 요청했다. 마찬가지로 학부 경제학 강의에서 교수가 정책 변경의 효과가 수요−공급 그래프에 올바르게 표시되었는지 물어볼 수도 있다.

물론 이 기본 기술은 선택지의 수를 3개 이상으로 확장하여 향상시킬 수 있다. 초등학교 수학 수업에서 한 교사가 학생들의 길이에 대한 이해를 확인하고자 학생들에게 [그림 4−2]에 표시된 선에 대해 다음 중 어느 것이 맞는지 손가락 하나, 둘, 세 개를 들어 표시하도록 했다.

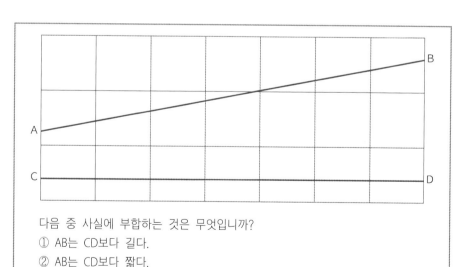

다음 중 사실에 부합하는 것은 무엇입니까?
① AB는 CD보다 길다.
② AB는 CD보다 짧다.
③ AB와 CD의 길이가 같다.

[그림 4-2] 선택형 문항의 예시

출처: Hart (1981) 각색.

중학교 과학 교사가 학생들에게 다양한 종류의 지렛대를 구분하는 방법을 가르치는 것을 본 적이 있다. 지렛대 분류의 핵심 원리는 하중, 힘, 지렛대의 상대적 배열과 관련이 있다고 설명한 후 시소(유형 1), 수레(유형 2), 심해 낚싯대(유형 3)의 세 가지 예를 들어 원리를 설명했다. 학생들의 이해를 확인하기 위해 교사는 학생들에게 한 쌍의 핀셋을 어떻게 분류할 수 있는지 물으며 각 학생에게 한 손가락, 두 손가락 또는 세 손가락을 들어 답을 표시하도록 요청했다. 대부분의 학생이 핀셋을 2번 지렛대라고 생각한다고 답해 교사는 놀랐다. 그 이유를 물었더니 학생들은 핀셋에 두 개의 팔이 있기 때문이라고 대답했다. 교사는 가위와 호두까기 인형과 같은 더 많은 예를 소개함으로써 학생들에게 중요한 것은 구성 요소의 수가 아니라 힘, 하중, 지렛대의 상대적 배열이라는 것을 이해시켜야 한다는 것을 깨달았다.

Maureen Wellbery는 리투아니아의 빌뉴스 아메리칸 국제학교에서 2학년을 가르치고 있다. 워크숍에서 전교생 응답 시스템 사용의 가치에 대해 들은 후, 바로 다음 날 이를 사용해 보기로 결정했다. 앞서 설명한 "이게 맞나요?"의 기본 아이디어('Its'를 구두점으로 표시하고 화학 방정식의 균형을 맞추는 두 가지 예)를 가져와서 깔끔하게 변형했다. 학생들은 단순히 정답 여부를 표시하는 대신 손가락으로 오류의 개수를 표시해야 했다.

> 오늘 아침 국어 시간에 스마트 보드에 문법 오류가 여섯 개 있는 문장을 입력했습니다. 실수가 없는 것부터 정답인 6개까지 다섯 가지 답 중에서 선택할 수 있었습니다.

> 형성평가는 정말 놀라웠어요. 한 학생은 실수가 없다고 했고, 한 명만 정답을 맞혔으며, 나머지는 다른 선택지 중에서 골랐다고 말했습니다. 두 학생을 칠판으로 불러 이유를 설명하도록 했는데, 모두 매우 집중하고 주의 깊게 들었습니다.

> 아무도 오답을 보고 웃지 않았고, 가장 흥미를 끌었던 발언은 6개의 오답 중 하나를 고른 남학생의 말이었습니다. 그 학생은 정답을 선택하기는 했지만, 틀렸어야 할 것은 틀렸다고 말했습니다. 그는 매우 정직했지만 그럴 필요는 없었습니

다. 그는 문제를 푼 유일한 사람으로 인정을 받으며 편안히 앉아 있을 수도 있었을 것입니다(M. Wellbery, 개인 대화, 2016년 3월 14일 인용).

마지막으로 이러한 질문이 고등교육에서 어떻게 사용될 수 있는지 설명하기 위해 대학원 수업에서 일상적으로 사용하는 두 가지 질문을 소개한다. [그림 4-3]의 첫 번째 질문은 교육심리학 석사 과정에서 학생들이 Piaget와 Vygotsky의 연구에 관한 필수 도서를 실제로 읽었는지 확인하기 위해 사용하는 질문이다.

다음 중 Piaget와 Vygotsky의 이론에서 가장 중요한 차이점은 무엇입니까?

A. Piaget는 인지발달에서 보존의 역할을 더 중요시한다.
B. Vygotsky는 인지발달에서 문화적 유물의 역할을 더 중요시한다.
C. Vygotsky는 인지발달에 뚜렷한 단계가 있다고 믿지 않았다.
D. Piaget는 사회 구성주의자였고, Vygotsky는 문화-역사적 활동 이론에 더 중점을 두었다.

[그림 4-3] Piaget와 Vygotsky의 차이점에 대한 이해를 확인하는 문제 예시

읽기 과제를 완료하지 않은 학생은 Piaget가 뚜렷한 발달단계를 믿었고, 감각 운동 단계, 구체적 조작 단계와 같은 이름을 붙였다는 것을 알고 있기 때문에 옵션 C를 선택하는 경향이 있다. 그러나 읽기 과제를 보면 알 수 있듯이, Vygotsky도 학습자가 일련의 발달단계를 거치는 것으로 믿었지만 이름을 붙이지는 않았다. Vygotsky는 아동의 발달에서 언어와 같은 문화적 유물의 역할에 Piaget보다 훨씬 더 큰 비중을 두었기 때문에 정답은 B이다.

[그림 4-4]에서 볼 수 있는 두 번째 예는 박사 과정의 연구 방법 과목에서 나온 것으로, 통계적 추론의 핵심 원리인 귀무가설 유의성 검정의 논리와 관련이 있다.

새로운 읽기 교육 방법에 대한 실험 연구에서 유의미한 결과가 보고되었습니다
($p < 0.05$). 이것은 다음을 의미합니다.

A. 실험 그룹이 통제 그룹보다 5% 더 높은 성과를 보였습니다.
B. 실험 그룹이 통제 그룹을 능가하지 못했을 확률은 5%입니다.
C. 실험 그룹과 처치 그룹 간에 차이가 없을 확률이 5%입니다.
D. 실험 그룹과 통제 그룹의 성취도가 같았다면 관찰된 결과가 발생했을 확률이
   5%에 불과합니다.

[그림 4-4] 귀무가설에 대한 이해를 검정하는 질문 예시

A, B, C는 모두 틀린 답이며, 많은 학생(심지어 일부 연구자들도!)이 범하는 표준 오차와 관련되어 있다. 유일한 정답은 D이며, 학생들이 다른 선택지를 모방하지 않고 이 선택지를 골랐다면 이 점을 이해하고 앞으로 나아갈 준비가 되었다는 좋은 징조이다.

이러한 각 예에서 교사는 학생의 참여를 보장할 수 있으며(결국 학생이 투표하지 않았는지 쉽게 알 수 있다), 학생의 요구에 맞게 응답을 조정할 수 있다. 이 두 가지 원칙, 즉 참여와 반응은 효과적인 형성평가의 핵심이다.

고등교육에서 이러한 질문의 사용은 수년 동안 하버드 물리학자 Eric Mazur에 의해 옹호되어 왔으며(Crouch & Mazur, 2001), 노벨상 수상자 Carl E. Wieman(2014)에 의해서도 주장되어 왔다. 과학, 기술, 공학 및 수학 분야의 대학 수업에서 이러한 질문을 사용한 225개의 연구를 검토한 결과, 전통적인(비대화형) 강의를 사용하는 수업의 학생은 교사가 능동적인 학습을 촉진하기 위해 모든 학생 응답형 질문을 사용한 수업의 학생에 비해 낙제할 가능성이 1.5배 높은 것으로 나타났다(Freeman et al., 2014).

고등교육 기관과 같은 대규모 수업에서는 전자투표 시스템(classroom clickers라고도 함)을 사용하여 학생들의 응답을 수집하는 것이 합리적이다. 이러한 시스템 공급 업체는 이러한 전자 장치 또는 Nolan Amy의 종이 기반 버전인 Plickers(www.plickers.com 참조)를 사용하면 모든 학생의 응답을 쉽게 수집할 수 있지만, 어린 학생의 경우에는 좋지 않을 수 있다고 지적한다. 학생들이 실수를 기꺼이 할 수 있는 교실 환경을 조성하려면 모든 실수를 일일이 기록하는 것은 바람직하지 않다. 교실에서 저지

른 모든 실수를 스프레드시트에 기록한다는 생각은 다소 매력적이지 않기 때문에 일반적으로 학생들의 응답을 일상적으로 기록하는 것이 아니라 교사가 다음에 무엇을 해야 할지 결정하는 데 사용하는 시스템을 옹호하는 편이다. 전자투표 시스템의 또 다른 한계는 대부분의 시스템이 단 하나의 정답만 허용한다는 점이며, 이 때문에 많은 교사가 ABCD 카드를 사용하는 것을 선호한다.

7) ABCD 카드

아이디어는 간단하다. 각 학생은 하나의 글자가 적힌 여러 장의 카드를 가지고 있다. 어떤 교사는 A, B, C, D만 사용하는 반면, 어떤 교사는 9장의 카드로 세트를 사용한다. A, B, C, D, E, F, G, H, T(참/거짓 문제용). 손가락처럼 사용할 수도 있지만 [그림 4-5]와 같이 정답이 두 개 이상인 문제나 다양한 견해가 있을 수 있는 문제에도 사용할 수 있다.

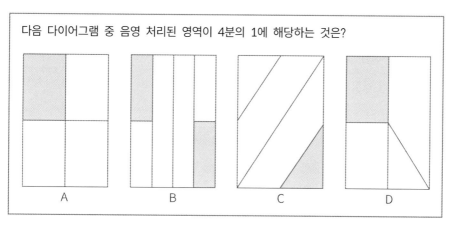

[그림 4-5] ABCD 카드를 사용한 문항 예시

교사는 대부분의 학생이 A와 B가 4분의 1을 나타낸다는 것을 인식해야 하며, 그림 C에서 음영 처리된 분수가 4분의 1이 아니라는 것도 알아차리기를 바랄 것이다. 그러나 많은 교사가 학생들에게 도표의 네 영역 중 하나가 음영 처리된 경우 네 영역의 면적이 같아야 4분의 1을 나타낸다고 말하며, 그 결과 많은 학생이 영역의 면적이 같지 않기 때문에 D에서 음영 처리된 분수가 4분의 1이 아니라고 믿게 된다.

여러 개의 정답을 사용하면 교사는 모든 학생이 정답을 맞힐 수 있는 답안과 가장 우수한 학생만 정답을 맞힐 수 있는 답안을 포함시켜 차별화를 지원하는 항목을 통합할 수 있다. 이러한 차별화는 또한 성취도가 가장 높은 학생의 흥미를 유발하고 참여를 유도하는 데 도움이 된다.

ABCD 카드는 정답과 오답이 없고 서로 다른 견해가 있을 때에도 사용할 수 있다. 한 교사가 감정적인 사건에 대한 언론 보도를 주제로 수업을 진행하던 중 리버풀과 유벤투스 간의 축구 경기를 앞두고 폭동으로 39명이 사망하고 600명 이상이 부상당한 1985년 하이젤 스타디움 참사를 예로 들었다. 학생들은 이 사건을 보도한 다양한 언론 기사를 읽은 다음, 교사는 학생들에게 이 비극에 가장 큰 책임이 있다고 생각하는 사람이 누구인지 카드를 들어 표시하도록 했다.

A. 리버풀 팬들
B. 유벤투스 팬들
C. 경찰
D. 경기 주최자
E. 경기장 건설업자

토론이 진행되는 동안에 학생들은 자신의 견해를 나타내는 카드를 책상에 올려놓았고, 교사는 적절한 시점에 카드를 토론에 가져왔다(토론 중에 마음이 바뀐 학생은 표시한 글자를 바꿀 수 있도록 했다). 토론이 끝날 무렵 교사는 학생들에게 다시 투표를 요청했고, 각 학생이 적어도 두 장의 카드를 제시하면서 학급에서 비극에 대해 훨씬 더 복잡한 시각을 갖게 된 것을 보고 매우 기뻤다. Katie라는 이름의 한 학생은 "여기 있는 모든 사람에게 책임이 있으니까요"라며 다섯 장의 카드를 모두 공중에 흔들고 있었다. 여기서 흥미로운 점은 학생들이 이렇게 복잡하고 미묘한 반응을 보이는 것은 단 하나의 정답만 가능한 대부분의 전자투표 시스템에서는 불가능하다는 것이다.

한 초등학교 교사는 카드의 아이디어를 한 단계 더 발전시켜서 편지 코너라고 불렀다. 이 교사는 네 가지 선택지(A, B, C, D)가 있는 객관식 문제를 사용하고, 각 선택지에 세 명 이상의 학생이 찬성하면 학생들을 교실의 네 코너로 보냈다. 각 코너에 있는 학생들의 임무는 다른 코너에 있는 학생들에게 자신의 선택이 최고라고 설득하는 방법을 찾는 것이다. 때때로 학생들은 한 코너에서 다른 코너로 몰래 이동한다. 교사가 자신이 부정행위를 한다고 생각할까 봐 몰래 이동하는 경우도 있지만, 교사는 학생들이 동료와의 토론을 통해 무언가를 배웠다는 것을 나타내는 것으로 이러한 변화에 만족한다.

ABCD 카드의 가장 큰 어려움은 일반적으로 교사가 질문을 미리 신중하게 계획해야 하기 때문에 즉흥적인 토론에는 유용하지 않다는 점이지만, 다음에서 알아볼 미니 화이트보드는 이러한 상황에서 활용이 가능하다.

8) 미니 화이트보드

현대의 발명품으로 선전되기도 하는 미니 화이트보드는 사실 19세기 교실에서 사용되던 슬레이트의 최신 버전일 뿐이다. 화이트보드는 교사가 초등학생에게 짧은 i 소리가 나는 네 글자의 단어를 적으라고 하거나 2장에서 살펴본 것처럼 AP 미적분 수업에서 학생들에게 $y = 1/(x+1)^2$ 그래프를 그리게 하도록 요청하는 등 질문을 빠르게 구성하고 전체 학생으로부터 답을 얻을 수 있다는 점에서 강력한 도구이다.

한 교사는 화이트보드를 사용하고 싶었지만 학교 예산이 부족해 화이트보드를 구입할 수 없었기 때문에 대신 저렴한 비용으로 대안을 마련하기 위해 투명 L자 파일 안에 편지지 크기의 흰색 카드 용지를 넣었다. 교사는 특정 수업을 위해 파일 안에 넣을 다양한 이미지를 미리 인쇄할 수 있었기 때문에 이것이 실제로 화이트보드보다 훨씬 더 실용적이라고 생각했다. 수학을 가르칠 때는 그래프 종이를 넣어 사용할 수 있었다. 지리를 가르칠 때는 미국 지도를 넣을 수도 있다.

미니 화이트보드는 두 수업을 연결하는 데에도 사용할 수 있다. 한 중학교 수학 수업에서 미지수가 하나 있는 방정식을 푸는 법을 배우고 있었는데, 수업이 끝나기

5분 전에 교사가 학생들에게 6개의 질문을 풀고([그림 4-6] 참조) 미니 화이트보드에 답을 적게 했다.

---

① $3x + 3 = 12$

② $5x - 1 = 19$

③ $12 - 2x = 3$

④ $4 = 28 - 3x$

⑤ $4x - 3 = 2x + 7$

⑥ $3 - 2x = 17 - 4x$

[그림 4-6] 미니 화이트보드를 사용한 질문 예시

네 개의 질문은 그 수업에서 배운 내용과 관련된 것이다. 학생들이 이 질문에 대한 답을 적은 카드를 들어보이자 선생님은 대부분의 학생이 정답을 맞힌 것을 보고 기뻐했다. 마지막 두 질문은 다음 수업에서 무엇을 할 계획인지에 관한 것으로, 미지수가 방정식의 양쪽에 나타나는 문제였다. 이 두 문제의 정답을 맞힌 학생은 거의 없었기 때문에 교사는 다음 수업에서 할 계획이 실제로 적절하다는 것을 알 수 있었다. 이 문제에서 주목할 만한 또 다른 특징은 교사가 학생은 알아볼 수 없지만 자신은 쉽게 알아볼 수 있는 패턴으로 정답을 배열했다는 것이다(이 경우에는 1/7을 소수로 나타냈을 때 나오는 소수점 이하 여섯 자리 숫자 배열의 일부를 활용했음). 덕분에 교사는 학생들의 반응을 빠르게 평가하기가 훨씬 쉬워졌다.

9) 출구 패스

긴 답변이 필요한 질문이 있는 경우에 교사는 2장에 설명된 출구 패스를 사용할 수 있다. 출구 패스 문제의 예는 다음과 같다.

① 왜 1보다 큰 확률을 가질 수 없나요?

② 질량과 무게의 차이점은 무엇인가요?

③ 역사가들이 분석할 때 편향성을 염려하는 이유는 무엇인가요?

출구 패스 문제는 수업 중에 자연스러운 휴식 시간이 있을 때 가장 효과적이며, 교사는 학생의 응답을 읽고 다음에 수행할 작업을 결정할 시간을 가질 수 있다. 2장의 예에서 교사는 출구 패스 카드를 폐기했지만, 학생이 카드 뒷면에 자신의 이름을 적으면 교사는 출구 패스 카드를 해당 학급의 다음 수업을 시작하는 지점으로 사용할 수 있다. 교사는 어려움을 가장 많이 겪고 있는 학생들이 함께 공부할 수 있는 동질 그룹을 만들거나 좋은 답을 제출한 학생이 한 명 이상 있는 이질 그룹을 만들 수 있다. 물론 과제에 대한 평가가 이루어지지 않았기 때문에 정답을 맞힌 학생이 누구인지 학생들은 알 수 없으므로 더욱 열린 토론이 이루어질 수 있다.

이러한 모든 기술은 학생의 참여를 유도하는 동시에 각 학생의 학습 정도에 대한 증거를 교사에게 제공하므로 교사는 학생의 학습 요구 사항을 더 잘 충족하도록 수업을 조정할 수 있다. 물론 증거의 질, 즉 수업 조정의 질은 질문의 질에 따라 달라지므로 다음 장에서는 어떤 종류의 질문이 가장 효과적인지 자세히 살펴보자.

10) 토론 및 진단 문항

[그림 4-7]은 중학교 수학 교실에서 사용할 수 있는 토론 문항이다.

다음 수 배열을 보고, 배열의 규칙을 가장 잘 설명한 것을 고르시오.

3, 7, 11, 15, 19...

A. $n + 4$
B. $3 + n$
C. $4n - 1$
D. $4n + 3$

[그림 4-7] 토론 문항 예시

다수의 학생은 제시된 숫자가 앞의 숫자보다 4만큼 크다는 것을 확인하고 "계속 4를 더한다"는 규칙을 생각하여 A를 정답으로 선택한다.

한편 B를 선택하는 학생들은 A가 4를 반복해서 더하는 규칙이지만 시작하는 숫자는 계산할 수 없기 때문에 3부터 시작해서 나머지 숫자를 더할 수 있어 더 정답에 가깝다고 생각한다. 흥미롭게도 A나 B를 선택한 학생들은 교사에게 n에는 아무 숫자나 들어갈 수 있다고 설명하여 자신의 논리를 정당화하는 경향을 보인다. A와 B의 단점은, 예컨대 100번째 숫자를 계산하려면 앞의 99번째 숫자가 있어야 한다는 것이다.

규칙 C와 D는 나열된 숫자가 4의 배수에서 1이 적거나 3이 크다는 관찰에 기초한다. 규칙 C를 적용하면 숫자 100에 4를 곱하고 1을 빼는 방법으로 100번째 항의 값 399를 찾을 수 있다. n에 들어가는 숫자를 1이 아니라 0으로 시작하느냐에 따라 규칙 D도 C와 동일한 방식의 논리 구조를 가진다.

이 문항은 교사에게 수학이 정답과 오답만 있는 과목이라는 생각에서 벗어나 여러 생각을 도전해 볼 수 있도록 하기 때문에 수업에서 유용한 토론으로 이어질 수 있다. 예컨대, 규칙 A와 B는 수학 표기나 수식에 관한 생각을 하지 않아도 올바른 계산 방법이라고 선택할 수 있지만, 규칙 C나 D보다 생각의 수준이 약하다. 규칙 C와 D는 동일한 수준이지만 100번째 수를 계산할 때 D는 99라는 숫자를 규칙에 넣어 계산해야 하고 C는 횟수에 맞춰 그대로 100을 넣으면 되니까 더 괜찮은 생각이라는 설명이 가능하다. 이때 단지 규칙 C를 선택했다고 해서 규칙 A를 선택한 학생보다 우월한 이해를 보인다는 의미는 아닐 수 있다. 예컨대, 단순히 C가 다른 규칙보다 더 수학적으로 보이기 때문에 선택했을 수도 있기 때문이다. 교사가 이 질문을 활용할 때 학생들이 어떤 규칙을 선택했는지 확인하는 것만으로는 얻을 수 있는 정보가 제한적이기 때문에 반드시 학생이 규칙을 선택한 이유를 들어보아야 한다. 그렇기 때문에 이 질문은 진단의 역할을 하기는 어렵고, 토론에 적합한 질문이라고 볼 수 있다. 이 질문을 활용한다면 수업에서 유용한 토론이 진행될 수 있지만, 질문이 토론으로 이어지지 않는다면 의미가 없다. 만약 20분 정도 토론할 시간을 만들 수 없다면 이 질문은 가치를 잃게 된다.

이 경우의 대안으로 [그림 4-8]의 문항을 고려해 볼 수 있다.

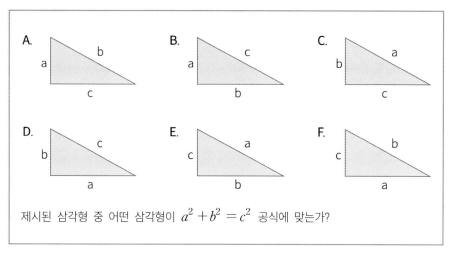

제시된 삼각형 중 어떤 삼각형이 $a^2 + b^2 = c^2$ 공식에 맞는가?

[그림 4-8] 진단 문항 예시

이 문제는 정답이 2개, 오답이 4개이기 때문에 어떤 면에서는 학생들을 속여 힘들게 만드는 함정 질문이다. 학생들은 여섯 가지 삼각형 각각에 대해 방정식이 참인지 여부를 결정해야 하므로 이 질문의 답으로 선택 가능한 경우의 수는 64가지이다. 만약 학생이 B와 D를 선택하고 나머지를 선택하지 않은 경우, 교사는 학생이 피타고라스 법칙을 적용하는 방법을 알고 있다고 확신하고 다음으로 넘어갈 수 있다. 물론 시간이 있다면 교사가 학생들에게 답을 선택한 이유가 무엇인지 물어볼 수 있다. 그러나 이 문제의 요점은 교사가 교실 토론을 하지 않고도 학생들의 학습에 대한 구체적인 증거를 얻을 수 있다는 것이다.

이러한 진단 질문의 중요한 특징은 교육의 근본적인 비대칭성에 기반을 두고 있다. 일반적으로 학생이 무엇인가를 알고 있을 때 혹시 모르고 있을 수 있다고 가정하는 것이 실제로 모르고 있을 때 알고 있을 것으로 가정하는 것보다 낫다. 따라서 진단 질문을 유용하게 만들기 위해서는 학생이 잘못된 이유나 근거로 정답을 맞힐 가능성이 거의 없도록 해야 한다.

과학 교과에서 교사는 토론을 유도하기 위해 [그림 4-9]와 같은 문항을 사용할 수 있다.

각얼음을 물이 든 컵에 추가로 더 넣었다. 각얼음이 녹으면 물 높이는 어떻게 되는가?

A. 물 높이는 낮아진다.
B. 물 높이는 같다.
C. 물 높이는 올라간다.
D. 답하기 위해서는 정보가 더 필요하다.

[그림 4-9] 과학 교과의 토론 문항 예시

아르키메데스 원리에 초점을 두고 지도한 교사는 학생들이 B를 답으로 골랐으면 하고 바라겠지만 학생들이 다른 답을 선택하는 데에는 타당한 이유가 있다. 만약 증발을 중요한 원인으로 생각하는 학생이라면 A를 답에 더 가깝다고 생각할 수 있다. 또 질문은 각얼음이 물에 떠 있다는 것까지 자세하게 제시하지는 않았다. 만약 각얼음을 많이 추가하여 유리잔 바닥에 닿을 정도까지 가득 넣었다면 얼음이 녹으면서 수위가 높아진다.

똑똑한 학생들은 과학 교사가 생각하는 것과 달리 사실 B가 옳지 않다는 것을 발견할 수 있다. 얼음이 녹을 때 주변 물에서 열을 끌어온다. 실제로 0℃의 얼음을 0℃의 물로 변환하는 데에는 상당한 양의 에너지가 필요하다(334 J/g). 그래서 얼음이 녹는 과정에서 주변 물을 냉각시키며 에너지를 빼앗아 버린다. 측정하기에 양이 너무 적을 수 있지만 물이 4℃ 이상이라면 식으면서 수축하므로 A가 정확하다. 반면에 물이 4℃ 미만이면 냉각할 때 팽창하므로 C가 정답이다. 그리고 이 모든 답은 각각의 가정을 근거로 하기 때문에 자신의 답에 확신을 가지기 위해 더 많은 정보가 필요하다고 주장하는 것이 공평하므로 D도 정답이 될 수 있다. 앞에서 살펴본 숫자 떼어 세기 질문과 마찬가지로, 이번 과학 질문에서 교사는 학생이 어떤 답을 선택했는지 확인한다고 해서 학생이 생각한 질적 수준을 파악할 수는 없다. 교사는 학생이 선택한 답에 관한 이유는 들을 수 있으므로 이 문제는 토론 문항으로는 괜찮지만, 진단 질문으로서는 좋지 않다.

대안으로 Mark Wilson과 Karen Draney(2004)가 개발한 [그림 4-10]의 진단 문항을 고려해 볼 수 있다.

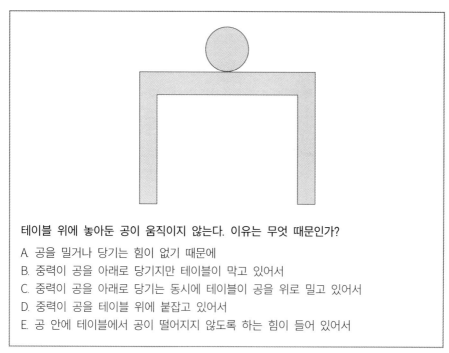

테이블 위에 놓아둔 공이 움직이지 않는다. 이유는 무엇 때문인가?

A. 공을 밀거나 당기는 힘이 없기 때문에
B. 중력이 공을 아래로 당기지만 테이블이 막고 있어서
C. 중력이 공을 아래로 당기는 동시에 테이블이 공을 위로 밀고 있어서
D. 중력이 공을 테이블 위에 붙잡고 있어서
E. 공 안에 테이블에서 공이 떨어지지 않도록 하는 힘이 들어 있어서

[그림 4-10] 과학 교과의 진단 문항 예시

출처: Wilson & Draney (2004) 각색.

첫 번째 답인 A는 일반적으로 움직임이 없으면 작용하는 힘이 없다는 단순한 개념을 가진 학생들이 선택한다. 반면에 B는 상당히 합리적으로 보인다. 중력이 공을 아래로 당기고 있는가? 표현 방식에 대해 논쟁이 생길 수는 있겠으나 분명 지구 중력은 공을 끌어당기고 있으며 테이블은 이를 방해하고 있다. 따라서 B는 다수의 학생에게 매력적인 답이 될 것이다.

과학 교사가 바라는 답은 C이다. 교사는 수업에서 물체가 움직임이 없다면 작용하는 힘이 없거나 또는 훨씬 더 일반적인 경우로 물체에 작용하는 힘이 평형 상태일 경우라고 지도했다. 응답 D는 응답 B와 유사한 방식으로 상황을 설명하고 있다. 응답 E는 관성을 물체의 속성으로 보는 대신 힘으로 생각하는 학생들이 선택할 것이다.

따라서 첫 번째 답인 A와 마지막 답인 E를 고른 학생은 분명 부정확하거나 낮은 수준의 단순한 개념을 가지고 있다고 볼 수 있다. 그러면 C가 최선의 응답이라고

볼 경우, B와 D는 어떠한가? 적어도 눈에 보이는 그대로의 의미로는 옳은 설명이라고 볼 수 있기 때문에 교사가 정답으로 인정해야 할까? 과학 교실에서의 답은 '아니요'이다. B와 D는 문제 상황을 보는 직관적인 방식으로 받아들일 수 있지만, 교사가 확인하려는 것은 학생이 물리학자처럼 이 상황을 생각할 수 있는지 여부이다. 물리학은 세상에 대해 부자연스럽게 생각하는 방식이다. 자연스럽다면 학생들이 배우는 것이 그리 어렵지 않을 것이다. 예컨대, 추운 날씨에 외출을 하면 확실히 옷을 통해 한기가 스며드는 것처럼 느껴지지만 물리학자들은 이 상황을 열이 빠져나가는 것으로 생각하는 것이 더 생산적이라는 것을 알게 되었다.

이 질문은 실제로 여기서 무슨 일이 일어나고 있는지에 관한 질문이 아니라, 물리학자처럼 이 상황에 대해 생각할 수 있는지를 묻는 것이다. 이 관점으로 볼 때 B와 D는 답으로 받아들일 수 없다. 그러나 이 문제를 가치 있는 질문으로 만드는 것은 B와 D의 타당성 때문이다. 힘에 대한 이해가 확실하지 않은 학생들은 B나 D를 선택하고 싶을 것이므로 힘의 평형에 관한 개념을 이해한 학생들만 C를 선택할 것이다. 만약 교사가 이 질문을 하고 학생들이 C를 선택한다면, 교사는 학생들이 힘에 대한 핵심 생각을 이해했다고 합리적으로 확신할 수 있다. 물론 교사가 학생들에게 답을 선택한 이유를 설명하도록 하며 학급 전체 토론을 진행할 수 있겠으나, 교사가 학생들의 이해에 대한 가치 있는 증거를 얻기 위해 이런 과정이 필요하지는 않다.

토론 문항과 진단 문항의 구분은 학교의 모든 교과와 연령의 학생을 위한 수업에 효과적으로 적용된다. 역사 교사는 [그림 4-11]에 있는 문항을 사용할 수 있다.

제2차 세계대전은 몇 년에 일어났습니까?

A. 1937
B. 1938
C. 1939
D. 1940
E. 1941

[그림 4-11] 역사 교과의 토론 문항 예시

대부분의 유럽 역사가는 아마도 1939년을 선택하는 반면, 미국인들은 미국이 1941년 분쟁에 가담했을 때 전쟁이 시작된 것으로 간주할 것이다. 그러나 1937년 (제2차 중일 전쟁), 1938년(주데텐란트 합병), 1940년(3국 조약)에 대해서도 흥미로운 주장이 제기될 수 있다. 이 질문의 특히 흥미로운 특징 중 하나는 세계대전이라는 문구가 실제로 무엇을 의미하는지에 대한 문제에 관심을 집중한다는 것이다. 1939년 독일은 영국, 프랑스와 전쟁 중이었고, 일본은 만주에서 분쟁에 휘말렸지만 당시 독일과 일본 사이에는 공식적인 동맹이 없었다. 그러나 1939년에도 인도, 캐나다, 오스트레일리아, 뉴질랜드 등 영국 식민지의 군대가 참전하고 아프리카의 독일 식민지가 영국, 프랑스와 국경을 접하고 있다는 점에서 분쟁은 세계적이었다.

다시 말하지만, 요점은 교사가 학생이 선택한 답을 듣는 것만으로는 학생이 생각하는 수준에 대해 거의 정보를 얻지 못한다는 것이다. 교사는 학생이 답을 선택한 이유에 대해 들어야 하며, 이는 교실의 모든 학생으로부터 의견을 듣는 것을 의미한다. 교사에게 모든 학생의 이야기를 들을 시간이 있다면 좋겠지만 이런 유형의 문항으로는 학생의 이해 정도를 빠르게 확인하기 어렵다.

역사 교과에서 진단 문항의 좋은 예시는 2장에서 언급한 출구 패스 질문으로 언급된 [그림 4-12]의 문항에서 확인할 수 있다.

역사학자들이 출처를 분석할 때 편견에 관심을 두는 이유로 알맞은 것을 고르시오.

A. 사람들이 결코 진실을 말할 것이라 믿을 수 없다.
B. 사람들이 의도적으로 중요한 세부 내용을 생략한다.
C. 사람들은 사건을 직접 경험해야만 의미 있는 정보를 제공할 수 있다.
D. 사람들은 경험에 따라 같은 사건을 다른 방식으로 해석한다.
E. 사람들은 자신이 한 행동의 동기를 인식하지 못한다.
F. 사람들이 사건이 일어난 순서에 대해 혼란스러워 한다.

[그림 4-12] 역사 교과의 진단 문항 예시

이 선택형 문항은 '출구 패스'에서 가장 흥미로운 오답을 사용하여 만들어졌다. 대부분의 역사 교사는 모든 학생이 D를 최선의 답으로 선택한 수업은 다음 순서로 넘어갈 준비가 되었다는 데 동의할 것이다. 다시 말해 토론이 도움이 될 수는 있으나, 교사가 수업에서 가장 중요하게 생각하는 내용을 학생들이 이해했는지 판단하는 데 반드시 필요한 것은 아니다. 여기서 중요한 것은 문제에 제시된 선택지의 질적 수준이다. 이 문제는 오답지가 너무 그럴듯해서 교사는 D를 선택한 학생이 정확한 이유에서 선택했다고 합리적으로 결론을 내릴 수 있다.

학생들에게 설득력 있는 글쓰기를 가르치고 있던 뉴저지주 체리 힐의 국어 교사들은 [그림 4-13]의 문항을 제작했다.

다음 중 논설문의 주장으로 가장 알맞은 것을 고르시오.

A. 일반적인 TV쇼에는 9개의 폭력 사건이 있다.
B. 내가 쓰려고 하는 에세이는 TV의 폭력에 관한 것이다.
C. TV에는 많은 폭력이 있다.
D. TV에서 폭력의 양을 줄여야 한다.
E. 일부 프로그램은 다른 프로그램보다 더 폭력적이다.
F. 시청률을 높이기 위해 프로그램에 폭력이 포함되어 있다.
G. TV의 폭력은 흥미롭다.
H. 나는 TV의 폭력을 좋아하지 않는다.

[그림 4-13] 국어 교과의 진단 문항 예시

참고: 의견과 주장의 차이에 관한 문제.

대부분의 국어 교사는 설득력 있는 글쓰기 지도 영역에서 D가 논설문의 '주장하는 말'로 가장 적합하다는 데 동의할 것이다. 글이 TV의 폭력 정도에 대한 사실적 수치를 보고한 것이라면 응답 A가 더 나은 결론일 수 있고, F도 의견 자체는 완벽하게 합리적이다. 다른 선택지도 논설문에 관한 학생의 생각을 드러내도록 하지만, 국어 교사에게는 특히 '논설문 소개'와 '주장하는 말'을 혼동하는 B를 선택한 학생이 가장 까다롭다.

마지막으로 현대 외국어 과목으로 캘리포니아 치코 통합 교육구의 스페인어 교사 단체가 만든 문항을 [그림 4-14]에 제시하였다.

다음 중 '나는 그에게 책을 준다'를 스페인어로 바르게 번역한 문장은 무엇인가요?

A. Yo lo doy el libro.
B. Yo doy le el libro.
C. Yo le doy el libro.
D. Yo doy lo el libro.
E. Yo doy el libro le.
F. Yo doy el libro lo.

[그림 4-14] 스페인어 교과의 진단 문항 예시

영어 원어민에게 스페인어를 가르쳐 본 적이 있는 사람은 남성 대명사를 학습하는 데 두 가지 특별한 어려움이 있다는 것을 알고 있다. 이 문항의 선택지를 살펴보면 올바른 대명사를 잘못된 위치에 배치하여 독창적이고, 배치가 정확하지만 대명사가 올바르지 않은 경우도 제시하였다. 또한 여러 오류가 있는 선택지도 제시하고 있다. 교사가 이 문항을 만드는 데에는 75분이 걸렸다. 물론 교사가 일반적으로 단일 문항을 설계하는 데 걸리는 시간보다 훨씬 더 많은 시간이 걸렸지만, 스페인어를 배울 때는 대명사 선택 및 배치에 동일한 어려움이 있기 때문에 이 문항은 20년 후에도 여전히 좋은 문항이 될 것이다. 더욱이 이 문항은 영어 원어민이 스페인어를 배우는 모든 곳에서 예컨대 캘리포니아에서와 마찬가지로 호주에서도 잘 작동할 것이다. 좋은 문항의 기능은 시간에 따라 변하지 않고 적용력이 뛰어나다.

교사는 다양한 방법으로 진단 문항을 사용할 수 있다. 수업을 시작하기 전 학생들이 주제에 대해 이미 알고 있는 것을 찾기 위한 '범위 찾기(range-finding)' 질문으로 사용된 예를 살펴보자. 식물학 개론을 가르치는 대학 교수는 "옥수수의 뿌리가 흡수한 물 중 증산을 통해 손실되는 물의 비율은 얼마인가요?"라고 질문하고, 학생들에게 답이 10%, 30%, 50%, 70%, 90%라고 생각하는지에 따라 손가락 하나, 둘, 셋, 넷 또는 다섯 개를 들어 보라고 했다. 식물학 개론 강의를 수년간 지도하며 교수는 이 간단한 질문이 식물의 작동 방식에 대한 학생의 이해를 잘 보여 준다는 것을 알게 되었다. 식물에 대해 잘 모르는 학생들은 식물이 뿌리를 통해 충분한 물을 공급받지 못하면 죽기 때문에 식물은 수분 손실을 최소화하기 위해 증산량을 최소화하여 줄일 것으로 가정하고 10% 또는 30%를 선택하는 경향이 있다. 식물 내에서 영양분을 운반하는 물의 역할을 이해하는 학생들은 뿌리를 통해 흡수된 대부분의 물이 증산을 통해 손실된다는 것을 알고 있다.

단원을 지도하는 첫 번째 수업에서 지도 범위를 점검하고자 학생들의 사전 지식을 확인하는 방법으로 진단 질문을 사용하는 것은 중요하다. 하지만 진단 질문은 교사에게 수업의 각 활동에서 학생들의 이해를 점검하여 활동을 계속 진행할지 여부를 판단하는 데 가장 유용하게 쓰인다. 여기서 핵심 아이디어는 교사가 각 수업마다 적어도 하나씩의 힌지(hinge)를 수업 활동에 넣어 설계한다는 것이다. 힌지는 교사가 진단 질문을 통해 수업이 진행될 준비가 되었는지 확인하는 지점이다. 수업이 어떻게 진행되느냐는 학생들이 보여 주는 이해도에 따라 달라지기 때문에 이때 수업의 방향이 달라지게 된다.

수업의 힌지 포인트에서 사용되는 진단 문항(힌지 포인트 질문 또는 짧게 힌지 질문)의 설계는 과학보다 훨씬 더 정교하지만, 교사들이 쉽게 활용하기 위해 다음의 두 가지 유용한 원칙을 제안할 수 있다. 첫째, 모든 학생이 문항에 응답하는 데 2분 이상, 이상적으로는 1분 미만이 소요되어야 한다. 아이디어는 힌지 포인트 문항 자체가 새로운 작업이 아니라 이해에 대한 빠른 확인이라는 것이다. 둘째, 교사가 30초 안에(가급적이면 훨씬 더 적게) 학급의 응답을 보고 해석할 수 있어야 한다. 교사가 학생의 반응을 이해하는 데 이보다 더 오래 걸리면 학생들이 그동안 과제에서 벗어나 관심을 다른 곳에 기울이거나 수업과 관련 없는 행동을 할 수 있다.

좋은 힌지 포인트 문항의 주요 조건은 4학년 수학을 위한 미국 국가수준 학업성취도 평가(National Assessment of Educational Progress: NAEP) 프로그램의 예시 문항으로 사용된 [그림 4-15]에 잘 설명되어 있다(NAEP, 2005).

> 뉴타운에서 올드타운까지 하루 2편의 항공편이 있습니다. 첫 번째 항공편은 매일 9시 20분에 뉴타운을 출발하여 10시 55분에 올드타운으로 도착합니다. 뉴타운에서 출발하는 두 번째 비행기는 2시 15분에 출발합니다. 두 번째 비행기는 몇 시에 올드타운에 도착합니까?

[그림 4-15] 힌지 포인트 문항 예시

출처: NAEP (2005).

내가 교사들에게 이 문항을 어떻게 개선할 수 있는지 물었을 때, 그들은 이 시간이 오전인지 오후인지에 대한 정보 부족, 일부 학생들에게는 언어 요구가 수학적 요구보다 훨씬 더 부담이 될 수 있다는 사실을 강조했다. 두 비행 모두 정확히 같은 시간이 걸린다고 가정하는 식이다. 이것들은 모두 타당한 비판이지만, 이 항목에는 훨씬 더 근본적인 문제가 있다. 수천 명의 교사에게 물어본 경험에 비추어 보면, 이 문항은 한 시간 안에 100분이 들어 있다고 생각하는 학생들과 60분이라는 것을 알고 있는 학생들이 같은 답을 얻게 된다.

이 장의 앞부분에서 교실에서 질문을 해야 하는 두 가지 이유가 있다고 제안했다. 학생의 생각을 유발하고 교사가 가르치는 방식을 결정하는 데 도움이 되는 정보를 얻기 위해서이다. 질문이 첫 번째 이유를 충족했는지 여부는 비교적 쉽게 평가할 수 있다. 가르치는 방식을 결정하는 데 도움을 주기 위한 질문의 한 가지 요건은 알고, 이해하고, 할 수 있기를 바라는 것에 대해 올바른 생각을 가지고 있는 학생은 그렇지 않은 학생들과 다른 대답을 해야 한다는 것이다. 다시 말해 이상적으로는 학생들이 잘못된 이유로 정답을 선택하는 것이 불가능해야 한다. 힌지 포인트 질문을 개선하는 한 가지 방법은 교사 집단을 활용하는 것이다. 교사 집단 중 한 집단은 질문을 개발하는 과제를 진행하며, 진행 후 이 과제는 학생이 잘못된 추론으로 정답을 얻을 수 있는 방법을 확인하는 작업을 하는 두 번째 교사 집단에게 넘겨진다. 만약 할 수 있다면 두 번째 교사 집단의 질문은 첫 번째 교사 집단에게 전달되어 다듬어지도록 한다.

항공편에 대한 질문의 경우에 즉각적인 개선 사항 중 하나는 첫 번째 항공편의 시작 시간을 오전 또는 오후를 표시하여 9:20분에서 9:05분으로 변경하는 것이다. 이렇게 수정한다면 한 시간이 100분이라고 생각하는 학생들은 3:65분이라는 답을 얻게 되고 한 시간이 60분이라는 것을 아는 학생들은 4:05분으로 답하게 된다. 어떤 문제도 완벽할 수는 없지만 문제에 대한 학생들의 대답 이면에 있는 의미를 이해하려고 끊임없이 노력함으로써 우리는 계속해서 문항의 질문 방식, 지시문이나 선택지를 수정하고 더 좋은 문항으로 다듬을 수 있다.

첫 번째보다는 덜 중요하지만 수업 의사결정을 돕기 위한 질문을 설계할 때 염두에 두어야 하는 두 번째 조건은 오답이 해석 가능해야 한다는 것이다. 즉, 학생이 특정한 오답을 선택하면 교사는 학생이 왜 그렇게 했는지 알 수 있고 적어도 꽤 괜찮은 추측을 할 수 있다. 한 가지 예시로 앞에서 살펴본 스페인어의 남성 대명사에 관한 질문처럼 객관식 문항의 각 선택지는 학생들의 오개념과 관련 있는 것이어야 한다.

일부 사람들은 선다형 질문이 교육 평가에 적합하지 않다고 주장하지만, 힌지 포인트 질문에 객관식 형식을 선호하는 데에는 타당한 이유가 있다. 선다형 질문은 사실적 회상이나 표준 알고리즘의 적용과 같은 하위 기술만 평가하기 때문에 비판을 받는 경우가 많다. 이전 예시에서 볼 수 있듯이 선다형 문제도 신중하게 설계된 경우에는 고차원적인 사고력을 다룰 수 있다. 시험에 사용되는 선다형 문항의 또 다른 문제점은 학생이 문항 출제자 또는 채점을 수행하는 기계와 문항의 의미에 관해 의사소통할 기회가 없다는 것이다.

선다형 문항은 수업에서 한 가지 유리한 특징이 있다. 가능한 학생 응답의 수가 제한된다는 것이다. 교사가 각기 다른 반응을 보이는 30개의 화이트보드 바다에 직면한다면 당혹스러울 수 있다. 선다형 문항을 사용하면 모든 학생의 답변을 미리 분류할 수 있는 수단이 제공되므로 학생들의 답을 이해하는 데 소중한 수업 시간을 낭비하지 않아도 된다.

교실용 선다형 문항을 설계할 때 학생들이 잘못된 이유로 정답을 맞힐 가능성을 낮추기 위해 두 가지 핵심 원칙이 있다. 첫 번째는 Philip M. Sadler(1998)가 말하는 주의 분산형 객관식 문항을 사용하는 것이다. 이는 전통적인 개발 방식과는 매우 다른 방식으로 작성된 문항이다. 그러한 질문의 출발점은 학생이 특정 주제에 대해 가지고 있을 수 있는 오해를 나열하는 것으로 시작하여 그러한 오해를 가진 학생이 할 수 있는 답을 작성하고, 그러한 오해를 이끌어 낼 수 있는 질문을 작성하고, 마지막으로 정답을 생성하는 것이다.

예를 들어, Sadler는 [그림 4-16]의 질문을 제공하고 8학년에서 12학년까지의 학생들이 각 선택지를 답으로 선택한 비율을 제시하였다.

겨울보다 여름에 기온이 더 높은 주된 이유는 무엇인가?

A. 태양에서 지구까지의 거리가 변해서이다. (45%)
B. 태양이 하늘에서 더 높기 때문이다. (12%)
C. 북반구와 태양 사이의 거리가 변하기 때문이다. (36%)
D. 해류가 따뜻한 물을 북쪽으로 운반하기 때문이다. (3.5%)
E. 온실가스 때문에 기온이 증가한다. (3.5%)

[그림 4-16] 학생의 오개념으로부터 제작된 문항 예시

정답인 B는 12%의 학생만이 선택했다. 학생들이 아무 답이나 선택했더라도 맞힐 확률이 20%는 되니까 찍는 것보다도 낮은 정답률이다. 이번 장의 앞부분에서 논의한 대부분의 질문은 사실 학생이 헷갈려 할 수 있는 문항들이고, 학생들이 오해할 부분에서 시작해 '거꾸로' 만들어졌다.

A. $\dfrac{\Pi \times 20}{2}$　　　　　D. $\dfrac{\Pi \times 10 \times 10}{2}$

B. $\dfrac{\Pi \times 20 \times 20}{2}$　　　　E. $\dfrac{\Pi}{2}\left(\dfrac{20}{2}\right)^2$

C. 50Π

[그림 4-17] 여러 정답이 있는 질문 예시

학생이 잘못된 추론으로 정답을 얻을 가능성을 최소화하는 두 번째 방법은 이 장의 앞부분에서 논의한 피타고라스 정리 문항에서처럼 여러 개의 정답을 갖게 하는 것이다. 그러나 이번 장의 비유적 언어에 관한 문항에서 보았듯이 서로 다른 수

준의 난이도나 미묘한 이해 차이를 구별하기 위해 여러 개의 정답을 배열하는 것도 가능하다. 예를 들어, 한 수학 교사가 [그림 4-17]처럼 학생들에게 지름이 20센티미터인 반원의 둘레를 구하는 문항을 출제하고 다섯 가지 선택지를 제시하였다.

A와 B는 일반적으로 학생들이 보이는 오류에 해당하는 반면, C, D, E는 모두 정답이다. 그러나 학생들이 C와 D를 정답으로 판단하는 것보다 E를 정답으로 인식하는 것이 훨씬 더 어렵다. 수업을 진행하는 데 필요한 최소한의 이해 수준을 나타내는 문항에는 최소한 하나 이상의 정답이 있어야 하고, 교사는 성취도가 가장 높은 학생이 학습에 긴장의 끈을 놓지 않도록 다양한 선택지를 추가할 수 있다. 특히, 성취도가 높은 학생이 수업을 마칠 때 자신이 놓친 정답이 있다는 말을 듣는다면 다음 수업에서 훨씬 더 주의를 기울일 것이다. 이러한 다중 응답 문항의 힘은 특히 헷갈리는 요소가 사람들에게 널리 알려진 오개념과 관련될 때 교사가 포괄적인 방식으로 수업을 차별화할 수 있게 한다는 것이다. 성취도가 높은 학생은 도전을 받는 반면, 성취도가 낮은 학생은 적어도 하나의 정답은 얻을 수 있다.

마지막 변형으로 때때로 질문을 일련의 간단한 질문으로 관리하는 것이 의미 있다. 예를 들어, 한 초등학교 교사는 학생들에게 2차원 모양의 대칭선에 대해 가르쳐 왔고, 수업이 끝날 무렵 [그림 4-18]과 같은 이미지를 보여 주었다.

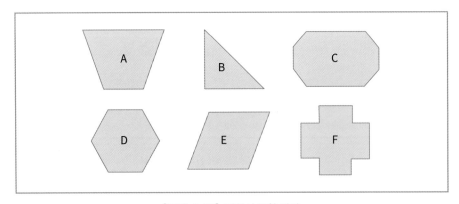

[그림 4-18] 대칭선 문항 예시

교사는 "A"라고 외치면 학급 학생들은 A가 몇 개의 대칭 모양을 가지고 있는지 보여 주기 위해 손가락을 들어야 한다. 그런 다음 B, C, D, E 및 F에 대해 동일한 작업을 수행한다. 교사는 각 학생이 어떻게 반응하는지 기억하려고 하지 않는다. 대신 두 가지에만 집중한다.

① 학급 학생의 상당수가 오답을 골라 학급에서 다시 가르쳐야 하는 내용이 있는가?
② 개별지도를 받은 2~3명의 학생에게 효과가 있었는가?

많은 학생이 모양 D는 세 개의 대칭선만 있고, 모양 E는 마름모인데도 대칭선이 없다고 생각한다. 교사는 D가 6개의 대칭선을 가지고 있다고 알려 주고, 3개는 모서리를 통과하고 3개는 측면의 중간점을 통과하며, 학생들에게 수평, 수직 또는 45° 가 아닌 대칭선을 찾도록 상기시킨다. 교사는 오답이 반드시 수학적 이해가 부족함을 나타내는 것은 아님을 알고 있다. 결국 D 모양의 경우에 손가락 세 개만 들고 있는 것은 학생들이 한 손만 있으면 된다고 생각한 결과일 수 있고, 데이터 투사기의 왜곡으로 인해 E 모양의 이미지가 의도한 마름모 모양이어야 하지만 실제로는 그렇지 않을 수도 있다. 그럼에도 불구하고 교사는 앞서 언급한 바와 같이 가르칠 때 학생들이 무언가를 알지 못하면서 무언가를 안다고 가정하는 것보다 무언가를 알면서도 모른다고 가정하는 것이 더 낫다는 것을 이해하고 있다.

이번 사례에서 교사는 전체 학급 퀴즈에 대해 몇 분 만에 관리, 채점 및 개선 조치를 취했다. 교사는 각 학생이 성적표에 기입할 성적을 가지고 있지는 않지만, 이것은 그러한 민첩한 교육에 대해 지불하기에는 작은 대가이다. 사실 이것은 형성평가의 전형적인 예이다. 교사는 학급의 모든 학생에게 6개의 도형 각각에 대한 대칭선의 수를 표시하게 함으로써 참여시켰고, 자신의 수업을 즉시 조정하기 위해 그 정보를 사용했다.

양질의 문항에 초점을 맞추는 것의 또 다른 이점은 앞서 언급한 바와 같이 이동 가능성이다. 대부분의 교사는 활동지나 다른 교사의 수업 계획을 자신이 적용하기는 제한적이라고 생각한다. 그러나 양질의 문항은 다양한 학교, 학군, 주, 문화 및 언어에 관련 없이 작동한다. 실제로 양질의 문항을 공유하는 것은 학생 학습의 질을 향상시키기 위해 우리가 할 수 있는 가장 중요한 일이다.

11) 대안 질문

마지막으로 질문을 하는 것은 좋은 교실 토론을 이끌어 내는 최선의 방법이 아닐 수 있다. 어느 나라가 제1차 세계대전 발발에 가장 큰 책임이 있었는지 학생들에게 묻는 것은 학생들이 한 나라 또는 다른 나라의 과실을 크게 보도록 한다. 대신에 교사가 "제1차 세계대전 발발의 가장 큰 책임은 러시아에 있었다"와 같은 진술을 하면 학생들은 단지 동의하거나 반대하는 것만으로는 충분하지 않다는 것을 깨닫기 때문에 더 신중하게 반응한다(Dillon, 1988). 마찬가지로 "정사각형은 모두 직사각형입니까?"라고 묻는 것은 "모든 정사각형은 직사각형입니다"보다 덜 사려 깊은 토론을 이끌어 낼 가능성이 있다. 일반적으로 토론의 질은 학생들이 교사 주도의 진술에 응답하기 전에 교사가 생각(think)-쌍(pair)-공유(share)를 활용할 때 더욱 향상된다.

4. 결론

David P. Ausubel(1968)은 학습에 영향을 미치는 가장 중요한 요소는 학습자가 이미 알고 있는 것이며, 이를 확인하고 그에 따라 가르치는 것이 교사의 역할이라고 주장했다. 학생들의 개념은 임의의 일탈이 아니라 그들의 경험을 이해하려는 정교하고 창의적인 시도의 결과이다. 일반적인 교실에서는 교사가 각 학생을 개별적으로 지도할 시간이 분명 충분하지 않지만, 이 장에 제시된 기술을 신중하게 계획하고 적용하면 교사는 교실을 학생들이 훨씬 더 매력적인 장소로 느끼도록 만들 수 있다. 교사가 모든 학생의 학습 요구에 부응하기 위해 신속하고 효과적인 수업 조정을 할 수 있게 되는 것이다. 교사는 학습자가 학습에서 어디에 있는지 알게 되면 학습자에게 다음에 해야 할 일에 대한 피드백을 제공할 수 있다. 이것이 다음 장의 주제이다.

제 5 장

학습을
향상시키는
피드백
제공하기

학습을
향상시키는
피드백
제공하기

학생의 과제에 피드백을 주어 학습에 도움이 되도록 해야 하지만, 효과적인 피드백을 제공하는 것은 생각보다 훨씬 어렵다. 학생들이 받는 피드백의 대부분은 학습에 거의 또는 전혀 영향을 미치지 않으며, 어떤 종류의 피드백은 오히려 역효과를 낳기도 한다. 이 장에서는 피드백에 대한 연구를 검토하여 피드백의 질과 학습자가 피드백에 반응하는 방식에 대해 구체적으로 논의하려고 한다. 또한 기억이 어떻게 작동하는지, 피드백을 제공할 때 그러한 지식이 중요한 이유를 밝혀 보고자 한다. 그런 다음 피드백을 향후 행동을 위한 안내로 간주하고 교사가 학생에게 학습을 진전시키는 피드백을 제공하기 위해 구현할 수 있는 몇 가지 실용적인 기술을 제안하고자 한다.

1. 피드백의 질

학습을 개선하는 피드백의 힘은 Maria Elawar와 Lyn Corno(1985)의 연구에서 생생하게 입증되었다. 베네수엘라에 있는 3개 학교의 6학년 교사 18명은 학생들이 제출한 수학 숙제에 건설적인 서면 피드백을 제공하는 방법에 대한 7시간의 교육을 받았다. 피드백에는 오류에 대한 구체적인 의견, 개선 방법에 대한 제안, 그리고 적어도 한 가지 이상의 긍정적인 평가나 칭찬이 포함되었다. 두 번째 교사 그룹은 첫 번째 그룹과 동일한 연수를 받았지만 학급 학생의 절반에게는 건설적인 피드백을, 나머지 절반에게는 점수만 제공했다. 세 번째 그룹의 교사는 아무런 교육을 받지 않고 평소와 같이 숙제를 채점했다(즉, 점수만 부여하는 방식). 건설적인 피드백을 받은 학생들은 대조군 학생들보다 2배 더 빨리 학습했다. 즉, 다른 학생들이 2주 동안 배워야 할 것을 1주일 만에 배웠다. 또한 건설적인 피드백을 받은 학급에서는 성취도 범위 전반에 걸쳐 학습이 향상되었고, 수학에 대한 태도가 더 긍정적이었으며, 남학생과 여학생 간의 성취도 격차가 감소했다(Elawar & Corno, 1985).

Ruth Butler(1988)는 이스라엘의 4개 학교에 있는 6학년 12개 학급에서 다양한 종류의 피드백의 효과를 조사했다. 첫날 모든 학생에게 두 가지 과제가 포함된 책자를 제공했다. 첫 번째 과제에는 히브리어 알파벳 서너 글자가 들어 있는 다섯 개의 동심원 그림이 포함되어 있었다. 학생들은 중앙에 있는 글자 중 하나부터 시작하여 하나 이상의 연속된 띠에서 글자를 가져와 최대한 많은 단어를 만들어야 했다. 두 번째 과제에서는 확산적 사고력을 측정하는 표준화 검사인 미네소타 창의적 사고력 검사(Minnesota Tests of Creative Thinking)에 기반하여 익숙한 사물의 다양한 용도를 생각해서 두 가지 예시를 만들어야 했다(Torrance & Templeton, 1963).

이틀 후, 과제물을 학생들에게 돌려주었다. 학교별로 첫 번째 교실에서 학생들은 "정확한 단어를 꽤 많이 생각했네요", "짧은 단어/긴 단어/더 긴 단어를 좀 더 생각해 보면 좋겠어요" 등의 개선할 점에 대한 의견을 받았다. 각 학교의 두 번째 교실에서는 모든 과제에 점수를 매긴 다음 40~99점(정규분포)까지의 점수를 학생들에게 성적을 부여했다. 각 학교의 세 번째 교실에서는 학생들에게 성적과 의견을 나란히 표시해 주었다. 그런 다음 학생들에게 비슷한 과제를 시도하도록 요청하고, 첫 번째 수업의 과제를 하고 받은 피드백과 동일한 종류의 피드백을 받게 된다고 안내했다. 이후 다시 과제를 수집하고 점수를 매겼다.

이러한 과정을 거친 후 Butler는 12개 학급에서 언어와 수학의 이전 성적을 기준으로 성적이 높은 학생과 낮은 학생을 각각 25%씩 선정하여 성적을 분석했다. 점수만 받은 학생들은 첫 번째 수업에서 두 번째 수업으로 넘어가도 전혀 발전하지 않았으며, 과제 수행 내용도 나아지지 않았다. 비슷한 과제를 계속하고 싶은지 묻는 질문에 성적이 높은 학생들은 그렇다고 답했지만, 성적이 낮은 학생들은 그렇지 않다고 답했다. 의견만 받은 학생들은 첫 번째 수업에서 수행한 과제보다 두 번째 수업에서 수행한 과제에서 평균 30%p 더 높은 점수를 받았으며(물론 점수를 받지 않았기 때문에 학생들은 이 사실을 알지 못했지만), 이 학생들은 모두 비슷한 과제를 계속하고 싶다고 답했다. 그러면 과연 점수와 의견을 모두 받은 학생들은 어떻게 되었을까?

교사들에게 이 연구에서 어떤 일이 일어났을 것이라고 생각하는지 물어보면, 점수와 의견을 모두 받은 학생이 적어도 의견만 받은 학생들만큼은 발전했을 것이라고 대답했다. 의견만으로 점수가 30%p 향상되었다면, 점수와 의견을 모두 제공한 경우에 훨씬 더 많은 정보를 제공했을 것이라는 판단 때문이다.

다른 교사들은 두 종류의 피드백 사이에 어느 정도 상충관계(trade-off)가 있다고 말했다. 예를 들어, 일부 교사는 의견의 효과로 인해 점수가 향상될 것으로 기대했지만 점수로 인해 태도가 양극화(polarization)되었을 수 있다고 말했다. 즉, 높은 점수를 받은 학생은 동기부여를 받아 계속 공부하고 싶어 한 반면, 낮은 점수를 받은 학생은 의욕을 잃고 다른 것으로 넘어가고 싶어 해서 양극화가 발생했을 수 있다. 두 번째로 예상 가능한 상충관계는 점수의 효과로 인해 학생이 진전을 이루지 못했지만, 교사의 의견에서 제공되는 격려로 인해 태도가 긍정적으로 유지되는 반대 방향으로 작용했을 수 있다는 점이다.

대부분의 교사는 점수와 의견을 모두 제공했을 때의 효과가 점수만 제공했을 때의 효과와 같다는 사실을 알려 주면 무척 놀라는 반응을 보였다. 두 가지를 동시에 제공하면 피드백의 효과를 극대화하기는 커녕 의견과 함께 부여한 성적에서 높은 점수를 받은 학생은 의견을 읽을 필요가 없고, 낮은 점수를 받은 학생은 의견을 읽고 싶어 하지 않아 의견의 유익한 효과가 완전히 사라졌다. 그럼에도 불구하고 점수와 의견을 함께 제공하는 것은 북미(그리고 실제로 대부분의 다른 국가)에서 학생들에게 가장 널리 사용되는 피드백 형태일 수 있다. 이 연구를 포함한 유사한 연구들에 따르면, 교사가 신중하게 진단적 의견을 제공한 다음 과제에 점수나 성적(score or a grade)을 매겨 함께 제공한다면 시간을 낭비하고 있을 가능성이 높다(최근 연구에 대한 검토는 Lipnevich & Smith, 2008 및 대학생을 대상으로 한 유사한 연구 참조). 학생들에게 단순히 점수나 성적만 제공한다면 교사가 많은 시간을 절약할 수 있겠지만 결과적으로 학생들은 아무것도 배우지 못하게 된다.

Butler(1987)는 피드백이 왜 이러한 효과를 나타내는지에 대한 몇 가지 단서를 발견했다. 이번에는 8개 학급에 속한 5, 6학년 학생 200명에게 첫 번째 시간에 다양한 확산적 사고 과제를 수행하게 했다. 연구진은 이틀 후 두 번째 시간에 다시 한 번 과제를 수행하게 하고, 학생들의 과제를 수집한 후 다음 네 가지 피드백 중 하나를 제공했다

① 2개 반 학생들에게는 코멘트를 제공했다.

② 2개 반 학생들에게는 등급을 부여했다.

③ 2개 반 학생들에게는 서면 칭찬을 제공했다.

④ 2개 반 학생들에게는 피드백을 전혀 제공하지 않았다.

두 번째 시간에 수행한 과제의 질을 첫 번째 시간에 수행한 과제와 비교했다. 의견을 받은 학생들의 과제 질은 첫 번째 과제에 비해 크게 향상되었지만, 등급과 칭찬을 받은 학생들은 과제에 대한 피드백을 전혀 받지 않은 학생들보다도 발전하지 못했다.

두 번째 과제 수행이 끝나고 학생들에게 설문지를 나눠 주었다. 이 설문지는 학생들이 교실에서 노력을 기울일지 여부를 결정하는 데 영향을 미치는 요인과 학생들이 성공 여부를 결정한다고 생각하는 요인을 파악하기 위한 용도였다. 특히, 〈표 5-1〉에 표시된 것처럼 학생들이 노력을 기울인 정도와 성공의 원인을 자아 관련 요인으로 생각하는지, 아니면 과제 관련 요인으로 생각하는지 알아보기 위해 설문지를 설계했다.

〈표 5-1〉 자아 및 과제 관련 귀인

귀인	자아	과제
노력	- 다른 사람보다 더 잘하기 위해 - 다른 사람보다 더 못하지 않기 위해	흥미 성취 수준을 높이기 위해
성공	- 능력 - 다른 사람의 수행	흥미 노력 사전 학습 경험

출처: Butler (1987).

피드백을 받은 학생들은 과제에 대한 몰입도가 높았지만 자아에 대한 몰입도는 피드백을 받지 않은 학생들과 동일했다. 그러나 서면 칭찬을 받은 학생과 등급을 받은 학생의 경우에 과제 몰입도는 통제집단(집단 ④)과 비슷한 수준이었지만 자아 몰입도는 훨씬 더 높았다. 앞서 언급했듯이 등급과 서면 칭찬은 성취도에는 영향을 미치지 않았으며, 자아 관여도를 높이는 데에만 영향을 미쳤다. 교육 종사자라면 누구나 알고 있듯이 이는 나쁜 소식이다. 학생의 행동을 바꾸려면 일반적으로 학생보다는 학생의 행동을 비판하는 데 초점을 맞추는 것이 훨씬 더 효과적이다(즉, 자아에 관련된 피드백보다는 과제에 관련된 피드백을 제공하는 것이 효과적이다).

이러한 결과는 칭찬이 반드시 좋은 것은 아니며, 오히려 최고의 교사는 평균보다 약간 덜 칭찬하는 것으로 나타났다는 1970년대에 수행된 연구 결과와도 일치한다(Good & Grouws, 1975). 중요한 것은 칭찬의 양보다는 질이며, 특히 교사의 칭찬은 드물고, 신뢰할 수 있고, 예측 불가능하고, 구체적이고, 진정성 있게 제공될 때 훨씬 더 효과적이다(Brophy, 1981). 또한 교사는 칭찬을 개인이 통제할 수 있는 요소와 연관시켜 주는 것이 중요하므로 단순히 영재라는 이유만으로 영재를 칭찬하는 것은 장기적으로 부정적인 결과를 초래할 가능성이 높다(Dweck, 2006, 2015).

피드백의 제공 시기도 중요하다. 학생이 문제를 해결할 기회를 갖기도 전에 너무 일찍 피드백을 주면 학습 효과가 떨어진다. 프로그래밍된 학습 자료에 포함된 문제, 단원의 마지막에 실시하는 단원평가 등 시험과 유사한 상황에서 피드백의 효과를 알아보는 40개의 연구 보고서를 검토한 결과, 피드백이 학생의 마음가짐(또는 사려 깊음)을 유발하는 정도가 중요하다는 것을 확인할 수 있었다(Bangert-Drowns, Kulik, Kulik, & Morgan, 1991). 학생들이 질문에 답하기 전에 미리 답을 볼 수 있었을 때는 피드백을 받기 전에 문제 해결을 시도해야 했을 때보다 훨씬 적은 학습량을 보였다.

이러한 마음가짐의 효과를 직접적으로 입증한 연구도 있다(Simmons & Cope, 1993). 9세에서 11세 사이의 학생 두 그룹이 각도와 회전 문제를 풀었다. 일부 학생은 프로그래밍 언어인 Logo를 사용하여 컴퓨터로 문제를 풀었고, 다른 그룹 학생은 연필과 종이를 사용하여 문제를 풀었다. Logo로 작업한 학생들은 시행착오를 통해 개선하는 전략을 사용할 수 있었기 때문에 정신적인 노력을 거의 들이지 않고도 해결책을 찾을 수 있었다. 연필과 종이를 사용하는 학생들은 한 번의 회전 효과를 계산하는 데 훨씬 더 많은 시간이 소요되었기 때문에 신중하게 생각할 동기를 부여받았고, 이러한 집중력이 더 많은 학습으로 이어졌다.

학생들이 피드백에 참여하는 마음가짐이라는 핵심 아이디어는 '적은 것이 때로는 더 많다'는 것을 의미한다. 초등학교 3학년 학생 64명을 대상으로 한 연구에서는 학생들에게 산술 추론 과제를 수행하도록 하고, 학생들이 받는 지원의 종류를 다양화했다(Day & Cordón, 1993). 학생의 절반은 문제 해결이 막혔을 때 스캐폴딩 피드백[1), 즉 어려운 문제를 풀고 진전을 이루기 위한 최소한의 지원만 제공받았다. 나머지 절반의 학생들은 어려운 문제에 대한 완전한 풀이 방법을 제공받은 다음 새로운 문제를 풀도록 안내받았다. 스캐폴딩 피드백을 받은 학생들은 완전한 풀이 방법을 받은 학생들보다 더 많이 배우고 학습을 더 오래 유지했다(Day & Cordón, 1993). 완전한 풀이 방법을 제공받은 학생들은 학습의 기회를 빼앗겼기 때문에 어떤 의미에서 이는 놀라운 일이 아니다. 교사의 시간을 절약하면서도 학생들이 학습에 집중할 수 있을 만큼만 개입하는 기술을 개발하면 더 나은 학습을 촉진할 수 있다. 다음 대화는 이러한 피드백의 좋은 예를 보여 준다(Saphier, 2005, p. 92).

> 교사: 어떤 부분이 이해가 안 되나요?
>
> 학생: 전혀 이해가 안 돼요.
>
> 교사: 첫 번째 부분은 네가 풀었던 지난 문제와 똑같아요. 그런 다음 변수를 하나 더 추가할 거예요. 그게 뭔지 알아내면 몇 분 후에 다시 올게요.

대부분의 교사는 학생에게 새로운 과제를 내주면 즉시 도움을 요청하는 학생을 본 적이 있을 것이다. 교사가 "잘 안 되는 부분이 어디인가요?"라고 물으면 "하나도 모르겠어요"라는 대답이 돌아오는 것이 일반적이다. 이러한 상황에서 학생의 반응은 익숙하지 않은 과제에 대한 불안감에서 비롯된 것일 수 있다. 이런 경우에 "저 표를 옮겨서 그려 보세요. 5분 후에 다시 돌아와서 내용을 채우도록 도와줄게요"와 같은 말로 학생을 지원할 수 있다. 대개 학생에게 필요한 지원은 이 정도면 충분하다. 표를 옮겨서 그리는 동안에 학생은 표가 어떻게 배치되어 있는지 자세히 살펴보

---

1) 스캐폴딩 피드백(Scaffolding feedback): 교사가 과제를 세분화하여 학생이 순차적으로 학습하면서 목표에 도달할 수 있도록 돕는 피드백이다.

게 되고, 해당 과제를 생각하며 스스로 과제를 이해할 수 있는 시간을 가질 수 있다.

스캐폴딩 피드백의 또 다른 좋은 예는 Ian Smith(2008)의 글에서도 찾을 수 있다. 한 미술 교사가 얼굴을 스케치한 후 학급과 협력하여 성공적인 초상화를 위한 일곱 가지 기준을 정했다. 여기에는 눈은 얼굴의 반 정도까지 내려와야 하고, 눈 사이의 거리는 대략 다음과 같아야 한다는 아이디어가 포함되었다. 그런 다음 교사는 일곱 가지 기준의 충족 여부에 대한 피드백을 [그림 5-1]에 표시된 형식으로 학생에게 제공했다.

✔	✗	✗	?	✗	✔	✔
1	2	3	4	5	6	7

[그림 5-1] 초상화 그리기 과제에서의 피드백 확인표

출처: Smith (2008).

이를 통해 학생에게 어떤 기준에 주의가 더 필요한지 명확하게 전달하고, 교사의 시간을 거의 빼앗기지 않으면서도 학생들이 활동할 수 있는 충분한 시간을 만들어 주었다.

이러한 연구에서 제기될 수 있는 질문은 교사가 구두로 피드백을 제공하는지, 아니면 서면으로 피드백을 제공하는지에 따라 차이가 있는가 하는 점이다. 이 문제를 다룬 몇 안 되는 연구 중 하나는 음악 수업에서 주요 음계 쓰기를 배우는 캐나다 학생 80명을 세 그룹으로 나누어 실험한 연구이다(Boulet, Simard, & De Melo, 1990). 1그룹은 서면 피드백, 약점 목록 및 과제 수행 계획을 제공받았고, 2그룹은 오류의 성격에 대한 구두 피드백과 함께 수업 시간에 개선할 기회를 제공받았으며, 3그룹에게는 피드백을 주지 않았다. 연구를 시작할 때 세 그룹은 음악에 대한 이전 성취도, 음악 적성 검사 점수, 학습 능력 측정 점수에서 차이가 없었다. 비록 모든 그룹이 이 과제에 설정된 숙달 수준인 80%에 미치지 못했지만, 구두 피드백을 받은 2그룹의 학생들은 다른 두 그룹의 학생들(점수가 서로 크게 다르지 않음)보다 훨씬 높은 점수를 받았다. 2그룹의 조건은 1그룹의 조건과 세 가지 면에서 달랐기 때문에 이

중 무엇이 차이를 만들었는지 확인할 수는 없다. 다만 관찰 결과, 연구자들은 교사가 구두로 피드백을 제공했는지 아니면 서면으로 피드백을 제공했는지 여부는 2그룹이 수업 시간에 피드백을 사용하여 과제를 개선할 시간이 주어졌다는 사실보다 훨씬 덜 중요하다고 지적했다.

앞선 연구들은 모두 학령기 학생을 대상으로 진행되었기 때문에 대학생에게도 동일한 결론이 적용될 수 있을지에 대한 의문이 들 수 있다. 이 질문에 답하기 위해 Jeffery Nyquist(2003)는 대학생을 대상으로 한 피드백 효과 연구를 살펴보며, 특히 다음의 세 가지 요건을 충족하는 연구를 탐색하였다.

① 실험적으로 조작된 피드백 특성 조건이 포함되어야 한다.
② 참가자는 대학생이어야 한다.
③ 표준화된 효과 크기를 계산할 수 있을 만큼 충분히 상세하게 보고된 학업성취도 추정치를 포함해야 한다.

Jeffery Nyquist(2003)는 총 12,920명이 참여한 86개의 관련 연구를 찾아냈으며, 185개의 주요 결과를 보고했다. 피드백의 평균 효과는 0.4 표준편차로, 이는 평균적인 학생을 백분위 66까지 끌어올리는 것과 같다. 피드백의 종류에 따른 효과의 차이를 조사하기 위해 Nyguist는 다음의 다섯 가지 범주로 연구들을 분류했다.

① 단순하고 약한 피드백(weaker feedback only): 학생들에게 자신의 점수나 성적만 제공한 연구(knowledge of results: KR)
② 피드백만 제공(feedback only): 학생들에게 자신의 점수나 성적에 명료한 목표 혹은 정답을 함께 제공한 연구(knowledge of correct results: KCR)
③ 낮은 수준의 형성평가(weak formative assessment): 학생들에게 정답과 함께 설명을 제공한 연구(KCR+e)
④ 중간 수준의 형성평가(moderate formative assessment): 학생들에게 정답, 설명 그리고 개선 방법에 대한 제안을 함께 제공한 연구

⑤ 높은 수준의 형성평가(strong formative assessment): 학생들에게 정답, 설명 그리고 수행해야 할 구체적인 활동도 함께 제공한 연구

앞의 기준에 따라 연구들을 정리한 결과는 〈표 5-2〉와 같다(이는 보정된 값이므로 Nyquist, 2003에 발표된 값과 약간 다르다).

〈표 5-2〉 피드백이 대학생의 성취도에 미치는 영향

범주	연구 수	평균적인 학생에 대한 영향
단순하고 약한 피드백	31	56 백분위수
피드백만 제공	48	64 백분위수
낮은 수준의 형성평가	49	60 백분위수
중간 수준의 형성평가	41	65 백분위수
높은 수준의 형성평가	16	71 백분위수

출처: Nyquist (2003) 수정.

이 패턴이 완벽하지는 않지만, 형성평가의 원칙을 충실히 이행할수록 학생의 성취도에 미치는 영향이 커진다는 것은 분명하다. 특히 높은 수준의 형성평가의 효과(효과 크기 0.56)는 학생의 과제가 올바른지 여부에 대한 정보만 제공한 피드백(효과 크기 0.14)의 4배에 달한다. 피드백의 효과는 유치원 때부터 대학에 이르기까지 모든 학습자에게 비슷하게 나타났다.

〈표 5-2〉에 제시된 결과를 큰 그림으로 보면 설득력이 있지만, 여기서의 값은 평균값이며 실제로 피드백이 성취도에 미치는 개별적인 영향의 크기에는 상당한 차이가 있다는 점을 기억해야 한다. 특히 185개의 결과 중 24개는 피드백이 실제로 성과를 낮추는 부정적인 결과였으며, 이는 다른 연구자들에 의해 확인된 결과이다.

Avraham Kluger와 Angelo DeNisi(1996)는 1905년부터 1995년까지 90년 동안 학교, 대학, 직장에서 피드백의 효과에 대해 수행된 모든 연구를 조사했다. 이들은 피드백 개입을 "과제 수행의 일부 측면에 관한 정보를 제공하기 위해 (외부 에이전트가)

취하는 행동"으로 정의하고(Kluger & DeNisi, 1996, p. 255), 이러한 피드백 개입이 성과에 미치는 영향을 조사한 3,000건 이상의 연구(저널 논문 2,500건, 기술 보고서 500건)를 찾아냈다.

물론 수행된 연구의 질은 다양했으며, 질이 낮은 연구가 포함되지 않도록 검토 대상을 선정하는 몇 가지 기준이 설정되었다(Kluger & DeNisi, 1996). 첫째, 피드백을 받았는지 여부에 차이가 있는 두 그룹의 참가자가 있어야 한다. 둘째, 연구 참여자가 최소 10명 이상이어야 한다(특히, 의료 분야의 일부 연구는 참가자가 한 명뿐인 경우도 있다). 셋째, 피드백이 성과에 미치는 영향의 크기를 계산할 수 있을 만큼 충분한 세부 정보가 제공된 일종의 성과 측정이 연구에 포함되어야 한다.

놀랍게도 3,000건의 연구 중 131건(약 4%)만이 이러한 과학적 기준을 충족했다. 이 수치가 너무 낮았기 때문에 Kluger와 DeNisi(1996)는 가치 있는 연구가 부당하게 배제되지 않았는지 확인하기 위해 제외된 연구들을 재검토했다. 재검토한 결과, 배제된 연구는 피드백의 효과에 대해 유용한 정보를 제공할 수 없다고 결론지었다. 최종적으로 채택된 131건의 연구에는 총 12,652명을 대상으로 23,663회 관찰한 607건의 실험 결과가 보고되었다. 더욱 놀라운 사실은 131건의 수준 높은 연구에 포함된 607건의 실험 결과 중 231건에서 학생들에게 피드백을 제공했을 때 실제로 성과가 하락했다는 점이다.

이는 심리학에서 가장 반직관적인 결과 중 하나이다. 각 연구에서 피드백은 성과를 개선하기 위한 의도를 가지고 있었지만, 신중하게 수행된 5건의 연구 중 약 2건에서 참가자들은 피드백을 제공하지 않았더라면 더 나은 성과를 냈을 수도 있었다.

수많은 연구를 통해 피드백의 효과에 영향을 미칠 수 있는 요인은 분명히 많다고 알려지고 있지만, 원하는 피드백의 효과를 얻지 못하는 이유는 크게 두 가지로 나눌 수 있다. 첫 번째는 피드백에서 정말 중요한 것은 학생들이 피드백에 어떻게 반응하는가 하는 점이고, 두 번째는 많은 피드백이 우리의 사고 방식을 고려하지 않는다는 점이다.

1) 학습자가 피드백에 반응하는 방식

피드백이 왜 그렇게 비생산적이고 예상치 못한 결과를 가져올 수 있는지 이해하기 위해 Kluger와 DeNisi(1996)는 피드백이 성과를 향상시키는 경우와 그렇지 않은 경우를 선행 연구에서 자세히 확인했다. 그들은 피드백이 현재의 위치와 목표 사이의 격차에 주의를 환기시킬 때, 현재 성과가 목표보다 높은지 낮은지에 따라 어떤 일이 일어나는지에 대해 지적했다.

개인이 이미 목표를 초과 달성했다는 피드백을 받으면 다음의 네 가지 중 한 가지 일이 발생할 수 있다. 물론 피드백을 제공하는 사람은 상대방이 목표를 더 까다로운 것으로 변경하기를 바라지만, 의도와 달리 개인이 긴장을 풀고 노력을 덜해도 된다는 신호로 받아들일 수 있다. 또는 너무 쉽게 성공하면 목표 자체가 무가치하다고 판단하여 목표를 완전히 포기하거나 피드백을 무의미하다고 거부할 수도 있다.

일반적인 경우처럼 현재 성과가 목표에 미치지 못한다는 피드백이 제공되면 다시 네 가지 반응이 예상된다. 예를 들어, 학생이 A를 받을 수 있지만 너무 많은 노력이 필요하거나 자기 이미지에 비추어 시도하기에 너무 위험하다고 생각하여 B에 만족하기로 결정한 다음에 목표를 변경할 수 있다. 두 번째 반응은 학습된 무기력(Dweck, 1975)에서 볼 수 있듯이, 자신이 부족하다는 지적을 반복적으로 받으면서도 "나는 수학을 잘 못해요"라고 말하는 학생처럼 무언가가 영원히 자신을 넘어설 수 없다고 판단하는 것이다. 세 번째 유형의 반응은 피드백을 거부하는 것이다. 예를 들어, 자신이 기대 이상으로 기여했다고 생각하는 사람이 상사로부터 중립적인 평가를 받게 되는 직장 환경에서 흔히 볼 수 있는 반응이다. 이러한 피드백 거부의 효과는 일이나 학업 참여를 낮출 수 있다(따라서 성과도 떨어뜨릴 수 있다). 네 번째 유형의 반응(아마도 피드백을 주는 사람이 의도한 반응일 것이다)은 목표에 맞게 성과를 높이기 위해 자신의 행동을 바꾸는 것이다. 피드백에 대한 이러한 반응은 〈표 5-3〉에 요약되어 있다.

<표 5-3> 피드백에 대한 가능한 반응

응답 유형	피드백이 수행 능력이 목표를 초과함을 나타낼 때	피드백이 수행 능력이 목표에 미치지 못함을 나타낼 때
행동 변경	노력을 덜 기울임	**노력을 증가시킴**
목표 변경	**열망 수준을 높임**	열망 수준을 낮춤
목표 포기	목표가 너무 쉽다고 판단	목표가 너무 어렵다고 판단
피드백 거부	피드백을 무시함	피드백을 무시함

굵은 글씨로 강조 표시된 두 가지 유형의 응답만이 학습을 개선할 가능성이 높다. 나머지 여섯 가지 유형은 기껏해야 아무 효과가 없으며, 최악의 경우에는 학습이 크게 저하될 수 있다.

Kluger와 DeNisi(1996)가 검토한 연구에서도 이러한 반응 중 어떤 반응이 나타날지 예측하는 것은 불가능하지는 않더라도 매우 어렵다는 것을 보여 준다. 피드백을 받는 사람, 피드백이 제공되는 과제의 종류, 피드백을 주는 사람에 대한 받는 사람의 인식에 따라 달라질 수 있다.

칭찬을 사용하면 동기를 높일 수 있지만, 동기를 유지하기 위해 항상 칭찬을 사용해야 하는 경우가 종종 있다. 게다가 이런 상황에서는 칭찬을 진실하고 진지하게 유지하기가 매우 어렵다. 반대로 피드백은 개선해야 할 부분에 초점을 맞추고, 특히 개선 방법에 대한 구체적인 세부 사항을 제공할 때 성과가 향상된다.

피드백의 효과에 대한 검토를 마무리하면서 Kluger와 DeNisi(1996)는 그들이 검토한 대부분의 연구에서 장기적인 효과를 고려하지 않은 것이 가장 큰 문제라고 지적했다. 피드백의 효과가 동기부여를 증가시키는 것이라고 하더라도, 이는 장기적인 성과 악화를 대가로 단기적인 개선에 그칠 수 있다. 대신 연구진은 피드백에 대한 연구가 성과에 미치는 실제 영향보다는 피드백의 결과로 개인에게 유발되는 반응의 종류에 더 초점을 맞춰야 한다고 제안했다.

스탠포드 대학의 Carol S. Dweck은 30년 이상에 걸친 일련의 연구를 통해 학생들에게 "A를 받은 이유가 무엇일까요?" 또는 "F를 받았는데, 그 이유는 무엇이라고 생각하나요?"와 같은 질문을 통해 학생들이 학교에서의 성공과 실패를 어떻게 이해하는지 조사했다. Carol S. Dweck은 학생들의 응답을 관통하는 세 가지 강력한 주제가 있다는 것을 발견했다(Dweck, 2000).

첫 번째는 성공 또는 실패가 개인과 관련된 요인 때문인지, 아니면 외부 요인 때문인지(즉, 그 요인이 어떻게 개인화되었는지)였다. 예를 들어, "내가 일을 잘해서 A를 받았다"는 것은 원인이 개인 내부에 있는 것으로 간주되므로 내부 귀인이 될 수 있다. "선생님이 나를 싫어해서 F를 받았다"는 원인은 개인 외부에 있는 것으로 간주되기 때문에 외부 귀인이 될 수 있다. 개인이 자신의 성공 원인은 내부에서, 실패 원인은 외부에서 찾는 것은 매우 흔한 일이다. 이러한 경향을 잘 보여 주는 중국의 오래된 격언이 있다. "많은 사람은 성공에 대한 공로를 인정받으려고 하지만 실패에 대한 책임을 지려는 사람은 거의 없다."

두 번째 주제는 성공이 오래 지속될 가능성이 높은 요인 때문인지, 아니면 일시적인 요인 때문인지(즉, 요인의 영속성 또는 안정성)에 관한 것이었다. 예를 들어, 성공의 원인으로 '똑똑함'을 꼽은 학생은 안정적(즉, 오래 지속되는)인 요인으로 간주할 가능성이 높다. 학생이 이번에 똑똑해서 A를 받았다면 다음에도 여전히 똑똑할 것이기 때문에 다음에도 A를 받을 가능성이 높다는 것이다. 반면에 학생이 "이번 과제를 정말 열심히 해서 A를 받았어요"라고 말하는 경우, 이는 불안정한(즉, 일시적인) 요인에 의한 성공이라고 할 수 있다. 다음번에 A를 받을지 여부는 학생이 다음 과제에 얼마나 많은 노력을 기울이느냐에 따라 달라진다.

세 번째는 성공 또는 실패가 모든 영역의 성과에 영향을 미치는 요인 때문인지, 아니면 해당 영역에만 영향을 미치는 요인 때문인지에 대한 귀인의 구체성이다. 예를 들어, 어떤 학생들은 자신의 성공을 지나치게 일반화한다. 이들은 자신이 한 가지를 잘한다는 말을 들었기 때문에 모든 것을 잘할 수 있다고 믿는다. 또한 실패를 지나치게 일반화하여 한 가지에 실패했다고 해서 모든 것에 실패했다고 믿는 학생도 있다. (이 두 가지 모두 일반적 속성이다) 〈표 5-4〉에는 성공과 실패의 속성에 대한 몇 가지 예시가 제시되어 있다(Dweck, 2006 참조).

<표 5-4> 성공과 실패의 귀인 차원

귀인	성공	실패
개인화	**내부**: "좋은 작품이었기 때문에 좋은 성적을 받았습니다." **외부**: "선생님이 저를 좋아해 주셔서 좋은 성적을 받았습니다."	**내부**: "좋은 작품이 아니었기 때문에 낮은 성적을 받았습니다." **외부**: "선생님이 저를 좋아하지 않아서 낮은 성적을 받았습니다."
안정성	**안정적**: "해당 과목을 잘하기 때문에 좋은 성적을 받았습니다." **불안정**: "좋은 성적을 받은 이유는 운이 좋게도 출제된 문제들이 나왔기 때문입니다."	**안정적**: "저는 그 과목에 소질이 없어서 나쁜 성적을 받았습니다." **불안정**: "시험 전에 자료를 검토하지 않아서 나쁜 성적을 받았습니다."
구체성	**구체적**: "저는 그것을 잘하지만, 제가 잘하는 것은 그것뿐입니다." **일반적**: "저는 그것을 잘하기 때문에 모든 것을 잘할 것입니다."	**구체적**: "저는 그런 것에는 소질이 없지만, 다른 모든 것에는 소질이 있습니다." **일반적**: "저는 모든 것에 소질이 없습니다."

　　Carol S. Dweck(2000)과 다른 연구자들은 남학생이 자신의 성공을 안정적인 원인 (예: 능력)으로, 실패를 불안정한 원인(예: 노력 부족 및 불운)으로 돌리는 경향이 약간 더 있다는 것을 발견했다. 이는 많은 남학생이 준비가 덜 된 시험에 높은 자신감을 가지고 접근하는 것을 확실히 설명할 수 있다. 논란의 여지가 있지만 여학생은 자신의 성공을 불안정한 원인(예: 노력)으로, 실패를 안정적인 원인(예: 능력 부족)으로 돌리는 경향이 약간 더 있으며, 이는 앞서 언급한 학습된 무기력으로 이어진다고 한다.

　　남학생과 여학생의 성공 귀인 방식에는 공통점이 많지만, 이들간의 차이점이 전 세계적으로 여학생들의 성취도가 우수한 이유를 부분적으로 설명할 수 있다. 왜냐하면 최고의 학습자들은 성공과 실패를 내부적이고 불안정한 요인, 즉 자신의 노력과 행동에 귀인하기 때문이다. 이들은 "나에게 달려 있다"(내적 요인)와 "나는 할 수 있다"(불안정 요인)고 믿는다. 여학생의 경우 성공에 대해서는 이렇게 생각하지만 실패에 대해서는 그렇지 않은 반면, 남학생의 경우 성공과 실패를 모두 내적이고 불안정한 원인으로 돌리는 경향이 있다(성공은 내적이고 안정적인 원인에 기인하는 반면, 실패는 외부적이고 불안정한 원인에 기인하는 경향이 있음). 현재의 경향과 상관없이 학생들이 "그것은 나에게 달려 있고, 나는 그것에 대해 무언가를 할 수 있다"는 생각을 받아들인다면 교실에서의 학습은 상당히 향상될 것이다. 이와 관련하여 Michael Jordan, Tom Brady, Mike Piazza와 같은 스포츠 선수의 예를 살펴보자.

Michael Jordan이 고등학교 농구 대표팀에서 제외된 것은 사실이 아니지만, 이 시기에 그는 중대한 반전을 경험했다. 그가 다녔던 레이니 고등학교는 메인 대표팀 외에 주니어 대표팀을 운영했다. 대부분의 10학년 학생이 주니어 대표팀에서 뛸 것으로 예상했지만, 그중에서도 재능이 뛰어난 10학년 선수들은 메인 대표팀에서 뛰었다. Jordan과 그의 친구 Smith는 9학년 여름 농구 캠프에 참가했다가 대표팀 코치인 Herring에게서 10학년 대표팀에 도전해 보라는 권유를 받았다. 당시 Smith는 대표팀에 뽑혔지만 Jordan은 선발되지 못했다. 수석 코치는 "Smith는 Jordan보다 농구 실력이 뛰어나지 않았고, 단지 키만 컸을 뿐이었다. 우리 팀에는 키가 큰 선수가 많지 않았고, Smith는 6피트 6인치, 6피트 7인치였는데 …… Herring 감독은 가드는 많지만 키 큰 선수가 필요하다고 생각했다"(Pickeral, 2009).

엄밀히 말하면 Jordan이 대표팀에서 제외된 것은 아니었지만, 2009년 9월 11일 미국농구협회 명예의 전당에 헌액될 때 수락 연설에서 회상했듯이 이 일은 그에게 큰 자극이 되었다.

Smith는 제가 팀에서 탈락했을 때 대신 팀에 뽑힌 사람이었습니다 …… 그는 저와 모든 과정을 함께 시작했지만 그가 팀을 구성했을 때 저는 없었고, 그렇기 때문에 저는 Smith뿐만 아니라 제 자신에게도 증명하고 싶었습니다. 또한 저 대신 Smith를 뽑은 코치에게 '당신이 실수한 거야'라는 것을 확실히 이해시키고 싶었습니다(Michael Jordan, 2009).

Michael Jordan은 중학생과 고등학생 시절에 고등학교 대표팀에서 뛰었고, 전국적으로 두각을 나타내기에 충분하지는 않았지만 1,400점 이상을 기록하는 등 좋은 활약을 펼쳤다. 그러나 3학년이 끝날 무렵, 그는 대학에서 고려 중인 300명의 고교 유망주 명단에 들지 못했다(Bondy, 1999).

Tom Brady는 2000년 미식축구 리그 드래프트 당시 6라운드에야 드래프트되었고 (실제로는 199번째로 지명됨), 그 해에 7번째로 선발된 쿼터백이었다(Massey & Thaler, 2005).

가장 놀라운 사실은 1988년 Mike Piazza가 LA 다저스에 드래프트되었을 때 1,390번째로 지명되었다는 점이다. 즉, 당시 현존하는 26개 메이저리그 야구팀에서 1,389명의 선수가 Piazza보다 먼저 선발되었고, 그 뒤에는 43명의 선수만 선발되었다! 그는 그 해 다저스에 63번째로 드래프트된 선수였고, 당시에는 포수가 아닌 1루수로 드래프트되었다(Epstein, 2013). 포수로서 메이저리그에 진출할 가능성이 더 높다는 것을 깨달은 그는 윈터리그에서 포수로 뛰기 시작했고, 1992년 Anaheim Angels에서 21경기에 출전해 타율 0.232로 준수한 성적을 거두었다. 이듬해에는 내셔널리그 올해의 신인으로 선정되었고, 그 후 14년 동안 평균 타율 0.300 이상을 기록했으며, 통산 427홈런과 1,335타점을 기록하며 역대 최고의 공격 포수로 널리 인정받고 있다.

이 세 사람은 모두 자신의 실력이 부족하다는 피드백을 받았지만, 그 피드백에 직면하여 포기하고 다른 일을 하기보다는 더 발전하기로 결심했다. 이 모든 사례에서는 더 잘해야겠다는 결심이 결정적 역할을 했다.

물론 학생이 피드백을 영구적인 것으로 보는지, 일시적인 것으로 보는지는 학생의 태도에 따라 다르다. 어떤 학생은 피드백을 "넌 충분히 똑똑하지 않아"라는 메시지로 생각할 수 있고, 다른 학생은 같은 피드백을 "넌 아직까지는 충분히 똑똑하지 않아"라고 말하는 것으로 생각할 수도 있다. 중요한 것은 학생이 자신의 잠재력이 현재의 성과에 의해 제한된다고 보는지 아닌지 여부이다.

능력이 고정되어 있다고 믿는 학생은 모든 과제를 자신의 능력을 재확인하거나 보여 줄 수 있는 기회로 여긴다. 교사가 요구하는 것을 성취할 자신이 있다면 그 과제를 시도할 것이다. 그러나 자신의 과제 수행 능력에 대한 자신감이 낮으면 도전을 피할 수 있으며(특히, 다른 사람들이 성공할 것이라고 생각하는 경우), 이는 매일 교실에서 볼 수 있다. 많은 학생은 자신이 멍청하다기보다는 게으르다고 생각하여 과제에 참여하지 않기로 결정한다. 이는 능력이 고정되어 있다는 믿음의 직접적인 결과 이다.

이와는 대조적으로 능력을 점진적으로 성장할 수 있다고 믿는 사람들, 즉 Dweck 이 성장 마인드라고 부르는 사람들은 모든 도전을 배우고 더 똑똑해질 수 있는 기회 로 여긴다. 따라서 이러한 학생들은 실패에 직면했을 때 더 열심히 노력할 것이다 (Dweck, 2006). 이러한 능력에 대한 관점은 모든 경우에 항상 적용되지는 않는다. 예를 들어, 학생들은 수학 능력은 고정되어 있지만 운동 능력은 향상 가능하다고 믿으며, 세단뛰기를 더 많이 훈련할수록 그 운동 능력이 더 많이 증가한다고 생각할 수 있다. 따라서 교사로서 우리가 해야 할 일은 학생들에게 제공하는 피드백이 능력 을 고정된 것이 아니라 향상 가능한 것으로 보는 관점을 가지도록 해 주어, 학생들 이 노력함으로써 더 똑똑해지고 있다는 것을 이해하도록 돕는 것이다. 이러한 피드 백은 기억(그리고 결과적으로 학습)이 어떻게 작동하는지에 대한 이해도 고려되어야 하 는데, 이는 다음 장에서 다룬다.

2) 기억 작동 방식

대부분의 사람은 인간의 기억을 일종의 기록 장치로 생각한다. 경험한 일은 어떤 식으로든 기록되며, 시간이 지남에 따라 지속적으로 새로 고치지 않으면 이러한 기 록은 쇠퇴한다. 사실이나 사건을 기억하지 못하면 그 사실이나 사건에 대한 기억이 너무 쇠퇴하여 사라졌다고 생각하는 경향이 있다. 그러나 상황은 그보다 조금 더 복잡하고 흥미로운 것으로 밝혀졌다.

흔히 사람들은 처음 구입한 자동차의 번호판 번호를 기억하지 못하고 그 번호가 잊혀졌다고 생각한다. 그러나 10개의 차량 번호판 목록을 보여 주면 대부분의 사람 은 자신의 차량 번호판 번호를 쉽게 알아볼 수 있는데, 이것은 실제로 번호를 잊어 버렸다면 불가능할 것이다. 기억은 여전히 남아 있다. 어려운 것은 그것을 인출하는 것이다. 이를 설단 현상2)이라 한다. 사람이 특정 시점에는 무언가를 기억할 수는 없지만 이미 알고 있다는 것을 인식하고 있을 때가 있다. 그런데 회상하려는 시도를 중단하면 이내 기억이 떠오르곤 한다. 다른 것들은 특정 시점에 쉽게 기억할 수 있지만 효과적으로 학습되지 않는다. 예를 들어, 대부분의 사람은 숙박 기간 동안에 호텔 방 번호를 기억할 수 있지만 몇 주가 지나면 기억하지 못한다. 더 중요한 것은 여러 개의 번호 목록에서 그 번호를 골라내지 못한다는 것이다. 숙박 기간 동안에는 번호를 쉽게 기억할 수 있지만, 장기 기억을 변화시킨다는 의미에서 효과적으로 학습된 것은 아니다.

Robert Bjork와 그의 동료들은 거의 40년에 걸친 광범위한 연구 프로그램을 통해 우리의 기억이 실제로 어떻게 작동하는지에 대해 연구했으며, 그 결과는 Soderstrom과 Bjork(2015)의 연구에 잘 요약되어 있다. 이 연구에 따르면, 인간의 기억은 물리적 또는 디지털 저장 메커니즘과는 매우 다르게 작동한다.

예를 들어, 물리적 저장소나 디지털 저장소의 경우에는 인출을 해도 저장된 정보나 다른 정보가 변경되지 않는다. 이와는 대조적으로 과학자들은 인간이 기억에서 무언가를 인출할 때 인출된 자료는 더 기억에 남게 되고, 놀랍게도 인출되지 않은 자료는 나중에 인출되기가 더 어려워진다는 사실을 발견했다.

Robert Bjork는 기억에는 기억하기 쉬운 정도를 결정하는 두 가지 측면이 있는데, 이를 저장 강도와 인출 강도라고 불렀다(Bjork & Bjork, 1992). 인출 강도는 학습한 내용을 얼마나 잘 기억하고 있는지를 나타내는 지표이며, 인출 강도는 특정 시점에 얼마나 쉽게 기억할 수 있는지를 나타내는 지표이다. 저장 강도의 경우에 증가는 가능하지만 뇌 손상을 제외하고는 감소할 수 없다. 반면에 인출 강도는 저장 강도와 다르게 독립적으로 오르락내리락한다. 특정 기억을 사용하지 않으면 인출 강도가 떨어지고, 무언가를 떠올리면 인출 강도가 상승한다. 그러나 인출 강도는 제한되어 있으므로 메모리에서 일부 항목의 인출 강도를 높이면 다른 항목의 인출 강도가 낮아진다.

Robert Bjork와 다른 연구자들의 연구 결과는 다소 난해하고 관련이 없어 보일 수 있지만 학습 전반, 특히 피드백에 큰 영향을 미치는 두 가지 핵심 결과가 있다.

---

2) 역자 주: 설단 현상(tip of the tongue phenomenon)은 이미 알고 있는 개념이나 대상에 대해 설명할 때 언어로 정확히 표현하지 못하고 말이 혀끝에서 맴도는 현상을 의미한다.

첫 번째는 기억에서 항목을 다시 학습하거나 인출할 때마다 저장 강도가 증가하지만, 기억에서 어떤 항목을 성공적으로 인출하면 같은 항목을 다시 학습하는 것보다 저장 강도가 더 증가한다는 것이다. 두 번째는 기억에서 무언가를 인출하는 것이 어려울수록 저장 강도에 긍정적인 영향을 미친다는 것이다. 즉, 기억에서 무언가를 성공적으로 인출하는 것은 인출 강도가 높을 때보다 낮을 때, 즉 학습에서 "바람직한 어려움"이 있을 때 학습자의 정보처리 및 저장능력을 향상시킨다[Robert Bjork(1994)의 기억에 남는 문구, p. 193].

이러한 아이디어는 피드백에 관한 많은 연구 결과를 설명하는 데 도움이 된다. 학생이 오답한 문제에 대해 정답에 대한 정보를 제공하는 피드백은 같은 자료를 다시 공부하는 것과 같다. 학생이 무언가를 기억할 때마다 저장 강도가 증가하기 때문에 학습에 도움이 될 수 있지만, 피드백은 학생 스스로 기억을 인출할 수 있도록 도와주는 것이 더 효과적일 가능성이 높다. 간단히 말해 힌트가 정답보다 더 효과적일 가능성이 높다는 것이다(Finn & Metcalfe, 2010 참조).

피드백 연구의 또 다른 발견은 피드백이 지연될 때 더 효과적이라는 다소 이상한 사실이다. 오랫동안 연구자들은 피드백이 일종의 학습 강화 작용을 하므로 즉각적인 피드백이 지연된 피드백보다 더 효과적일 것이라고 가정했다. 그러나 많은 연구에서 피드백을 지연시키는 것이 더 효과적이라는 사실이 밝혀졌는데, 이를 지연 유지 효과(delay-retention effect)[3]라고도 한다(Kulhavy, 1977). Robert Bjork의 새로운 불사용 이론(new theory of disuse)[4]은 그 이유를 설명한다(Bjork & Bjork, 1992). 피드백을 즉각적으로 제공하면 학습자가 이미 높은 인출 강도를 가지고 있어서 기억이 쉬운 상태에서 피드백을 받게 된다. 하지만 피드백을 지연시키면 인출 강도가 낮아진 상태에서 피드백이 제공되므로, 학습자는 더 많은 인지적 노력을 통해 피드백을 받아

---

3) 역자 주: 지연 유지 효과(Delay Retention Effect)란 피드백을 즉각적으로 제공하는 것보다 지연시켜 제공할 때 학습자가 자신의 오류를 더 깊이 숙고하고 학습 내용을 장기적으로 더 잘 기억하게 되는 현상이다. 이는 학습자의 인지적 처리를 촉진하고 자기주도적 학습을 강화하는 데 효과적이다.

4) 역자 주: 새로운 불사용 이론(New Theory of Disuse)란 기억이 저장 강도(정보의 장기적 저장)와 인출 강도(기억에 접근 가능한 정도)로 구성되며, 저장 강도는 쉽게 감소하지 않지만 인출 강도는 사용 여부에 따라 변화하므로 망각을 정보의 인출 가능성의 문제로 보는 이론이다.

들이게 된다. 이는 저장 강도를 강화하여 장기적인 기억과 학습효과를 높이는 데 기여한다. 즉, 지연된 피드백은 학습 내용의 장기적 유지와 심화학습을 돕는 전략으로 작용할 수 있다.

이 모든 것의 문제점은 이러한 아이디어 중 상당수가 정석에 어긋난다는 것이다. 엘파소 소재 텍사스 대학교의 연속 시간 신호 및 시스템에 관한 상급 공학 과정에 있는 학생들을 대상으로 한 연구에서 학생들을 무작위로 두 그룹으로 나뉘었다 (Mullet, Butler, Verdin, von Borries, & Marsh, 2014). 한 그룹은 과제가 완료되는 즉시 피드백을 받았고, 다른 그룹은 1~2주 후 또는 3~4주 후에 지연된 피드백을 받았다. 즉각적인 피드백을 받은 학생은 기말시험에서 평균 84점, 지연 피드백을 받은 학생은 평균 93점의 점수를 받았으며, 피드백이 짧게 지연된 그룹과 길게 지연된 그룹 간 점수에는 차이가 없었다. 후속 실험에서는 동일한 학생에게 일부 과제에 대해서는 즉각적인 피드백을, 다른 과제에 대해서는 지연된 피드백을 제공했다. 학생들은 즉각적인 피드백을 받은 내용에 대한 시험에서 평균 65점, 지연 피드백을 받은 콘텐츠에 대한 시험에서 평균 81점의 점수를 받았다(이 역시 지연 시간이 길거나 짧을 때 점수에는 차이가 없었다).

그러나 동일한 학생들에게 일부 과제에 대해서는 즉각적인 피드백을 제공하고, 다른 과제에 대해서는 지연된 피드백을 제공한 두 번째 실험에서는 학생의 90%가 즉각적인 피드백을 매우 선호한다고 답했으며, 79%는 즉각적인 피드백을 통해 더 많은 혜택을 받았다고 생각했다(Mullet et al., 2014).

사실 즉각적인 피드백이 더 좋다고 생각하는 것은 학생들뿐만 아니라 많은 교수자도 그렇게 생각하는데, 이는 학습 과제의 수행 수준과 학습량을 구분하지 못하기 때문인 것으로 보인다(Bjork, 1994). 특정 과제를 완료하기 위해 피드백 등의 형태로 학생들에게 많은 지원을 제공하면 해당 과제에 대한 학생들의 수행 수준이 높아진다. 그러나 학생이 그렇게 열심히 노력할 필요가 없기 때문에 발생하는 학습의 양(즉, 저장 강도의 증가)은 감소한다. 반대로 학생이 학습 과제에서 어려움을 겪는 경우에 이 과제에 대한 수행의 질은 떨어지지만 발생하는 학습의 양은 증가한다. 일반적으로 과제 수행의 질과 과제 완료의 결과로 발생하는 학습량 사이에는 반비례 관계가 있다.

이는 교사가 신중한 균형을 유지해야 한다는 것을 의미한다. 학생들은 즉시 피드백을 받는 것을 좋아하지만, 학생이 작업하는 동안에 피드백이 제공되면 피드백이 학생의 사고를 너무 강하게 고정시켜서 문제나 과제를 스스로 해결할 수 있는 능력을 키우지 못하게 할 수 있다. 또한 피드백을 즉시 제공하는 것은 다소 지연된 피드백보다 학생의 학습에 미치는 영향이 적다. 학생의 동기를 유지하기 위해 즉시 피드백을 제공해야 하는 경우도 있겠지만, 여기서 중요한 점은 피드백을 할 때 가능한 한 학생에게 생각을 맡겨야 한다는 것이다. 학생이 과제에서 바람직한 어려움을 극복할 수 있도록 지원하는 것은 단순히 무엇을 해야 하는지 알려 주는 피드백보다 장기적인 학습에 더 큰 영향을 미칠 수 있다.

2. 향후 조치를 위한 안내로서의 피드백

이 모든 것은 효과적인 피드백을 제공하는 것이 매우 어렵다는 것을 시사한다. 피드백을 잘못 제공하면 학생들은 포기하거나, 피드백을 거부하거나, 더 쉬운 목표를 선택할 수 있다. 학생들이 피드백에 참여하더라도 장기적인 목표보다는 단기적인 목표에 초점이 맞춰질 위험이 여전히 존재한다. 그래서 뛰어난 성과를 내는 스포츠 코치들의 지도법이나 접근 방식 사례에 점점 더 관심을 갖게 되었다.

많은 고등학교에서 학업 프로그램에 관여하는 사람들은 학교를 인재 양성소로 취급한다. 그들의 임무는 학생들에게 교육과정을 전달하는 것이다. 어떤 학생은 커리큘럼을 이해하는 데 성공하고, 어떤 학생은 그렇지 못한다. 대부분의 주에서는 고등학교 졸업장을 받기 위해 필수 과목을 통과해야 하지만, 그 외의 과목(예: 대수 2 또는 삼각함수)은 필수 과목이 아니므로 통과하지 못해도 괜찮다. 다시 말해 학교는 정유소처럼 학생들을 여러 계층으로 분류하는 역할을 한다. 운동 프로그램과 관련된 사람들은 이런 일을 할 여유가 없다. 풋볼 코치는 "우리는 쿼터백이 부족해서 올해는 풋볼을 하지 않겠다"고 말할 여유가 없다. 대신 풋볼 코치는 팀이 가진 최고의 쿼터백을 최대한 좋은 선수로 만들고, 다른 모든 포지션에서도 똑같이 하는 것이 자신의 임무라고 생각한다. 다시 말해 육상 코치는 학교를 인재 양성소가 아니라 인재 인큐베이터 또는 인재 공장으로 보는 경향이 있다. 코치의 역할은 단순히 재능을 발굴하는 것뿐만 아니라 육성하고, 나아가 선수 스스로가 생각했던 것보다 더 많은 것을 선수에게서 이끌어 내는 것이라고 생각한다.

코치는 학습을 진전시키는 피드백을 제공함으로써 이러한 역할을 수행한다. 1998년, Paul Black과 Dylan Wiliam은 『블랙박스 내: 교실 평가를 통한 기준 높이기(Inside the Black Box: Raising Standards Through Classroom Assessment)』를 출간했을 때, 학습 중 피드백은 성적이 아닌 코멘트의 형태로 제공할 것을 권장했고, 많은 교사가 이를 마음에 새겼다. 하지만 안타깝게도 많은 경우에 피드백이 특별히 도움이 되지 않았다. 일반적으로 피드백은 향후 학습을 개선하기 위해 무엇을 해야 하는지에 대한 내용보다는 제출한 과제의 부족한 부분(학생이 다시 제출할 수 없는 부분)에 초점을 맞추는 경우가 많았다. 이러한 상황에서 피드백은 앞 유리를 통해 보는 것이 아니라 백미러를 통해 보는 장면과 같다. 또는 Douglas Reeves가 말했듯이, 그것은 마치 치료를 받는 것과 사후 부검의 차이와 같다(D. Reeves, 개인 대화, 2008년 10월 31일 인용).

피드백은 학습자가 피드백을 받은 정보를 사용하여 성과를 개선하는 경우에만 형성적으로 기능한다. 교육자가 학습자에게 피드백한 정보가 학습자에게 도움이 되기를 의도했지만, 학습자가 이를 활용하여 성과를 개선하지 못한다면 피드백은 형성적인 기능을 하지 못한다. 과학 과제에 대한 교사의 피드백을 보고 있던 한 중학생과 이야기를 나눈 기억이 난다. 선생님은 "과학적 탐구 계획을 좀 더 체계적으로 세울 필요가 있다"고 적었다. 학생에게 그 말이 무슨 뜻이냐고 물었고, 학생은 "모르겠어요. 더 체계적으로 하는 방법을 알았다면 처음부터 더 체계적으로 했을 거예요"라고 대답했다. 이런 종류의 피드백은 정확하지만(어떤 일이 일어나야 하는지를 설명하는 것), 학습자가 피드백을 사용하여 개선하는 방법을 모르기 때문에 도움이 되지 않는다. 이는 실패한 코미디언에게 더 웃기라고 말하는 것과 비슷하다. 정확하지만 특별히 도움이 되지 않는 조언이다.

다시 말하지만 학업과 운동 프로그램 간의 이러한 관행의 차이점은 분명하다. 한

젊은 소프트볼 선수의 평균자책점(ERA)이 10으로 부진하다고 가정해 보자. 코치가 어느 고등학교 선생님과 같다면 "내가 충고 하나 해 줄게. 방어율을 낮춰야 해"라고 말할지도 모른다. 정확하지만 도움이 되지는 않는다. 그 선수는 평균자책점을 낮춰야 한다는 것을 알고 있지만 그 방법을 알아야 한다.

코치는 선수의 투구를 보고 그녀가 라이징 패스트볼을 던지려다 실패했기 때문에 많은 실점을 허용하고 있다는 것을 깨달을 수 있다. 라이징 패스트볼은 공의 회전이 너무 커서 타석에 도달할 때 공이 급격하게 상승하여 타자가 맞히기 어렵게 던지는 직구이다. 물론 공이 올라가지 않으면 그냥 타석 중앙을 지나는 직구이기 때문에 많은 안타를 맞을 수 있다. 그래서 코치는 투수에게 "뭐가 잘못되었는지 알아. 라이징 패스트볼이 문제야. 공이 올라가지 않아"라고 말한다. 다시 말하지만 이 조언 역시 정확하지만 여전히 도움이 되지 않는다.

그러나 코치가 투수에게 "투구 동작이 무릎 아래에서 공을 던질 만큼 자세를 아래로 낮추지 않고 있다"고 말하면 선수는 이를 개선할 수 있다. 효과적인 피드백의 비결은 무엇이 잘못되었는지를 말하는 것만으로는 충분하지 않으며, 피드백이 효과적이려면 향후 행동을 위한 레시피를 제공해야 한다는 것이다.

이는 피드백이라는 용어의 기원에 내재되어 있는 것으로, 피드백은 영어의 엔지니어링에서 차용한 용어이다. 이 용어는 100년 이상 사용되어 왔지만(Wiliam, 언론보도 참조), 수학자이자 철학자인 Norbert Wiener(1948)가 이 용어를 사용하면서부터 널리 퍼지게 되었다. 엔지니어링에서 사용되는 피드백의 중요한 특징은 피드백 루프(feedback loop)의 일부를 형성한다는 것이다. 온도조절기를 사용하여 실내 온도를 조절하는 것이 피드백 루프의 대표적인 예이다.

이 시스템에는 다음과 같은 네 가지 핵심 요소가 있다.

① 원하는 상태를 설정하는 수단(온도 설정)
② 현재 상태를 확인하는 수단(온도계)
③ 현재 상태와 원하는 상태를 비교하는 수단(온도조절기)
④ 현재 상태를 원하는 상태(용광로 또는 냉각시스템)로 일치시키는 수단

엔지니어에게 현재 상태와 원하는 상태 간의 불일치에 대한 정보는 피드백 루프 내에 현재 상태를 원하는 상태에 더 가깝게 만드는 메커니즘이 없으면 쓸모가 없다. 교육 분야에서는 학생의 현재 성취도에 대한 모든 정보를 피드백이라고 부른다. 단지 학생에게 현재의 수행이 도달해야 하는 수준에 미치지 못한다고 말하는 것은 엔지니어가 인식하는 피드백과 차이가 있다. 만약 온도조절장치가 용광로에 연결되어 있지 않다면 피드백 루프가 없기 때문에 엔지니어는 아무런 피드백을 얻지 못한다.

피드백이 미래 행동을 위한 안내로 효과를 보이기 위해 교사는 학습이 향상 방향으로 진행될 수 있도록 피드백을 설계해야 한다. 바꿔 말해 피드백은 반드시 향상 모델을 구체화해야 하며, 여기서도 다시 육상 코치의 잘 설계된 지도 프로그램을 예로 들 수 있다. 피드백이 현재 상태와 목표 상태를 명확히 하는 것만으로는 향상을 돕는 데 충분하지 않다. 운동 코치는 선수를 현재 상태에서부터 목표 상태에 도달하도록 돕는 일련의 활동 과정을 설계해야 한다.

운동 코치는 소프트볼이나 야구의 더블 플레이처럼 복잡한 활동을 지도할 때 활동의 각 구성 요소를 분류한다. 선수들은 특정한 구성 요소에 능숙해질 때까지 연습해야 하고, 이후 코치는 구성 요소들을 조립하듯 연결한다. 코치는 더블 플레이가 잘 실행될 수 있는 과정에 대한 명확한 개념을 가지고 있을 뿐 아니라, 양질의 더블 플레이를 위한 해부학적 구조도 이해하고 있다. 코치는 높은 수준의 운동 수행을 보며 자신의 운동선수의 훈련을 위한 일련의 세부 요소 단위로 쪼개어 구성할 수 있다.

학생이 현재 도달한 수준에서 앞으로 도달해야 할 수준까지의 긴 학습 여정을 일련의 작은 단계로 세분화할 수 있는 이 기술 개발은 가장 유능한 코치라고 하더라도 몇 년이 걸린다. 최고의 코치들은 자신의 운동선수들을 더 잘 훈련시킬 수 있는 방법을 항상 배우고 있다고 말한다. 그러나 학생의 학습 향상을 위해 어떤 부분을 개선해야 하는지 정확히 지적할 수 있는 교사나 운동 코치의 경우에도 해당 수행을 개선하려는 좋은 시도에 실패를 경험하기도 한다. 이유는 인간의 기억이 작동하는 방식을 고려하지 않기 때문이다.

3. 실제적 기법

피드백에 대한 모든 연구를 하나의 단순하고 포괄적인 아이디어로 요약해야 한다면 적어도 학교의 교과 교육에서만큼은 피드백이 생각을 유발해야 한다는 것이다. 이번 절에서 논의하는 지도 방법들은 어떤 식으로든 학생이 주어진 피드백에 감정적으로 반응하기보다 생각하도록 유도하기 때문에 효과가 있다. 여기서 다룰 실제적 기법에는 +, =, -(plus, equals, minus), 향후 행동에 대한 피드백(feedback for future action), 세 가지 질문(three questions), 피드백 활용 기법(techniques for utilizing feedback), 학습을 지원하는 성적 부여 방법(grading practices that support learning)이 있다.

1) +, =, -

앞서 언급한 Ruth Butler(1988)의 두 연구 중 학생들에게 의견, 점수 또는 둘 다 제공한 첫 번째 연구에 대해 교사들과 이야기할 때 나는 이렇게 질문한다. "학생들이 성적표를 받으면 코멘트와 점수 중 어느 쪽을 먼저 봤나요?" 물론 그것이 점수라는 것은 누구나 알고 있다. 흥미로운 것은 학생이 그다음 본 것이다. 학생들은 자신의 점수를 본 후 다른 사람의 점수를 봤다.

학생들은 자신을 다른 사람과 비교하는 순간에 새로운 것을 배우기보다는 자신의 행복감을 보호하는 데 온 정신을 집중한다. 내가 함께 일한 한 학교의 교장선생님은 2주마다 각 학생의 학업성취에 점수나 등급을 부여했다. 교사들은 각 성적 산출 기간이 끝날 때 학생들에게 전통적인 문자 성적을 주지만, 성적 평가 기간 동안에는 '+, =, -'라는 등급 체계를 사용했다. 교사는 과제에 관한 의견과 함께 학생이 제출한 과제의 수준이 동일한 주제의 이전 과제보다 좋지 않은지, 거의 같은지, 더 나은지에 따라 -, = 또는 + 기호를 제시했다. A등급을 받던 학생은 '+'를 받기 위해 더 열심히 공부해야 하므로 일반적으로 이 시스템을 싫어했다. 성적이 우수한 학생들이 '=' 또는 '-'를 받았는데, 상대적으로 성취도가 낮은 학생들이 '+'를 받을 수 있다는 점은 매우 흥미롭다. 이러한 채점 체계의 중요한 특징은 교사가 학생이 자신의 성취를 다른 학습자와 비교하며 학습에 미치는 영향력이 덜한 방법보다는 학생이 개선할 수 있는지 여부와 학생이 스스로 통제할 수 있는 부분에 관해 피드백 한다는 것이다.

2) 향후 행동에 대한 피드백

피드백이 효과적이려면 학생이 과제를 얼마나 잘했는지에 초점을 맞추는 것이 아니라 다음 단계에 주의를 기울여야 한다. 이는 일반적인 교실에서는 거의 발생하지 않는다. 어떤 상황에서는 피드백이 형성적인 도구가 아니라 처벌로 간주되기도 한다. 한 수학 교사가 5학년 학생과 나눈 대화에 관해 이야기한 적이 있다. 그 학생은 "과제에 대해 많은 피드백을 받으면 과제가 그다지 좋지 않다는 의미예요"라고 말했다. 다소 의외의 답변이라서 추가 설명을 요청했을 때 학생은 교사가 성공한 과제에는 보통 높은 등급과 "잘했어"라는 의견을 제시하는 반면, 성공적이지 못한 과제에는 많은 피드백이 적힌 과제를 돌려준다고 답했다. 이 학생에게는 피드백이 많을수록 과제의 질적 수준이 낮다는 의미가 된다. 다수의 교실에서 교사는 학생들에게 숙제를 수정하도록 요구하고 성취가 높은 학생은 할 일이 없도록 한다. 이런 식으로 피드백을 사용하면 피드백은 실제로 처벌이 된다.

그러나 교사가 피드백의 개념을 향후 행동을 위한 안내로 받아들인다면 피드백이 건설적으로 작동하도록 만드는 방법을 쉽게 알 수 있다. 수업 시간에 피드백을 활용하여 학생이 과제를 개선할 시간을 주지 않을 때는, 학생들에게 피드백을 주지 않도록 한다. 그러면 피드백은 학생의 과제가 얼마나 잘 또는 얼마나 형편없는지에 대한 평가가 아니라, 학생들이 미래에 이어지는 학습에 관한 통제권(주도성)을 갖는 "다음에 해야 할 것은 무엇인가?"의 의미가 될 수 있다.

3) 세 가지 질문

세 가지 질문 방법은 학생의 글에 응답할 때 특히 효과적인 구조화 기법 중 하나이다. 교사는 각 학생의 과제를 읽으며 학생이 반영했으면 하는 내용이 있을 경우 해당 지점에 번호를 써준다. 학생의 과제 아래에 교사는 번호와 함께 세 개의 질문을 적고, 각 질문 밑에는 학생의 응답을 위한 공간을 남겨 둔다. 그리고 나서 학생은 다음 수업을 시작할 때 10분 또는 15분 동안 교사가 제기한 세 가지 질문에 답하는 시간을 가진다. 이 기술의 중요한 특징은 학생의 학업성취 수준이 얼마나 좋거나 나쁜지에 상관없이 모든 학생이 해야 할 공부량이 동일하다는 것이다. 이제 피드백은 더 이상 사후 분석이 아니라 건강 검진에 가까워진다.

4) 피드백 활용 기법

이번 아이디어는 "다음에 해야 할 것은 무엇인가?"에 관한 피드백으로, 현재 관행의 또 다른 단점을 해결해 줄 수 있는 방법이다. 나는 종종 교사들에게 학생이 주어진 피드백을 사용하는 데 교사가 할애한 시간만큼 많은 시간을 보낸다고 생각하는지 물어본다. 일반적으로 교사 1% 미만이 그럴 것으로 생각하는데, 이는 변경되어야 한다.

효과적이고 활용 가능한 교실 피드백의 첫 번째 기본 원칙은 **피드백을 주는 사람보다 받는 사람에게 더 많은 일이 되어야 한다**는 것이다. 학생들에게 성적이나 점수보다 의견을 주는 것은 분명 유용하지만, 대부분의 교사는 여전히 학생들이 의견을 읽도록 하는 것이 어렵다고 생각한다. 한 고등학교 교사는 학생의 학업성취 정도를 점수가 아닌 의견으로 제시했지만, 학생이 자신의 의견에 대해 크게 관심을 기울이지 않는 것이 불만족스러웠다. 그래서 교사는 피드백을 제공하는 방식에 작지만 매우 강력한 변화를 주었다. 학생들이 셰익스피어의 연극에 대한 에세이 과제를 제출했을 때, 피드백을 학생의 공책에 적는 대신 별도의 종이에 적었다. 그 후 4명의 학생으로 구성된 그룹마다 4개의 에세이와 4개의 피드백이 적힌 종이를 나누어 주고, 학생이 직접 어느 피드백이 어느 에세이에 관한 내용인지 찾도록 했다. 학생들은 적어도 처음에는 별도의 종이에 적힌 피드백 내용이 자신의 과제와 관련된 것인지, 친구의 과제에 관한 것인지 몰랐기 때문에 피드백을 개인적으로 받아들이기보다는 피드백 내용 자체에 집중했다. 또한 다른 친구의 에세이에 어떤 피드백이 주어졌는지 확인하는 것은 학생들이 더 성공적인 과제의 특징을 이해하는 데 더 많은 도움이 되었다.

효과적인 피드백의 두 번째 원칙은 **명확하고 특정한 주제나 목표에 집중해야 한다**는 것이다. 우리는 일반적으로 학생들에게 피드백을 많이 제공하지만(엔지니어는 그렇지 않을 수도 있지만), 일반적으로 피드백은 중간 정도의 질적 수준이며 학생들에게 피드백을 활용하도록 요구하지 않는다. 피드백을 줄 때 적게 주는 것이 좋을 수 있다. 나는 처음 교사를 가르치게 되었을 때 이것을 어렵게 배웠다. 나는 예비 교사들과 함께하며 교육 기간 동안 그들을 관찰했다. 교실 뒤쪽에 앉아 예비 교사들이 수업 중에 범하는 모든 오류를 열심히 기록했고, 종종 45분 수업에서 교사가 범하는 오류에 관해 3쪽이나 되는 의견을 작성하기도 했다. 수업이 끝나면 나는 불운한(?) 예비 교사에게 이 멋진 피드백을 줄 것이다. 나는 나의 멋진 피드백이 효과가 없는 것 같아 답답했다. 그러나 얼마 후 나는 내가 너무 많은 피드백을 주는 것이 문제라는 것을 깨달았다. 그래서 더 적은 양의 집중된 피드백을 제공해야 했다. 나는 이렇게 말하기 시작했다. "앞으로 2주 동안, 여러분이 두 가지 일을 하기 바랍니다. 첫째, 여러분이 수업에서 중요한 지시를 내리기 전에 학생들이 펜을 내려놓도록 하세요. 둘째, 학생들이 이야기할 때 말을 하지 않도록 하세요. 여러분이 말할 때 학생들이 서로 말을 시작하면 말을 멈추십시오." 나는 더 적은 피드백으로 집중력을 높여 더 많은 영향을 주었다.

세 번째 원칙은 **피드백이 교사가 학생들과 공유한 학습목표와 관련되어야 한다**는 것이다. 교사가 채점 루브릭을 제공하는 경우에 피드백이 해당 루브릭과 관련 있다는 것이 중요하다. 과제에 대한 학습 의도와 성취기준이 있는 경우에 피드백은 이를 반복해야 한다. 이것은 명백하게 들리지만, 나는 교사가 학생에게 루브릭이나 성취기준을 제공하면서도 학생들에게 피드백을 구성하는 데 이를 사용하지 못하는 것을 수도 없이 보았다. 수학 교사는 의견이 적힌 문장으로만 채점하는 아이디어가 언어나 사회 등 인문 과목에는 잘 작동할지 모르지만 수학 교과에는 적합하지 않다고 생각할지 모른다. 학생이 20개의 방정식을 풀면 교사가 그중 15개 옆에 체크 표시를 하고, 나머지 5개 옆에 ×표시를 하면 학생은 교사가 75% 성취라고 표시하지 않더라도 20개 만점에 15개를 맞혔다고 점수를 계산할 수 있다. 그러나 앞서 언급했듯이 중요한 것은 피드백의 형식이 아니라 피드백이 학생에게 미치는 영향이다. 각 해결책 옆에 체크나 ×표시를 하면 학생이 할 일은 틀린 문제를 고치는 것 이외에 아무것도 남지 않는다. 대안은 학생에게 전체 문항 중 다섯 문항이 틀렸으니 틀린 문항을 찾아서 고치라고 하는 것이다. 이 방법은 특히 수학에 적합하다. 풀이가 정확한지 여부를 확인하는 것은 원래 방정식에 변수를 다시 대입해 보면 되기 때문이다. 하지만 이 방법은 다른 과목에도 쉽게 적용할 수 있다. 글의 초안을 검토할 때 국어 선생님은 주의가 필요한 부분이 있는 문장의 줄 여백에 점을 찍을 수 있다. 성취가 낮은 학생의 경우 점 대신에 문법상의 오류는 g, 철자 오류는 s, 구두점은 p 등으로 대체하여 피드백을 차별화할 수 있다. 중요한 점은 피드백이 집중되고, 주는 사람보다 받는 사람에게 더 많은 일이며, 감정 반응보다 생각을 유발한다는 것이다.

이러한 피드백 기술은 학생의 학습을 앞으로 나아가게 하는 방법으로, 피드백을 보다 효과적으로 만들 수 있다. 그러나 대부분의 학교 및 대학에서 성적 부여라는 가장 중요한 피드백의 종류를 바꾸지 않는 한 이는 훼손될 것이고, 골치 아픈 사안이 될 것이다.

5) 학습을 지원하는 성적 부여 방법

앞서 논의된 연구에서 대부분의 중학교와 고등학교에 널리 퍼진 성적 부여 방법이 실제로 학생 성취도를 낮추고 있다는 것이 분명해야 한다(Butler, 1987, 1988). 설상가상으로 전형적인 성적 부여 방법은 학생들이 알고 있는 것을 교사에게 알려 주는 것조차 하지 않는다.

잠시 동안 8주 단위로 성적을 평가하는 학교에서 학생들이 매주 성적을 받고 있다고 상상해 보라. Lesley는 4개의 A로 시작했지만, 4개의 C로 끝났다. 물론 전반적으로 그녀는 B를 받았다. 반면에 Chris는 4개의 C로 시작했지만 4개의 A로 끝났고, 그도 B를 받았다.

그러나 누가 더 많은 것을 배웠나? 전반적인 성취도 측면에서 마지막 A를 4개 받은 Chris는 채점 기간 동안 학습 내용을 숙달한 것으로 보이며, 실제로 A를 받을 자격이 있다. 반대로 학습의 마무리 단계에서 4개의 C를 받은 Lesley는 내용을 숙달한 것과 거리가 먼 것처럼 보이지만 시작이 좋았기 때문에 B를 받았다. 사실 우리의 현재 성적 부여 방법은 학생들의 성취도를 정확하게 표시하여 제공한다는 한 가지 역할도 제대로 하지 못한다.

우리는 성적을 없앨 수 없다. 대학의 입시 체계는 성적에 의존한다. 하지만 우리가 할 수 있는 것은 학생의 학습을 지원하면서 학생 성취도에 대한 정확한 정보를 제공하는 더 스마트한 성적 시스템을 설계하는 것이다. 이제 더 스마트한 성적 부여 체계를 위한 세 가지 방법, 즉 ① 학습 이후의 성적 부여, ② 학습 요구에 따른 부여, ③ 성적 하락을 반영하는 평가 방식에 대해 논의할 것이다.

(1) 학습 이후의 성적 부여

학생의 학습을 지원하면서 정확한 성적을 제공하는 핵심은 Alfie Kohn(1994)이 요약한 원칙인 "아직 배우는 동안 학생들에게 성적을 알려주지 마십시오"이다. 학생이 성적을 받자마자 학습은 중단된다. 우리가 이 사실을 선호하지 않더라도 여기서 검토한 연구는 이것이 인간의 마음이 작동하는 방식에 대한 비교적 안정적인 특징임을 보여 준다. 따라서 우리는 이러한 사실에 기반하여 평가 시스템을 설계해야 한다.

만약 성적이 학습을 중단시킨다면 학생들은 가능한 한 드물게 성적을 받아야 한다. 고등학교에서 학기당 한 번 성적을 주는 것에 대해 논쟁이 있을 수 있지만 확실히 그 이상은 아니다. 중학교에서는 1년에 한 번 성적을 매기는 경우가 있을 수 있지만, 초등학교에서는 성적을 사용하는 것이 전적으로 부당하고 불필요한 것으로 보인다.

많은 관리자가 이것을 알고 있지만 부모들이 원한다고 믿기 때문에 성적 통지를 계속 의무화하고 있으며, 학부모 설문조사는 성적 통지에 대한 찬성 입장을 보여 주지만 이것은 성적이 제공하는 이점에 대한 정보를 알고 선택한 것이 아니다. 부모는 자녀가 학교에서 어떻게 지내고 있는지 알고 싶고, 성적이 유일한 방법이라고 생각하기 때문에 성적을 알고 싶어하는 경우가 많다. 그러나 부모는 자녀의 성적이 무엇을 의미하는지 전혀 모른다. 반세기 전에 Paul Dressel(1957)이 언급한 바와 같이 말이다.

> 성적은 학생이 불확실한 자료의 알 수 없는 비율에 대해 정의되지 않은 숙달 수준을 작성한 것으로, 성적은 편향되고 변하기 쉬운 판단을 담은 부정확한 평가 내용의 부적절한 보고서로 간주될 수 있다.

성적에만 매몰된 학생은 성적을 원하지만, 건강하지 못한 관계에서 상호 의존적이 되도록 내버려두기보다는 애초에 학생이 성적에 중독되지 않도록 하는 것이 분명 더 나을 것이다.

(2) 학습 요구에 따른 성적 부여

우리에게는 학생들의 학습을 지원하면서 기록한 데이터를 처리하여 교사, 학생 및 학부모가 학생의 현재 학습 도달 수준을 결정하는 데 유용하게 설계된 학급 평가 시스템이 필요하다. 이러한 세부적인 증거는 언제든지 총괄평가 같은 성적 결과를 위해 집계될 수 있다. 그러나 학업성취 결과에 대한 총괄평가 성적표를 학습에 관한 요구 사항으로 변경하는 것은 불가능하다.

예를 들어, 수영장에서 학생을 관찰하는 수영 교사가 학생 명부의 첫 번째 열에 학생의 이름을 나열하고 나머지 4개의 칸에 팔, 다리, 호흡 및 타이밍으로 제목을 적었다. 그녀는 각 학생을 관찰하면서 수영의 해당 측면에서 학생이 나타내는 능력 수준에 따라 각 열에 0, 1 또는 2를 입력했다. 그녀는 원한다면 점수를 합산하여 각 학생에게 총 8점 만점을 줄 수 있지만, 누군가가 8점 만점에 7점을 받았다는 것을 아는 것은 교육을 계획하는 데 쓸모가 없다. 반면에 학생이 팔, 다리, 호흡은 괜찮지만 타이밍에 주의가 필요하다는 것을 아는 것은 교사에게 유용하다(또한 이 반을 가르치는 것을 다른 교사가 이어받아야 하는 경우에는 후임 교사에게도 유용할 것이다).

중학교 과학 전문가인 Jacki B. Clymer와 저자는 이러한 원리가 과학 교실에서 어떻게 구현될 수 있는지 설명했다(Clymer & Wiliam, 2006/2007). 각 평가 기간 동안, 교사는 주요 학습 결과를 확인한다. 예를 들어, 첫 번째 평가 기간 동안 총 10개의 관심 영역을 채택할 수 있다(이 중 일부는 여러 학습 결과를 포함할 수 있음).

① 실험 도구의 적절한 사용
② 미터법의 단위 변환 및 라벨링
③ 밀도 계산
④ 밀도의 적용(부상, 가라앉음, 축성, 열팽창)
⑤ 특성으로서의 밀도
⑥ 물질의 상태 변화(분자 수준)
⑦ 기체 법칙
⑧ 커뮤니케이션(그래프) 작성
⑨ 커뮤니케이션(실험 보고서) 작성
⑩ 탐구 기능

10개의 관심 영역 각각에 대해 교사는 증거의 출처를 확인한다. 예를 들어, 실험실 장비의 적절한 사용에 대한 증거는 관찰, 안전에 대한 숙제, 학생들이 작성한 실험 보고서에서 나온다. 수집된 증거를 기반으로 교사는 각 학생의 각 영역을 0(숙달의 증거 없음), 1(숙달의 일부 증거) 또는 2(숙달의 강력한 증거)로 점수를 매기고, 이러한 데이터를 스프레드시트에 보관한다. 교사는 스프레드시트의 '조건부 서식' 기능을 사용하여 셀에 2가 있는 경우 녹색, 1이 있는 경우 노란색, 0인 경우 빨간색으로 셀을 강조 표시한다. 그 결과는 [그림 5-2]와 같이 수업의 성과를 즉시 요약한 것이다. 성적 산출 기간에는 10개의 영역이 있으므로 각 학생의 총계를 20으로 나누어 백분율을 계산한 해당 시점에서 성적 산출 기간이 종료될 경우의 성적을 표시할 수 있다. 그러나 학생들은 성적 산출 기간이 끝나기 전에 언제든지 자신의 역량에 대한 추가 증거를 제공할 수 있다. 예를 들어, 만약 학생이 A를 받기 위해 무엇을 해야 하는지 알고 싶어 한다면 교사는 그 학생이 부분적으로 숙달했다고 표시된 세 가지 영역에서 숙달 증거를 제공하는 것이라고 빠르게 말할 수 있다.

성	이름		실험 도구의 적절한 사용	미터법의 단위 변환 및 라벨링	밀도 계산	밀도의 적용	특성으로서의 밀도	물질의 상태 변화	기체 법칙	그래프 작성	실험 보고서 작성	탐구 기능	퍼센트	성적
		시기	1	1	1	1	1	1	1	1	1	1		
		산출물	1	2	3	4	5	6	7	8	9	10		
Allen	James		2	2	2	1	2	2	2	1	1	0	75%	C
Ayears	Liam		2	2	2	2	2	0	1	1	0	1	65%	D
Baldwin	Lee		1	2	2	2	2	2	2	1	1	0	75%	C
Bettany	Emma		2	2	1	2	2	2	2	2	1	1	85%	B
Birch	Leah		2	1	2	2	2	2	1	1	0	0	65%	D
Burns	Robert		2	2	1	1	2	0	1	1	0	0	50%	D
Cobern	David		2	2	2	2	2	2	2	1	0	1	80%	B
Creasey	Simon		1	2	2	2	2	2	1	1	0	0	65%	D
Darby	Hannah		1	2	2	2	2	2	1	2	1	1	80%	B
Eastwood	Luke		1	2	1	2	2	1	2	1	0	0	60%	D
Ferguson	Mark		2	2	2	2	2	2	2	2	0	1	85%	B
Forbes	Sarah		1	0	1	0	2	1	2	1	0	0	40%	D
Goodger	Mark		2	2	2	2	2	2	2	2	2	1	95%	A
Hall	Mark		1	2	2	2	1	2	2	2	2	1	85%	B
Howells	Georgie		2	2	2	2	2	1	2	1	0	0	70%	C
Hudson	Kirsty		2	2	1	2	2	1	2	2	0	0	65%	D
Hurley	Victoria		1	2	0	0	2	1	2	0	0	2	50%	D
Langan	Jennifer		2	2	2	2	2	2	2	2	1	1	90%	A
Larkin	Andrew		1	1	0	2	2	2	2	2	0	0	55%	D
Leach	Jonathan		2	2	1	2	2	2	1	2	0	1	75%	C
Lowings	Charlotte		2	1	0	2	2	2	2	1	2	1	75%	C
Mcglashan	Scott		1	2	1	1	2	1	2	0	0	0	50%	D
Parr	Amy		2	2	1	2	2	2	2	2	1	0	75%	C
Ringham	Grace		0	1	0	2	2	1	1	1	0	0	40%	D
Rosamond	Lee		1	2	2	2	2	2	2	1	0	0	70%	C
Rose	Peter		1	2	1	2	2	2	2	2	1	1	80%	B
Ryder	Thomas		2	1	2	1	2	1	2	2	0	1	70%	C
Skeats	William		1	2	2	1	2	2	2	2	2	2	90%	A
Walton	Emma		2	2	2	2	2	2	2	2	2	2	100%	A
		평균	76%	86%	71%	84%	98%	78%	88%	69%	29%	31%		

[그림 5-2] 학습 요구에 따른 성적 부여 체계 예시

평가 기간이 끝나면 학생들은 그 시점까지 수집된 증거를 확인하는 시험을 치른다. 시험의 성적이 수업에 기초하여 표시된 것과 다른 수준의 숙달을 나타낼 때, 교사는 이것을 (예를 들어, 점수를 평균하는 것이 아니라) 추가적인 조사가 필요한 문제로 취급한다. 일반적으로 교사는 문제에 대한 학생의 이해 정도를 조사하기 위해 학생을 인터뷰할 것이다.

아마도 그러한 채점 시스템의 가장 큰 영향은 교사와 학생 모두가 장기적인 학습에 대해 생각하도록 강요한다는 것이다. 학생이 성적 산출 기간 초반에 무언가에 대한 숙달을 보여 주었지만 나중에 그렇게 하지 못하면 성적이 떨어질 수 있다. 이것이 바로 우리가 이 학급의 시스템 구현에 대한 연구에서 발견한 것이다. 학생들은 자신의 학습을 모니터링하는 데 더 적극적이 되었다. 교사와 친구 모두에게 명확한 설명을 자주 요청했고, 교사를 판사보다는 코치로 여겼다. 학생의 성취도 역시 상승했다(Clymer & Wiliam, 2006/2007).

(3) 성적 하락을 반영하는 평가 방식

이 성적 부여 시스템의 중요한 특징은 대부분의 채점 시스템에 존재하는 효과, 즉 특정 과제에 대한 학생의 성적이 절대 떨어질 수 없다는 생각인 라쳇 효과(ratchet effect)를 방지한다는 것이다. 학생이 과제를 여러 번 다시 제출할 수 있고 불이익 없이 과제를 개선할 수 있는 경우에 이는 부정적인 결과를 초래할 수 있다. 예를 들어, 많은 고등학교에서 학생들은 매우 질이 낮은 과제를 제출하고 이에 대한 피드백을 받고 나면 합격 점수를 위해 과제를 개선할 수 있다는 것을 알고 있다. 이러한 시스템의 문제는 학생들이 두 번째 과제 제출에서 항상 교정이 가능하기 때문에 첫 번째 과제 제출을 최대한 좋게 만들 동기가 없다는 것이다. 학생이 과제를 여러 번 다시 제출할 수 있도록 허용하는 지역에서는 이러한 문제를 방지하는 시스템을 만드는 것을 고려해야 한다. 한 체육 교사는 원래 제출물이 아무리 형편없더라도 다시 제출하면 합격 점수를 받을 수 있는 방식으로 구성된 채점 루브릭을 설계했다. 그러나 그 교사의 시스템에는 [그림 5-3]과 같이 첫 번째 제출물이 더 좋을수록 최종 점수가 더 높아지도록 하는 아이디어가 반영되었다.

		첫 번째 제출 점수				
		A	B	C	D	F
두 번째 제출 점수	A	A	A	B	C	C
	B	B	B	C	C	D
	C	C	C	C	D	D
	D	D	D	D	D	F
	F	F	F	F	F	F

[그림 5-3] 첫 번째 제출과 개선을 모두 장려하는 채점 체계의 예시

　유사한 동기를 제공하는 또 다른 방법은 성적 배점의 50%를 첫 번째 제출에 할당하고, 피드백에 응답한 두 번째 과제에서 나타난 개선에 50%를 할당하는 것이다.

　일부 교사는 수준이 높지 않은 작업에 만족해야 하는지 의문을 제기한다. 한 과학 교사는 학생의 성취 결과를 채점할 때 평가기준으로 A 하나만 사용하는데, A를 표시하지 않을 경우 아직 평가할 준비가 되지 않았다는 메모와 함께 결과가 개선될 수 있는 몇 가지 제안을 적어 준다. 물론 A를 받기 위해 여러 번의 시도가 필요한 학생들은 시간이 부족할 수도 있고 과제를 덜 완수할 수도 있지만, 이 교사가 모든 학생에게 보내는 메시지는 오직 최고만이 충분하다는 것이다. 더 중요한 것은 교사가 학생들에게 보낸 메시지 안에 비록 다른 친구보다 더 많은 안내나 지원이 필요하더라도 훌륭한 성취 결과에 도달할 수 있다는 의미가 담겨 있다는 점이다. 요약하면 교사는 양보다 질을 강조한다.

4. 결론

　피드백이라는 단어는 시스템의 현재 상태에 대한 정보가 미래 상태를 개선하는 데 사용되는 상황을 설명하기 위해 엔지니어링에서 처음 사용되었으나 대부분의 사람은 간과하고 있다. 대신 학생의 과거 수행에 관한 모든 정보가 일상적으로 유용한 것처럼 간주되고 있다. 그렇지 않은데도 말이다. 이번 장에서는 실험 연구 5건 중

2건에서 사람들에게 제공된 수행에 관한 정보가 이후 성취를 낮추는 것을 확인했다. 또한 학생들에게 피드백을 제공할 때 일어날 수 있는 일이 여덟 가지 반응 중에서 여섯 가지는 긍정적이지 않다는 것을 살펴보았다(〈표 5-2〉 참조).

　이번 장에서 효과적인 피드백을 제공하는 몇 가지 방법을 소개했다. 그러나 피드백에 관한 선행 연구 결과에 주의를 기울인다면 교사는 더 많은 피드백 방법을 생각해 낼 수 있을 것이다. 피드백을 활용하여 학생의 학습을 향상시키려면 피드백은 학생에게 감정 반응이 아니라 인지 반응을 유발해야 하고, 바람직한 어려움을 만들어 학생을 생각하도록 이끌어야 한다. 피드백은 주는 사람보다 받는 사람이 더 많은 일을 해야 하며, 학생과 공유한 학습목표와 관련 있는 내용이 되도록 초점을 두어야 한다. 피드백의 모든 목적은 학생이 자신의 학습에 주인이 되는 것을 강화하는 데 있다. 이것은 다음 두 장의 핵심내용이기도 하다.

제6장

서로를 위한
교육 자원으로서의
학습자
활성화시키기

서로를 위한
교육 자원으로서의
학습자
활성화시키기

협력 및 협동학습(collaborative and cooperative learning)이 학생들의 학습을 가시적이고 실질적으로 향상시킬 수 있는 놀라운 힘을 가지고 있음을 입증하는 많은 연구가 있지만, 교육자들이 교실에서 효과적으로 적용하는 경우는 거의 없다. 6장에서는 학습자가 동료의 학습을 향상시키기 위해 할 수 있는 역할을 살펴보고, 교사는 어떻게 하면 학생들이 서로의 학습에 의미 있고 가치 있는 자원이 될 수 있도록 효과적으로 협력하게 할 것인지에 대해 논의하였다. 마지막으로 교사가 이러한 원칙을 실천하는 데 사용할 수 있는 몇 가지 구체적인 수업 기법을 소개하였다.

먼저, 일부 연구자들은 협동학습에 대해 이야기하고 다른 연구자들은 협력학습에 대해 이야기하지만, 이 용어의 의미에 대한 합의가 거의 없다는 점에 유의해야 한다. 어떤 사람들에게는 두 용어가 비교적 상호 교환이 가능한 용어인 반면, 다른 사람들에게는 둘 사이에 분명한 차이가 있다. 초·중·고 교육 환경에서는 협동학습이라는 용어가 더 일반적이다(예: Johnson & Johnson, 2009; Slavin, Hurley, & Chamberlain, 2003). 고등교육에서 이 두 가지를 구분하는 일반적인 방법 중 하나는 교사가 설정한 공동 학습목표를 달성하기 위해 학생이 협업하는 상황에서는 협동학습이라는 용어를 사용하고, 학생이 스스로 목표를 결정할 때는 협력학습이라는 용어를 사용하는 것이다(예: Springer, Stanne, & Donovan, 1999 참조).

그러나 앞의 구분에도 불구하고 이 책에서는 협동학습이라는 용어를 협동학습과 협력학습을 모두 지칭하는 용어로 사용하겠다. 3장에서 살펴본 바와 같이, 학습자가 학습할 내용을 명확히 알고 있어야 한다는 점이 효과적인 형성평가의 핵심 요건 중 하나이다. 학습목표는 교사가 결정하거나, 학생 스스로가 결정하거나 또는 학생과 교사 간의 협상으로 결정되기도 한다. 형성평가에 관한 한 교사와 학생은 학습목표를 명확히 해야 하지만, 이러한 목표 설정 방법은 형성평가의 실행에 직접적인 영향을 미치지 않으므로 어떤 방법이든 사용할 수 있다. 따라서 목표를 설정하는 주체가 누구냐에 따라 협력학습과 협동학습을 구분하는 것은 이 책의 목적과 무관하다.

특히 고등교육에서 동료들이 서로의 과제를 의미 있게 개선하기 위해 협력하는 방법은 혼란을 일으킬 수 있는 또 다른 영역이다. 동료 평가의 초점은 학생들이 서로에게 정확한 성적을 부여할 수 있는지 여부에 맞춰져 있다. 실제로 고등교육에서 동료 평가에 관한 대부분의 연구(예: Falchikov & Goldfinch, 2000; Jones & Alcock, 2012 참조)도 이와 유사한 목적으로 실시되었다. 교사가 총괄평가를 목적으로 평가에 동료를 참여시키려는 경우라면 이는 중요한 문제이다. 하지만 이 장에서는 모든 수준의 학생이 동료의 과제를 평가하기보다는 개선하도록 돕는 데 중점을 두고자 한다.

1. 효과적인 협동학습

"협동학습에 대한 연구는 교육 연구 역사상 가장 위대한 성공 사례 중 하나"라는 것이 수많은 연구를 검토해 얻어진 결론이다(Slavin, Hurley, & Chamberlain, 2003, p. 177). 협동학습이 그토록 심오한 효과를 발휘하는 정확한 이유는 아직 논쟁의 여지가 있지만, 다음의 네 가지 주요 요인으로 요약할 수 있다.

① **동기**: 학생들은 잘 구조화된 협동학습 환경에서 동료의 학습을 돕는 것이 자신의 이익에 부합하기 때문에 동료의 학습을 돕고, 노력도 증가한다.
② **사회적 응집력**: 학생들은 그룹에 대해 관심을 가지기 때문에 동료를 도우며, 이는 다시 노력의 증가로 이어진다.
③ **개인화**: 학생이 겪고 있는 특정 어려움에 더 유능한 동료가 함께 관여하기 때문에 더 많이 배울 수 있다.
④ **인지적 정교화**: 그룹 환경에서 도움을 제공하는 학생은 아이디어를 더 명확하게 생각해야 한다.

모든 요소는 각각 중요한 역할을 하지만 일부 요소는 다른 요소보다 더 강력하다. 특히 다른 요인을 고려하지 않은 채 사회적 응집력에만 집중하면 학생의 학습에 거의 영향을 미치지 않는다. 99개의 연구를 검토한 결과, 그룹 보상이 개별 구성원의 학습 총합에 따라 달라지는 협동학습은 그룹 산출물만을 기준으로 보상을 줄 때보다 학습에 4배 더 큰 영향을 미치는 것으로 나타났다(Slavin, 1995).

개인화 및 인지적 정교화도 중요하다. 초·중·고 수학 학습에서 나타나는 또래 상호작용을 검토한 17개의 연구 결과를 종합하면, 정답이나 절차를 알려 주는 방식은 도움을 주는 사람에게는 아무런 이득이 없으며 도움을 받는 사람의 성취도를 크게 떨어뜨렸다. 반면에 정교한 설명(즉, 동료에게 정답을 알려 주는 것이 아니라 특정 답이 왜 정답인지 설명하는 방식)을 하게 되면 도움을 주는 사람과 받는 사람 모두에게 이득이 되며, 특히 도움을 주는 사람의 경우에는 학습률이 50% 이상 높아졌다(Webb, 1991).

특히 놀라운 발견 중 하나는 또래 가르치기(peer tutoring)의 효과가 교사의 1:1 교육만큼이나 강력할 수 있다는 점이다. 4, 5, 6학년 교실에서 109명의 학생을 대상으로 한 John Schacter(2000)의 연구에 따르면, 학생 주도 그룹에서 활동하는 학생들은 교사로부터 개별지도를 받는 학생들이나 교사 주도 그룹에 속한 학생들보다 실제로 더 많이 배운다고 하였다.

실제로 특정 상황에서는 교사의 개별지도보다 또래 가르치기가 더 효과적일 수 있다. 초등학교 5학년 여학생 두 명에게 선생님과 친구 중 누구에게 도움을 받는 것이 더 좋은지 물어보았다. 한 학생은 "선생님은 이상한 언어를 사용하니까 친구들에게 도움을 받는 게 훨씬 좋아요"라고 대답했다. 이 말이 놀랍지 않은 이유는 대부분의 교사가 학생에게 완벽하고 명쾌하게 설명해 주었다고 생각했지만 학생이 "네?"라고 대답한 경험을 해 보았기 때문이다. 더 재미있는 점은 종종 학생들끼리 전혀 이해할 수 없을 것처럼 설명하는데도 "어, 이제 알겠다"라고 말하는 경우이다. 학생들끼리 일종의 줄임말처럼 자기들끼리만 알아듣는 요약된 의사소통을 주고 받는다는 사실은 새롭지 않다.

여기서 놀라웠던 점은 그 여학생의 다음 말이었다. "선생님이 두 번 설명해 주셔도 이해하지 못하면 그냥 이해한 척해요"라고 말했다. 왜 그랬냐고 물었더니 선생님이 얼마나 바쁜지 알고 있고 시간을 너무 많이 뺏고 싶지 않았기 때문이라고 대답했다. 그 여학생의 친구 또한 자신도 그랬던 적이 있다고 맞장구쳤다. 그 후 몇 명의 남학생들과 인터뷰한 결과, 실제로는 이해하지 못하는데도 이해하는 척하는 경우가 많았는데, 대개는 선생님의 시간을 아껴 주기 위해서가 아니라 선생님 앞에서 어리

석어 보이고 싶지 않아서였다고 말했다.

　이런 대화를 듣고 보니 교사가 학생들과 개별지도 수업을 진행할 때 학생들의 표정에서 시련이 끝나기만을 기다린다는 분위기가 느껴졌다. 학생이 교사의 설명을 방해하거나 다시 한번 더 설명해 달라고 요청하는 경우는 거의 없었다. 하지만 동료와 함께 과제를 수행할 때는 동료에게 속도를 늦추거나 이해할 때까지 몇 번이고 반복해서 설명해 달라고 요청했다. 적절한 상황에서 또래 가르치기를 활용하면 성인 한 명이 모든 학생을 가르칠 때와는 권력관계가 달라져서 더 효과적인 학습을 이끌어 낼 수 있다.

　효과적인 협동학습을 위해서는 두 가지 요소가 필요하다. 첫째, 그룹 목표가 있어야 학생들이 단순히 한 그룹에 소속된 것이 아니라 그룹 구성원으로 과제를 수행할 수 있다. 즉, 학생들은 서로 다른 목표가 아닌 하나의 공통된 목표를 달성하기 위해 노력해야 한다. 예를 들어, 하나의 스토리를 제작하기 위해 여럿이 함께 과제를 수행하는 형태를 그룹이라고 명명한다. 아이디어를 교환한 후 개별로 스토리를 작성하는 학생들 또한 그룹으로 과제를 수행하는 형태가 된다. 둘째, 개별 학생이 다른 학생의 과제 수행에 편승하지 않도록 개별적인 책임이 있어야 한다. 즉, 각자 자신이 해야 할 일을 하지 않으면 그룹의 성공 가능성에 해를 끼칠 수밖에 없다. 이는 야구에서처럼 수비수 한 명이 공을 놓치면 팀 전체가 승리할 확률이 떨어지는 스포츠에서 흔히 볼 수 있는 현상이다. 오케스트라나 밴드에서도 한 학생이 잘못된 음을 연주하거나 지휘를 놓치면 전체 그룹의 연주에 영향을 미치는 경우가 많다. 앞으로 살펴보겠지만, 학업 과목에서는 개인의 책무성을 보장하기가 더 어렵다.

　일부 연구에서는 성취도가 낮은 학생에게 협동학습 환경의 이점이 더 크다는 결과가 도출(예: Boaler, 2002)된 반면, 다른 연구에서는 성취도가 높은 학생에게 이점이 있다는 결과가 나타나기도 했다(예: Stevens & Slavin, 1995). 대체로 협동학습은 그룹 목표와 개인 책임이라는 두 가지 주요 특징으로 인해 모든 성취 수준의 학생에게 모두 효과적이다(Slavin et al., 2003). 그렇지만 협동학습의 활용은 대학교 학부 수준의 유색인종 학생에게 더욱 긍정적인 효과가 있으며(Springer et al., 1999), 특히 아프리카계 미국인 학생을 위한 협동학습 환경의 가치는 Wade Boykin 등에 의해 강조

되어 왔다(Boykin, Coleman, Lilja, & Tyler, 2004; Boykin, Lilja, & Tyler, 2004).

그룹 목표와 개인의 책임이라는 두 가지 요건은 간단해 보이지만, 공정성을 이야기할 때는 몇 가지 가정을 고려해야 한다. 예를 들어, 대부분의 교사는 행동에 대한 집단 보상이라는 개념을 공정하다고 여긴다. 교실에서 좋은 행동을 장려하기 위해 사용하는 기법 중 하나는 '비밀 학생(secret student)'이다. 이 기법은 매일 교사가 학급에서 한 명을 무작위로 비밀 학생으로 선정하되, 비밀 학생의 정체는 그날 해당 학생을 가르치는 교사에게만 공개하는 방식이다. 그런 다음 각 교사는 '비밀 학생'의 행동이 만족스러웠는지 여부를 담임교사에게 알려 주고, 비밀 학생의 행동이 미리 지정된 임계값(예: 80%, 관찰한 여러 교사 중 한두 명을 제외하고 모두 만족함)을 초과하는 비율이 높으면 성공한 날로 인정하고 비밀 학생의 정체를 학급에 공개한다. 그러나 비밀 학생의 행동이 충분히 좋지 않은 경우 학생의 신원은 공개하지 않는다. 기록된 좋은 날의 수에 따라 학급 보상을 받는다. 비밀 학생 제도의 실제 운영에 대해 우려의 목소리가 있을 수 있다. 하지만 또래 압력을 이용해 바람직한 행동을 장려한다는 점은 대체로 수용 가능해 보인다.

그러나 이러한 관행은 학업에 적용할 경우 수용성이 현저히 떨어진다. 예를 들어, 교사가 학급의 학생들에게 교재 내용을 바탕으로 퀴즈를 내고 그룹에서 가장 낮은 점수를 받은 멤버의 점수를 그룹원들이 알게 되는 상황을 상상해 보자(물론 교사는 가장 낮은 점수를 받은 학생의 이름을 밝히지 않는다). 즉, 가장 낮은 성취도가 그룹의 성취를 특징짓는 것이다.

많은 교사는 이러한 유형의 평가를 절대 받아들일 수 없다고 생각한다. 그들은 그룹에서 가장 낮은 점수를 받은 학생의 점수를 그룹 점수로 부여하게 되면 그룹의 성취 수준을 제대로 나타내지 못한다고 지적하는데, 이는 전적으로 공정한 지적이다. 이 점수로 개별 그룹 구성원의 성취도에 대해 유추하는 것은 분명 잘못된 것이며, 이 점수를 개별 그룹 구성원의 성취도를 나타내는 지표로 성적을 확정하는 것은 매우 잘못된 방법이다. 그러나 교사와 학생이 이 점수를 그룹이 수행을 얼마나 잘 했는지를 나타내는 지표로 삼는다면 부여된 점수는 합리적으로 보일 수 있다.

교사들이 학생의 좋은 행동에 대한 결과로 그룹 전체에게 보상을 주는 것은 매우 합리적이라고 생각하지만 반대로 받아들일 수 없는 행동 때문에 그룹 전체에게 최하점을 주는 것은 용납할 수 없다고 여기는 사실은 교실에서 협동학습의 이점을 확보하는 것이 얼마나 어려운지를 보여 준다. 실제로 교사가 교실에서 협동학습이라고 설명하는 것에는 협동학습을 효과적으로 만들 수 있는 특징이 거의 없다. 두 학군 내 초등학교 교사 85명을 대상으로 한 설문 조사에 따르면 93%의 교사가 협력학습을 활용한다고 답했지만, 21명의 교사를 대상으로 한 후속 인터뷰에서는 5명의 교사만이 그룹 목표와 개인의 책임감을 모두 창출하는 방식으로 협력학습을 구현한 것으로 나타났다(Antil, Jenkins, Wayne, & Vadasy, 1998). 또한 21명의 교사 중 단 한 명만이 고차원적 사고를 강조하는 개방형 과제, 다른 구성원의 입력이 필요한 그룹 과제, 중심 지적 주제와 관련된 여러 과제, 다른 그룹 구성원에게 할당된 역할 등 Elizabeth G. Cohen(1994)이 제안한 보다 복잡한 기준을 충족하는 협업 학습을 구현한 것으로 나타났다.

이 장의 마지막 절에서는 협동 및 협력학습에 대한 연구를 바탕으로 학생들을 서로를 위한 학습 자원으로 활성화하는 여러 가지 실용적인 기법을 소개한다. 특히 이 기법들은 교사가 교실에서 그룹 목표와 개인의 책임감을 만들 수 있는 실용적인 방법을 제공한다.

2. 실제적 기법

이 장의 나머지 부분에서는 교사가 서로를 위한 교육 자원으로서 학생들을 활성화하기 위한 과정을 시작하는 데 유용하다고 생각하는 여러 가지 기법을 제시한다. 이러한 기법에는 필연적으로 학생들이 서로의 과제를 평가하는 것이 포함되며, 이는 여러 가지 윤리적 문제를 야기한다. 아마도 가장 중요한 것은 학생들이 총괄평가에 참여해야 하는가 하는 문제일 텐데, 이 문제에 대한 답은 '아니오'라고 답하고 싶다. 한 학생이 부모님이나 다른 사람에게 보고할 목적으로 다른 학생의 성취도를 평가하는 위치에 놓이는 것은 매우 잘못된 일이라고 생각한다. 동료 평가의 목적은 순전히 평가 대상자가 자신의 과제를 개선하는 데 도움을 주기 위한 것이어야 한다. 이 절에서는 내 앞에 세 명(C3B4ME), 동료의 숙제 개선(Peer Improvement of Homework), 숙제 도움말 게시판(Homework Help Board), 별 두 개와 희망 사항(Two Stars and a Wish), 주제 끝부분 질문(End-of-Topic Questions), 오류 분류(Error Classification), 학생 리포터(Student Reporter), 비행 전 체크리스트(Preflight Checklist), 나-너-우리 체크리스트(I-You-We Checklist), 랜덤 보고자 활동(Reporter at Random), 그룹 기반 시험 준비(Group-Based Test Preperation), 공부를 마치면 덜한 친구 돕기(If You've Learned it, Help Someone Who Hasn't)와 같은 기법을 다루고자 한다.

1) 내 앞에 세 명

이 기법에서는 학생이 교사에게 도움을 요청하기 전에 최소 세 명의 다른 학생에게 도움을 요청해야 하므로 설명에 '내 앞에 세 명(see three before me, C3B4ME)'이라는 문구를 표시한다. 일부 교사는 "이 교실에 한 명 이상의 교사가 있습니다"라는 포스터로 이를 뒷받침하기도 한다. 이 기법은 '손들지 않기(no hands up)' 기법과 함께 사용할 수 있다. 질문에 답할 학생을 무작위로 선택한 경우, 학생이 답하기 전에 다른 무작위 학생 세 명과 브레인스토밍을 통해 학생의 답변에 동의하거나 추가하고 싶은 내용이 있는지 물어본다.

2) 동료의 숙제 개선

한 중학교 수학 교사는 자신이 학생의 숙제를 확인하는 데 소요하는 시간을 줄이기 위해 학생들이 숙제를 확인하거나 채점하고 있는 과정이라는 것을 알아채지 못하도록 하는 평가 활동을 진행하였다. 교사는 때때로 학생들에게 루브릭을 주고 직접 채점하도록 하거나 학생들에게 숙제를 옆 학생과 바꿔서 서로 채점하도록 했다. 또한 4명으로 구성된 한 그룹에 다른 그룹의 과제를 살펴보게 하기도 했다.

이 접근 방식을 정기적으로 실행하기 시작하자 세 가지 놀라운 일이 일어났다.

첫째, 더 많은 학생이 숙제를 수행했다. 집에서 해야 할 숙제를 수업 시간에 할 수 있었음에도 불구하고 숙제를 완료하지 않은 학생은 그룹 평가 활동에 참여할 수 없었기 때문이다. 숙제를 하지 않은 학생들은 다음번에 평가할 과제를 제출할 때까지 평가에서 제외되는 것을 벌이라고 여기게 되었다. 둘째, 학생들의 수행이 더 깔끔해졌다. 학생들은 교사에게 전달하는 것보다 서로 명확하게 소통하는 데 더 신경을 쓰는 것처럼 보였다. 셋째, 당연한 결과이지만 숙제의 질도 더 높았다.

3) 숙제 도움말 게시판

숙제로 인해 발생하는 문제를 해결하는 또 다른 방법은 숙제 도움말 게시판이다. 하루가 시작될 때(초등학교) 또는 수업이 시작될 때(중학교 및 고등학교) 학생들은 숙제에 대해 궁금한 점이 있으면 숙제 도움말 게시판에 표시한다. 이러한 질문에 대해 도움을 줄 수 있다고 생각하는 학생은 질문 제출자를 찾아 도움을 제공하도록 권장한다.

4) 별 두 개와 희망 사항

별 두 개와 희망 사항은 동료 평가를 시작하는 매우 간단한 기법이다. 학생이 다른 학생의 과제에 대해 피드백을 제공할 때는 과제에 대해 좋았다고 생각하는 두 가지 사항(별 두 개)과 개선할 점(희망 사항)을 제공해야 한다. 학생은 피드백을 받는 사람이 피드백이 도움이 되지 않는다고 생각하면 쉽게 삭제할 수 있도록 스티커 메모에 의견을 적을 수 있다.

피드백의 질을 높이기 위해 교사는 학생이 피드백에 응답한 후 스티커 메모를 수집하고 실물 화상기를 사용하여 각 메모를 학급에 (익명으로) 보여 준다. 그런 다음 교사는 학급 학생들에게 해당 피드백이 도움이 될 것이라고 생각하는지 투표하도록 요청한다. 그런 다음 학급 학생들은 가장 높은 평가를 받은 피드백의 두드러진 특징에 대해 토론하고, 교사는 나중에 참조할 수 있도록 교실에 포스터로 결과 기준을 표시한다.

5) 주제 끝부분 질문

교사가 장 또는 단원이 끝날 무렵 학급에 "질문 있습니까?"라고 묻는 것은 매우 흔한 일이다. 물론 일부 손을 들고 질문하는 학생들 중에는 다른 학생들 앞에서 바보처럼 보이고 싶지 않다는 마음을 가지고 있을 수 있다. 이를 극복하기 위해 교사는 "그룹별로 질문이 있는지 결정하세요"라고 말할 수 있다. 동료들과 함께 문제에 대해 이야기할 수 있는 기회만으로도 학생들은 학급 앞에서 질문하는 것에 자신감을 가질 수 있으며, 결국 그룹에 아무도 해결책을 가지고 있지 않다면 손을 들고 질문하는 것은 결코 바보처럼 보이지 않는다는 것은 분명하다. 일부 교사는 더 나아가 각 그룹이 적어도 한 가지 이상의 질문을 제시하도록 요구하기도 한다. 교사는 질문을 수집하고 빠르게 분류한 다음 같은 문제에 대한 모든 질문을 동시에 처리한다. 질문에 답하기 전에 모든 질문을 수집하는 것은 교사가 학생들이 연결되지 않을 수 있는 서로 다른 문제를 연결할 수 있게 해 주기 때문에 특히 유용하다. 일부 교사는 학생들에게 질문을 적을 수 있는 스티커 메모(sticky notes)를 제공하지만, 스티커 메모는 접착성이 있기 때문에 질문을 빠르게 분류하기가 더 어렵다. 따라서 종이를 세로로 다섯 줄(약 5cm × 20cm) 정도로 자르는 것이 가장 좋은 절충안일 수 있다.

학생들이 질문을 적도록 하는 것은 문해력 향상에도 도움이 되며, 교사들은 학생들이 질문을 더 잘하게 되었다고 보고했다. 한 고등학교 수학 교사는 학생들이 질문하는 방식에서 실질적인 변화를 발견했다. 이 교사는 학생들이 "저는 이차방정식을 못해요"라고 말하곤 했는데, 교사가 이차방정식이 무엇인지 물으면 학생들은 "하나도 못해요"라고 대답하곤 했다고 한다. 하지만 몇 달 동안 학생들에게 종이에 질문을 하게 한 결과, 학생들이 "x제곱 앞에 마이너스($-$)가 있으면 이차방정식을 할 수 없어요"와 같이 더 정확하고 집중력 있게 대답하는 것을 발견했다. 이를 통해 교사는 자신의 가르침을 명확히 하고 학생들이 특정 주제를 다시 학습할 수 있도록 도울 수 있었다.

6) 오류 분류

이 기법은 비교적 간단한 방법으로, 오류를 분류할 때 유용하다. 예를 들어, 스페인어 교사가 스페인어로 작성된 글의 최종 초안을 수집하고 오류에 밑줄을 그은 다음 학생들에게 작품을 돌려줄 수 있다. 그런 다음 학생들은 자신이 범한 오류(예: 시제, 성별, 대명사 또는 소유격 오류)를 분류해야 한다. 오류가 있는 부분과 오류가 적은 부분을 파악한 후, 학생들은 자신의 약점을 보완할 수 있는 강점을 가진 친구를 찾아 자신의 과제를 수정하는 데 도움을 받는다.

7) 학생 리포터

다른 교사들도 수업을 마무리할 때 복습을 하는 실험을 해 보았다. 특히 효과적인 것으로 보이는 한 가지 방법은 수업이 끝나기 5분 전에 학급을 그룹으로 구성하여 각 그룹에게 수업 중에 배운 것의 목록을 작성하게 하는 것이다. 그런 다음 각 그룹은 배운 것 중 한 가지를 학급에 보고한다(목록의 항목 수는 그룹 수와 같아야 각 그룹이 다른 그룹에서 언급하지 않은 것을 목록에 적어도 한 가지 이상 포함할 수 있다).

이에 대한 대안으로 학생 리포터가 수업 종료 후에 토론을 진행하도록 할 수 있다. 수업이 시작될 때(또는 이전 수업이 끝날 때) 학생 한 명을 해당 수업의 리포터로 임명한다. 그런 다음 교사는 정상적으로 수업을 진행하되, 예정된 수업 종료 10분 전에 수업을 마친다. 학생 리포터는 수업의 요점을 요약하고, 수업에 참여한 학생들의 남은 질문에 답한다(한 교사는 선정된 학생을 선장이라고 부르며, '스타트렉'에서처럼 수업 요약은 선장의 일지이다!). 학생이 질문에 답할 수 없는 경우 리포터는 학급 구성원에게 도움을 요청한다.

이 방법을 시도해 본 교사들은 처음에는 꺼려하던 학생들이 금세 리포터 역할을 하겠다고 줄을 서고 있으며, 전체 학급의 학습에 기여할 수 있는 기회로 여기고 있다는 사실을 알게 되었다. 한 가지 흥미로운 접근 방식은 리포터에게 수업을 참관하면서 수업의 마지막에 질문할 내용을 만들어 달라고 요청하는 것이다. 그런 다음 교사는 이러한 질문 중 가장 좋은 질문을 한 단원이 중간 정도 지나갈 때쯤에 치르는 테스트 문항으로 사용한다.

8) 비행 전 체크리스트

이 기법은 제출된 수행 과제가 충족해야 하는 여러 가지 명확한 요구 사항이 있을 때 특히 유용하다. 예를 들어, 과학 교사는 실험 보고서가 질문, 가설, 방법, 결과, 결론의 순서를 따라야 하고, 보고서 제목에는 밑줄을 긋고, 페이지에 여백을 두고, 다이어그램과 그래프를 연필로 그리고 라벨을 붙이는 등 표준적인 방식으로 구성되어야 한다고 학생들에게 매 수업 시간에 요구한다. 학생이 과제를 제출하기 전에 친구의 서명을 받아야 하는데, 친구는 필요한 모든 기능이 있는지 확인한다. 교사가 과제를 채점할 때 비행 전 체크리스트의 항목 중 하나라도 표준에 미치지 못하면 과제를 제출한 학생이 아닌 친구가 채점을 받게 되므로 친구가 과제를 진지하게 수행할 수 있는지에 대한 척도를 만들 수 있다.

9) 나-너-우리 체크리스트

그룹 활동이 끝나면 각 학생은 자신의 기여도, 다른 사람의 기여도, 전체 그룹이 만든 수행 결과의 질에 대한 평가(즉, 나-너-우리)를 체크리스트에 기록한다. 학생들이 그룹의 각 구성원이 자신의 기여도와 다른 사람의 기여도를 모두 평가한다는 사실을 알게 되면 학생들은 자신의 기여도에 대해 더 정직하고 정확하게 평가할 동기가 생긴다. 또한 그룹의 각 구성원에게 그룹이 어떻게 함께 작업했는지에 대해 성찰을 하도록 요청함으로써 학생들은 앞으로 더 효과적으로 함께 수행할 수 있을 가능성이 높아진다(Johnson, Johnson, & Smith, 1998).

10) 랜덤 보고자 활동

많은 교사가 학생들이 공동으로 수행할 때 팀장, 시간 기록원, 진행자, 서기 등과 같은 역할을 부여하는 것을 선호한다. 이 방법은 좋은 아이디어일 수 있지만 일반적으로 처음부터 보고자의 역할을 정해 주는 것은 좋지 않다. 학생들은 다른 누군가가 발표해야 한다는 것을 알게 되자마자 개별 책임의 필요성을 약하게 느껴 안심할 수 있다. 전체 학생 중 누구든 발표하라는 요청을 받을 수 있다는 것을 안다면 주의를 기울이고 집중하여 참여할 가능성이 더 커질 것이다. 더 중요한 것은 그룹이 잘되기를 특별히 열망하는 학생들은 다른 친구들이 주의를 더 기울이게 할 것이다. 왜냐하면 발표하는 사람이 그룹의 수행에 대해 제대로 설명하지 못하면 그룹의 구성원 모두가 해당 발표의 질적 수준과 연결될 것이기 때문이다.

11) 그룹 기반 시험 준비

학생들이 시험을 준비할 때 복습을 더 흥미롭게 만드는 한 가지 방법은 5~6명의 그룹을 구성해서 각 학생에게 복습할 내용의 한 부분을 할당하는 것이다. 각 학생에게는 복습할 내용의 세부 사항이 기록된 카드와 수행 방법에 대한 안내가 제공된다. 예를 들어, 7학년 교사는 식물에 대한 시험을 위해 수업을 준비하고 있었다. 교사는 각 모둠에 수업 시간에 다룬 주요 주제(수분, 광합성, 전분 테스트, 종자 분산, 발아 및 꽃)와 과제에 대한 간략한 설명이 포함된 6개의 카드를 제공하였다. 예를 들어, 수분 카드는 다음과 같다.

> 여러분은 곤충에 의해 수분되는 식물이 번식할 때 정확히 어떤 일이 일어나는지에 대해 여러분의 그룹에 속한 다른 사람들에게 설명하도록 요청을 받았습니다. 여러분은 꽃가루 씨앗이 어디에서 어디로 이동하고, 그리고 수분 작용이 씨앗을 어떻게 형성하는지를 설명할 수 있어야 합니다.

다음날 각 그룹원은 그룹에 발표했다. 나머지 그룹원들은 신호등 색깔 컵을 사용하여 발표에 응답했다. 초록색은 "내가 설명할 수 있는 것보다 낫다"를 의미하고, 노란색은 "내가 설명했어도 비슷할 것 같다"를 의미하고, 빨간색은 "내가 설명했으면 더 잘했을 것이다"를 의미한다. 투표 후, 모둠은 발표를 더 좋은 설명으로 만들기 위해 설명에 무엇이 추가되어야 하는지를 결정했다.

12) 공부를 마치면 덜한 친구 돕기

협동학습에 대한 반대 의견 중 하나는 성취가 높은 학생들의 학습을 방해한다는 것이다. 그러나 앞서 논의한 바와 같이 동료 학습에 참여하는 학생들이 단순한 답변이 아닌 정교한 설명을 제공한다면 도움을 주는 사람과 받는 사람 모두에게 도움이 된다는 강력한 증거가 있다.

협동학습이 교실에서 통용되는 역할의 경계를 허물기 때문에 학업성취도가 높은 학생들이 교사의 일을 하도록 요구받고 있으며, 이로 인해 또래 가르치기를 거부하는 고성취 학생들이 있다고 일부 교사는 말한다. 이 점은 가장 높은 성취도와 가장 낮은 성취도 사이에 큰 차이가 있을 수 있는 수학에서 두드러지는 것으로 보이는데, 특히 과제가 완료되는 속도 측면에서 그러하다. 이러한 태도에 대응하는 데 유용한 수업 기술 중 하나는 좋은 수학자가 되기 위해서는 올바른 답을 얻는 것만으로는 충분하지 않다는 점을 분명히 하는 것이다. 또한 수학자는 자신의 발견을 다른 수학자에게 전달해야 한다. 어떻게 답에 도달했는지를 설명하도록 요청받는 것은 비록 순수 수학자가 되기를 원하는 학생이더라도 성취도가 높은 학생이 개발해야 할 수학적 의사소통 기술을 발전시키는 과정이다.

또한 그룹 학습에 대한 태도는 문화적 규범에 달려 있다. 미국에는 "삐걱거리는 바퀴가 기름을 얻는다"는 말이 있다. 일본에는 "Deru kui wa utareru"라는 말이 있는데, 대략 번역하면 "돌출된 못이 제자리에 박힌다"는 의미이다. 일본과 미국의 수학 수업을 참관하는 많은 사람(예: Stigler & Hiebert, 1999)은 일본 교사들이 모둠 학습 수업을 계속하는 것에 대해 훨씬 더 걱정하는 것 같다고 지적했다. 만약 한 학생이 이미 수업 내용을 이해했다면, 그 학생이 해야 할 일은 그 내용을 이해하지 못한 다른 학생들을 돕는 것이다.

언급한 바와 같이, 모둠 학습에서 가장 많이 배우는 학생은 도움을 주는 학생과 받는 학생이다. 도움이 단순한 답변이 아닌 정교한 설명의 형태라면 말이다. 모둠 내에서 능력의 범위가 넓다면 중간 수준에 있는 학생들은 성취도가 높은 학생이 성취도가 낮은 학생을 가르치는 것을 지켜보는 방관자가 될 수 있다. 중간 수준의 학생들은 성취도가 낮은 학생들에게 필요한 도움이 필요로 하지는 않지만, 성취도가 높은 학생들이 다른 학생들을 가르칠 때 하는 것처럼 자신의 생각을 분명히 표현하도록 강요받지도 않는다. 따라서 때때로 교사는 학습을 돕는 활동에 가능한 한 많은 학생을 참여시키기 위해 학생들을 능력 그룹(성취도가 낮은 학생은 중간 성취도의 학생과 그룹, 중간 성취도 학생은 성취도가 높은 학생과 그룹)으로 구성할 필요가 있다.

교사들이 이런 종류의 접근 방식이 공정하지 않다는 점에 우려를 한다. 한 학생은 모든 것을 맞추고, 다른 학생은 많은 오류를 범하지만 교사나 동료가 무엇을 해야 하는지 알려 주면 두 학생은 같은 지점에 도달하게 된다. 첫 번째 학생이 두 번째 학생보다 더 빨리 학습목표에 도달했다는 사실은 그에게 더 높은 점수를 부여함으로써 어떻게든 인정되어야 한다. 하지만 배기가스 검사를 위해 차를 검사소로 가져가면 어떤 일이 일어나는지 생각해 보라. 자신의 차는 최근에 점검을 받았기 때문에 검사에서 처음으로 통과한다. 이웃 사람의 차는 문제가 있어 통과하지 못했지만 적어도 검사소에서는 무엇이 잘못되었는지 말해 주었다. 검사소 직원들은 "차가 괜찮아졌을 때 가져오세요"라고만 말하지 않는다. 이웃 사람이 문제를 해결하고 차를 다시 가져가면 자신이 받은 것과 똑같은 증명서를 받는다. 우리는 처음에 자동차 검사를 제대로 통과했다고 더 크고 값진 금으로 된 증명서를 얻지는 못한다. 증명서는 단순히 자동차의 배출 수준이 만족스럽다는 것을 보여 준다. 마찬가지로 평가의 주요 목적이 학생들을 분류하고 순위를 매기는 것이어서는 안 된다. 오히려 평가의 주요 목적은 교사에게 정보를 제공하여 학생들의 학습 요구를 더 잘 충족시키기 위해 수업을 실시간으로 조정하는 것이다. 5장에서 보았듯이, 우리는 학생들이 질 낮은 과제를 제출하도록 인센티브를 주면 안 된다는 점에 주의해야 한다.

마지막으로 이 책에서 논의된 형성평가에 대한 아이디어를 교사들과 함께 수업에 적용한 후 스코틀랜드의 한 학교에서 받은 두 통의 편지를 [그림 6-1]과 [그림 6-2]에 포함시켰다. 스코틀랜드에서는 어떤 해에든 2월 말 이전에 네 번째 생일을 맞은 학생들은 다음 8월 중순부터 학교에 다니고, 반에서 가장 어린 아이들(초등 1학년)은 그들이 학교에 다니기 시작할 때 4세 5개월이 된다. 해당 초등학교의 1학년에는 두 개의 반이 있는데, 교사들은 학생들이 쓴 편지를 보내 주었다. 교사들은 형성평가의 아이디어들을 마음에 새겼을 뿐 아니라, 어디에서 아이디어를 얻었는지, 왜 그것들을 사용하고 있는지 학생들과 공유했음이 분명하다. 다시 말하지만 그 교사들은 학생이 서로의 학습을 위한 교육적 자원이 되는 것의 가치를, 그리고 정말로 즐거움을 볼 수 있도록 도와줌으로써 학생들을 돕고 있었다.

3. 결론

이 장에서 우리는 학생들을 서로를 위한 교육 자원으로서 활성화하는 것이 학습의 한 유형이며 실질적인 성취 향상을 가져온다는 것을 확인했다. 연구에 참여한 모든 교사는 다른 사람에게 가르치려고 시도하기 전에는 무언가를 진정으로 이해하지 못한다는 것을 인정했다. 그러나 이러한 지식에도 불구하고 우리는 교실에서 동료 학습 및 기타 형태의 협동학습의 힘을 활용하지 못할 때가 많다.

이 장에서는 거의 모든 연령대의 학생들과 함께 사용할 수 있고 쉽게 실습에 통합할 수 있는 여러 수업 기법을 제시했다. 이러한 기술 중 다수는 특히 동료 평가에 중점을 두는데, 이는 교사가 평가보다는 개선에 초점을 맞추는 경우에 특히 강력할 수 있다. 동료 평가는 도움을 주는 학생에게도 분명히 도움이 된다. 학생들이 서로에게 피드백을 제공하도록 하면 학습 의도와 성공 기준을 내면화할 수 있게 되지만, 다른 사람의 수행이라는 맥락에서 감정적인 부담은 훨씬 줄어든다. 따라서 학생들을 서로를 위한 교육 자원으로서 활성화하는 것은 학생들이 자신의 학습의 주인이 되는 디딤돌로 볼 수 있다(다음 장의 주제).

Auchterellon Primary School

Millwood Road

Ellon

AB41 9FA

25th Febyooree 2011

Dear Dylan William

Thank you for giving us the iedeea for the loleepop stix. In our clas wee col theem the Dylan Wiliam sticks. Wee hoap this maiks yoo feel good about our lerning. This miet help yoo like yoor naim even more becos wee ar yoosng it in our classroom.

Wee luv yoor iedeea of seecrt styoodent. It is good becos it helps us lern about not teling the seecrt. It also helps us lern about peer sesmnt and self sesment. This meens yoor fiedng out about yoor frends lerning about yoor oan. This wil help yoor frend get better lerning bie practising heeps and heeps of times.

We luvd it wen Jake chainjd his acshins. He did self sesmnt and poot awai his toy and then evreewun els did.

Doo you wont to get a taxee and cum and see us at our scool? Yoo wil bee tierd so wee wil giv yoo a cup ov coffee and a biscit or a hot choclit.

We luv you.

[그림 6-1] 학습자를 서로를 위한 교육 자원으로서 활성화하는 활동의 가치를 반영한 첫 번째 응답 편지

출처: 2011년 Auchterellon 초등학교의 허가를 받아 재인쇄되었음.

Dear Dylan Wiliam,

Thangk you for the lolaipop sticks idea becos it helps us pick the secret stuedent and choos whose turn it is to tidy up and tok and answer and shair our lerning.

Thangk you for the secret stuedent idea it helps us remember to be fair and saif and be beter at lerning. We have chainjd the secret stuedent idea so nou one chield picks the secret stuedent and peer aseses to see if we get the point.

Thangk you for telling us about self asesment it helps us chec our oan lerning so it gets beter.

Thangk you for teling us about peer asesment. We look at uther peepils lerning to help them see what needs to chainj and what needs to stai the saim to maik it beter.

We wood like you to come to our school plees to help us lern. We are in Auchterellon school.

From priemarai 1L and Mr Laing.

[그림 6-2] 학습자를 서로를 위한 교육 자원으로서 활성화하는 활동의 가치를 반영한 두 번째 응답 편지

출처: 2011년 Auchterellon 초등학교의 허가를 받아 재인쇄되었음.

제 7 장

학습자를
자기 학습의
주인이 되도록
활성화시키기

**학습자를
자기 학습의
주인이 되도록
활성화시키기**

"기타 연주를 가르쳐 줄 수 있는 사람은 아무도 없다"(Morgan, 1965, p. 1). Dan Morgan이 쓴 『기타(Guitar)』의 서문 중 한 문장이다. 이 주장은 다소 의아한데, 책의 부제가 '기타 연주에 대해 알아야 할 모든 것을 가르쳐 주는 책'이기 때문이다. Dan Morgan은 "그러나 그들은 당신이 배우는 데 도움을 줄 수 있다"(Morgan, 1965, p. 1)라고 덧붙임으로써 그 문장의 의미를 명확히 했다. 이 말은 정말 분명하다. 우리는 악기 연주를 배우든, 스포츠를 배우든, 아니면 다른 모든 인간적인 노력을 하는 학습을 해 나가는 주체는 교사가 아니라 학습자라는 사실을 직관적으로 알고 있다. 그런데도 우리 교실은 교사가 열심히 노력하면 학습자가 학습을 할 수 있다는 정반대의 원칙에 기반을 두고 있다. 교사, 학교, 교육청에는 제재를 가하지만 학생에게는 제재를 가하지 않는 책무성은 이러한 상황을 더욱 악화시킬 뿐이다.

7장에서는 학생이 학습에 더 많이 참여하게 하는 방법이 가지는 효과와 관련된 연구를 검토하고, 학생을 학습의 주인으로 활성화하면 성취도가 놀랍게 향상될 수 있음을 보여 준다. 이 장에서는 학생 자기평가 및 자기 테스트(self-testing)의 장단점을 논의한 다음 메타인지와 동기부여의 맥락에서 자기조절 학습을 다룰 것이다. 또한 앞의 네 장과 마찬가지로 이 장은 교실에서 구현할 수 있는 여러 가지 실용적인 기법도 포함하고 있다.

1. 학생 자기평가

학생 자기평가라는 용어는 학생이 스스로 성적을 부여하는 이미지를 떠올리게 하며, 교사들 역시 '고양이에게 생선 맡기기(foxes guarding the hen-house)' 또는 '환자가 운영하는 정신병원(lunatics running the asylum)' 등의 의미를 포함하는 반응을 나타낼 것으로 예상할 수 있다. 실제로 학생들이 총괄적인 목적으로 자기평가를 할 때는 자신을 매우 정확하게 평가할 수 있다는 증거가 있지만(예: Darrow, Johnson, Miller, & Williamson, 2002 참조), 이는 부담이 낮은 평가를 할 때에만 해당된다. 학생이 총괄적인 목적으로 자신을 정확하게 평가할 수 있는지 여부는 이 장의 주제인 학생이 자신의 학습을 개선할 수 있는 충분한 통찰력을 개발할 수 있는지 여부와는 관련이 없다.

포르투갈의 초등학교 교사 25명을 대상으로 한 연구에서 성취도 향상을 위한 학생 자기평가의 잠재력이 입증되었다(Fontana & Fernandes, 1994). 20주 동안 교사들은 매주 2시간씩 모임을 가졌으며, 이 기간 동안에 학생 자기평가 실시를 위한 처방적 요소와 탐색적 요소를 모두 포함하는 구조화된 접근 방식을 교육받았다.

처방적(prescriptive) 요소는 교사가 학생의 진단 평가를 기반으로 선택한 일련의 단계적 활동으로 구성되어 있다. 한편, 탐색적(exploratory) 요소는 학생들에게 매일 정해진 시간에 교사가 제공하는 과제 중에 선택하여 계획을 세우고 수행하도록 구성되어 있다. 학생들은 매주 한 번씩 자신의 계획에 대한 성과를 평가해야 했다. 20주 동안 학생들이 수행하는 과제와 영역은 점차 학생들 자신의 아이디어로 채워졌고, 학생들이 스스로를 평가하는 기준이 더욱 객관적이고 정확해졌다는 두 가지 양상이 탐색적 요소의 진행 상황에서 나타났다.

처음 2주 동안 학생들에게 신중하게 구성된 일련의 과제 중에서 하나를 선택한 다음 자신의 수행을 평가하게 했다. 이후 4주 동안에는 1, 2주차에 사용된 패턴에 따라 자신만의 수학 문제를 구성하고 이전과 동일하게 평가하게 했다. 하지만 이번에는 자신이 겪은 문제와 교사에게 적절한 도움을 구했는지 여부를 추가로 파악하도록 했다. 이후 4주 동안에는 추가 학습목표가 주어지고 학생들은 교사의 예시 없이 문제를 해결해야 했다. 마지막 10주 동안 학생들은 스스로 학습목표를 설정하고, 관련 수학 문제를 구성하고, 적절한 도구를 선택하고, 적절한 자기평가를 하도록 안내 받았다.

자기평가 활동이 학생의 학업성취도에 미친 영향을 평가하기 위해 연구 그룹에 속한 25명의 교사가 가르친 학생 354명의 학업성취도와 연구에 전혀 참여하지 않았지만 연령, 자격, 경력 면에서 일치하고 동일한 교육과정을 같은 시간 동안 지도한 20명의 대조군 교사가 가르친 학생 313명의 학업성취도를 비교했다. 비교 가능성을 높이기 위해 대조군 교사에게는 동일한 양의 현장 전문성 개발 연수가 제공되었지만, 학생 자기평가에는 초점을 맞추지 않았다. 20주 동안의 연구가 시작될 때와 끝날 때 667명의 모든 학생에게 표준화된 수학 시험을 실시했다. 그 결과, 대조군 교사의 수업에 참여한 학생들의 점수는 7.8점 상승한 반면, 자기평가를 활용한 교사의 수업에 참여한 학생들의 점수는 15점 상승했다. 즉, 학생들은 자기평가 기술을 익힘으로써 38주 동안 학습할 내용을 20주 만에 학습할 수 있었다. 25개 교실에서 자기평가를 사용한 결과, 학생들의 학습 속도가 거의 두 배로 빨라졌다.

물론 이것은 하나의 연구일 뿐이지만, 학생 스스로 자신을 평가하게 하는 것이 학생의 성취도를 높이는 가장 간단하고 쉬운 방법 중 하나라는 증거가 점점 더 많아지고 있다(예: Butler, Schnellert, & Perry, 2017 9장 참조). 특히 효과적인 방법 중 하나는 자기 테스트이다.

2. 자기 테스트

대부분의 사람은 미국 학생들이 시험을 과도하게 치른다고 생각하지만, 실제로는 더 많은 시험(현재 대부분의 학교에서 실시하는 시험과는 매우 다른 종류의 시험)이 필요하다는 증거가 있다.

2013년 미국 교육심리학자 그룹은 학생들이 자신의 학습 능력을 향상시키는 데 사용할 수 있는 심리 과학의 연구 결과가 무엇이었는지를 살펴보았다(Dunlosky, Rawson, Marsh, Nathan, & Willingham, 2013). 연구진은 '기술적인 지원이나 교사의 지도 없이도 학생이 스스로 학습을 개선하는 데 사용할 수 있는 기법'으로 조사 범위를 제한했다. 연구 근거가 상당히 탄탄해 보이는 기법도 포함했고, 학생들이 정기적으로 사용한다고 보고한 기법(예: 다시 읽기, 강조 표시)도 포함했다. 이를 바탕으로 연구팀은 본격적인 조사를 위한 열 가지 기법을 선정했다.

① **정교한 질문**: 명시적으로 언급된 사실이나 개념이 왜 참인지 설명하기
② **자기 설명**: 새로운 정보가 알려진 정보와 어떻게 관련되어 있는지 설명하거나

문제 해결 중에 수행한 단계 설명하기

③ **요약**: 학습할 텍스트를 다양한 길이로 요약하기

④ **강조 표시 또는 밑줄 긋기**: 읽는 동안에 학습할 자료에서 잠재적으로 중요한 부분을 표시하기

⑤ **키워드 기억술**: 키워드와 심상 이미지를 사용하여 언어적 자료를 연관시키기

⑥ **텍스트 시각화**: 읽거나 듣는 동안에 텍스트 자료에 대한 심상 이미지 형성하기

⑦ **다시 읽기**: 읽고 난 텍스트 자료를 다시 읽기

⑧ **연습 시험**: 학습할 자료에 대한 자기 테스트 또는 모의시험 치기

⑨ **분산 연습**: 학습 활동을 여러 시간으로 분산하는 일정 만들기

⑩ **교차 연습**: 단일 학습활동 내에서 여러 종류의 문제나 자료를 혼합하여 학습하기

이러한 각 기법에 대한 연구 증거를 광범위하게 검토한 결과(400개가 넘는 참고 문헌을 인용), '요약' '강조 표시' '키워드 기억술' '텍스트 시각화' '다시 읽기' 등 다섯 가지 기법이 학생의 성취도에 미치는 영향은 증거가 충분하지 않다고 결론을 내렸다. 연구진은 요약과 텍스트 시각화 기법이 일부 과제에서 몇몇 학생에게는 효과가 있었지만, 요약이 효과가 있는 경우와 그렇지 않은 경우가 불분명했기 때문에 모든 학생에게 사용을 권장하지 않는 편이 좋겠다고 결론지었다. 키워드를 생성하는 아이디어는 일부 상황에서는 효과가 있었지만, 다른 상황에서는 구현하기 어려웠기 때문에 일반적인 전략으로 권장할 수 없었다. '다시 읽기'와 '밑줄 긋기'는 학생들이 자주 언급하는 두 가지 기법이었지만, 효과가 있는 경우도 있고 없는 경우도 많았기 때문에 이 역시 일반적인 용도로 권장할 수 없었다.

'정교한 질문' '자기 설명' '교차 연습' 기법은 많은 경우 효과가 있었지만, 매번 효과가 있는 것은 아니었다는 이유로 보통 등급을 받았다. 이 세 가지 기법의 경우 효과가 있다는 증거는 어느 정도 있었지만, 교육(실험실이 아닌) 환경에서 효과적이라는 증거는 많지 않았다. 물론 그렇다고 해서 이러한 기법이 교육 환경에서 효과가 없다는 뜻은 아니며, 단지 이 점에 대한 증거가 많지 않다는 의미이다.

'연습 시험'과 '분산 연습'이라는 두 가지 기법이 높은 평가를 받은 이유는, ① 연령과 능력이 각기 다른 학습자에게 효과적이고, ② 다양한 종류의 과제에서 학생의 성과를 높이는 것으로 나타났으며, ③ 교육적 맥락에서 효과가 있다는 증거가 많기 때문이다. 5장에 제시된 Robert Bjork의 연구 논의를 고려할 때, 이는 놀라운 일이 아니다. '연습 시험'은 학생들에게 기억(인출 강도, retrieval strength)에서 무언가를 불러오는 연습을 제공하므로 장기 기억력을 향상시킨다. 또한 연습을 분산하면(공부한 후 일정 기간이 지난 후에 스스로 테스트하면) 학습한 내용을 떠올릴 때 인출 강도가 낮아지므로 성공적인 인출은 더 강하게 기억에 남게 된다.

'연습 시험'의 두 번째 이점은 학생들이 자신이 맞았는지 아닌지 알 수 있다는 점인데, 이를 '과잉 수정 효과(hypercorrection effect)'라고 한다. 자신이 선택한 답이 정답이라고 오랫동안 확신하고 있으면 오답임에도 불구하고 실제로 틀렸다는 사실을 받아들이기 어려울 것이라고 생각해 왔다. 하지만 실제로는 그 반대인 것 같다. 확신을 가지고 있던 답에 대한 오류는 확신이 낮은 오류보다 수정하기가 훨씬 쉽다. 이는 학생들에게 시험을 치르게 하고 답을 확신하는 정도를 자기평가하도록 하는 실험에서 잘 나타난다. 실험에서 학생들은 자신이 답을 적은 각 문항에 대해 1에서 5까지의 척도로 답변에 대한 확신의 수준을 표시했다. 그런 다음 각 문항의 채점결과를 알려 주었고, 오답에 대해서는 정답을 알려 주었다. 몇 주 후에 동일한 내용으로 다시 시험을 치뤘을 때, 첫 번째 시험에서 정답에 대한 확신이 높으면 두 번째 시험에서는 첫 번째 시험에서 오답한 문제를 정답으로 맞힐 가능성이 더 높았다 (Metcalfe, Butterfield, Habeck, & Stern, 2012). 그 이유는 정확히 알 수 없다. 자신이 맞았다고 확신한 학생이 틀린 문제를 더 당황해서 틀렸다는 사실을 더 오래 기억하기 때문일 수도 있지만, 이유가 무엇이든 그 효과는 상당히 강력하다. 따라서 학생들이 연습 문제를 풀고 답에 대한 즉각적인 피드백을 받으면 자신이 맞았다고 확신하는 문제에 대해 '과잉 수정 효과'의 이점을 얻을 수 있다.

물론 이 모든 것의 문제점은 학생들은 시험을 좋아하지 않으며, 시험의 양을 늘리려는 시도에 실망할 가능성이 높다는 점이다. 이 딜레마에 대한 해결책은 교사가 성적을 기록할 때 연습 시험을 통해 얻은 점수는 반영하지 않는다는 사실을 학생들에게 알려 주는 것이다. 시험의 이점은 회상 연습(특히, 회상 강도가 낮은 경우)과 학생들이 오답을 실제로 정답이라고 확신하는 '과잉 수정 효과'에 있다. 다시 말해 시험을 채점하기에 가장 좋은 사람은 방금 시험을 치른 사람이다. 시험은 더 많이 치르되, 채점은 줄여야 한다. 학생들이 연습 시험을 통해 스스로 테스트하고 자신의 답을 확인하도록 장려해야 하지만, 자신이 얼마나 잘했는지 다른 사람에게 알려 줄 필요는 없다(물론 원하지 않는다면).

여기서 중요한 아이디어는 학생들이 자신의 학습에 대해 더 많은 책임을 져야 하며, 시간이 지남에 따라 어떤 교사보다 자신의 학습을 더 잘 관리할 수 있다는 것이다. 다시 말해 심리학 용어로 자기조절 학습자가 되는 것이다.

3. 자기조절 학습

자기조절 학습은 학습자가 학습목표를 달성하기 위해 인지적 자원, 감정 및 행동을 조정할 수 있도록 한다(Boekaerts, 2006). 일부 연구(예: Winne, 1996)는 이 과정의 인지적 측면, 즉 학습자가 학습목표에 도달하는 데 필요한 지식, 기술, 전략 등을 갖추고 있는가 하는 점을 강조한다. 다른 연구(예: Corno, 2001)에서는 많은 학생이 필요한 기술을 보유하고 있지만 교실에서는 사용하지 않는다고 지적하며, 이는 기술 부족이 아니라 동기나 의지의 부족이 문제임을 밝혔다. 4장에서 언급한 바와 같이, Alan Schoenfeld(1985)와 같은 다른 학자들은 때때로 학생들이 모든 문제를 5분 이내에 해결할 수 있다고 믿는다면 문제를 해결할 수 있지만, 해결책을 찾는 데 5분 이상 걸리는 문제는 포기할 수 있다는 점을 지적했다.

1970년대 이후 이 분야에 대한 많은 연구가 진행되어 왔으며, 특히 메타인지와 동기부여에 대한 연구가 집중적으로 이루어졌다(예: Flavell, 1976; Wigfield, Eccles, & Rodriguez, 1998 참조). 다음 두 절에서 메타인지와 동기부여에 대한 연구를 요약한 후 두 가지 주제를 하나로 엮어 설명하겠다.

1) 메타인지

메타인지라는 용어를 창안한 것으로 널리 알려진 John Flavell(1976)은 메타인지를 다음과 같이 정의했다.

> '메타인지'란 자신의 인지 과정과 산물 또는 이와 관련된 모든 것(예: 학습과 관련된 정보 및 데이터)에 관한 지식을 의미한다. 예를 들어, 내가 B보다 A를 배우는 데 더 어려움을 겪고 있다는 것을 알게 되었을 때, C를 사실로 받아들이기 전에 다시 한번 확인해야겠다는 생각이 들 때, 선택형 과제 상황에서 가장 좋은 것을 결정하기 위해 다른 대안을 꼼꼼히 살펴봐야겠다는 생각이 들 때, 잊어버릴 수 있으니 D를 메모해 두는 것이 좋겠다는 생각이 드는 경우, 내가 제대로 알고 있는지 확인하기 위해 누군가에게 E에 대해 물어보고 싶다는 생각이 드는 경우에 메타인지(메타기억, 메타학습, 메타인지 주의, 메타언어 등)를 사용하고 있다. 인간 또는 비인간 환경과의 모든 종류의 인지적 적응 과정에서 다양한 정보처리 활동이 진행될 수 있다. 메타인지는 어떤 구체적인 목표나 목적을 위해 인지 대상 또는 데이터와 관련하여 이러한 과정을 능동적으로 모니터링하고 그에 따른 조절 및 조정을 수행하는 것을 의미한다.

따라서 메타인지에는 자신이 무엇을 알고 있는지(메타인지 지식), 무엇을 할 수 있는지(메타인지 기술), 자신의 인지능력에 대해 무엇을 알고 있는지(메타인지 경험)를 아는 것이 포함된다. 연구에 따르면 '가장 효과적인 학습자는 자기조절을 잘하는 학습자'(Butler & Winne, 1995, p. 245)이며, 더 중요한 것은 메타인지 훈련이 학생들의 인지능력을 높이고(예: Lodico, Ghatala, Levin, Pressley, & Bell, 1983), 학습한 내용을 새로운 상황에 일반화할 수 있게 해 준다는 점이다(Hacker, Dunlosky, & Graesser, 1998).

최근 몇 년 동안 Zemira Mevarech와 동료들이 수학을 가르치기 위해 개발한 IMPROVE 교수법은 특히 효과적인 것으로 입증되었다. IMPROVE라는 이름은 7단계 교수법의 약자이다.

① 새로운 개념 소개(Introducing new concepts)

② 메타인지 질문(Metacognitive questioning)

③ 연습(Practicing)

④ 복습 및 난이도 줄이기(Review and reducing difficulties)

⑤ 숙달(Obtaining mastery)

⑥ 확인(Verification)

⑦ 강화(Enrichment)

메타인지 질문 단계에서는 학생들이 번갈아가며 세 가지 종류의 질문을 하고 답한다. ① "이것은 어떤 종류의 문제인가?"와 같은 이해력 질문, ② "이 문제를 해결하는 데 어떤 방법이 유용할까?"와 같은 전략적 질문, ③ 현재 문제를 이전에 해결한 문제와 연관시키도록 요구하는 연결 질문이다(Mevarech & Kramarski, 2014).

메타인지 기술을 사용하는 학생이 더 높은 성취도를 보인다는 증거는 분명하지만, 이러한 기술은 학생이 동기를 부여받은 경우에만 유용하다.

2) 동기부여

대부분의 사람은 내재적 동기와 외재적 동기, 즉 어떤 일을 하는 동기가 본질적으로 흥미롭거나 즐거워서인지 아니면 다른 가치 있는 결과로 이어질 것이기 때문에 생기는지에 대한 차이를 잘 알고 있다(Ryan & Deci, 2000). 개인이 본질적으로 흥미롭거나 즐거운 일에만 몰두한다면 읽기, 쓰기, 악기 연주를 배우지 않을 것이다. 우리는 일반적으로 숙제를 하지 않았을 때 처벌받는 상황을 피하거나, 기타로 좋아하는 노래를 연주하는 방법을 배우거나, 운전을 배우는 것처럼 스스로 설정한 외부 목표를 달성하는 등 결과를 중요하게 생각하기 때문에 동기를 갖게 된다.

학교에서의 동기부여에 관한 많은 문헌은 동기를 학생의 뇌에 있는 물질처럼 다루고 있다. 어떤 학생은 동기가 많고, 어떤 학생은 그렇지 않다. 학생들이 학습에 실패하면 우리는 그들의 동기 부족을 탓한다. 한편 학생들에게 동기를 부여하는 것이 교사의 역할이라고 믿는 사람들이 있다. 학생이 학습을 하지 않는 것은 교사가 충분한 동기부여를 하지 않았기 때문이므로 학습 실패의 원인은 교사에게 있다는 것이다.

그러나 최근에는 동기가 학업성취도의 원인이라는 전통적인 모델에 의문이 제기되고 있다. 학생들의 학업성취도와 동기부여에 관한 데이터를 살펴보면 높은 수준의 동기가 높은 수준의 성취도를 가져온다는 생각은 잘 맞지 않는 것 같다. 실제로 이러한 증거는 인과관계가 반대 방향으로 흐르고 있음을 시사한다. 즉, 동기는 성취의 원인이 아니라 결과라는 것이다(Garon-Carrier et al., 2016).

이러한 사고방식은 특히 시카고 대학의 심리학자 Mihaly Csikszentmihalyi의 연구에서 두드러진다. 그의 저서 『몰입: 최적 경험의 심리학(Flow: The Psychology of Optimal Experience)』(1990)에서는 개인이 자신이 참여하는 활동에 완전히 몰입하게 되는 다양한 상황을 설명한다.

> 한 무용수가 공연이 잘 진행되고 있을 때의 기분을 설명한다. "집중력이 매우 완벽합니다. 정신이 혼란스럽지 않고 다른 생각을 하지 않으며, 내가 하고 있는 일에 완전히 몰입합니다. 에너지가 매우 원활하게 흐릅니다. 편안하고 안락하며 활기찬 기분이 듭니다."

> 한 암벽 등반가는 산을 오를 때의 기분을 이렇게 설명한다. "내가 하고 있는 일에 너무 몰두한 나머지, 지금 하고 있는 활동과 나를 분리해서 생각하지 않게 됩니다."

> 어린 딸과 함께 보내는 시간을 즐기는 어머니는 이렇게 말했다. "딸아이가 정말 좋아하는 것은 책 읽기이고, 우리는 함께 책을 읽습니다. 딸이 책을 읽어 주고 저도 딸에게 책을 읽어 주는데, 그 시간에는 세상과의 연락이 끊기고 제가 하는 일에 완전히 몰두하게 됩니다."

> 한 체스 선수가 토너먼트에 출전한 이야기를 들려준다. "집중력은 마치 숨을 쉬는 것과 같아서 전혀 생각하지 못합니다. 지붕이 무너지더라도 당신은 그것을 인식하지 못할 것입니다."

　　Mihaly Csikszentmihalyi는 활동에 완전히 몰두하는 느낌을 몰입(flow)이라고 설명했다. 몰입은 딸에게 책을 읽어 주는 엄마처럼 과제에 대한 본질적인 관심으로 인해 발생할 수도 있지만, 자신의 능력과 과제의 도전 수준이 일치할 때에도 발생할 수 있다. 지루함은 과제 난이도가 낮고 역량 수준이 높을 때 발생한다. 일반적인 불안은 과제 난이도가 높고 역량 수준이 낮을 때 발생한다. 무관심은 두 가지 모두가 낮을 때 발생한다. 그러나 역량과 과제 난이도가 모두 높으면 몰입이 발생한다.

　　동기부여에 대한 이러한 사고방식은 문제를 교사나 학습자에게서 찾지 않고 도전과 역량의 일치에서 찾기 때문에 급진적이다. 동기부여에 대한 전통적인 관점에서는 학생이 동기를 부여받지 못하면 교사나 학생 중 누구의 잘못으로 간주한다. 하지만 동기부여를 원인이 아닌 결과, 즉 도전과 역량이 제대로 일치하는 결과로 본다면 학생이 동기부여를 받지 못한다면 이는 교사와 학습자가 무언가 다른 시도를 해야 한다는 신호일 뿐이다.

　　그러나 과제를 시도하는 데 드는 기회비용이 크거나 실패했을 때 자아상이 손상받는 것과 같은 부정적인 결과 등 학생이 과제에 참여하는 데 드는 비용이 너무 높다고 생각하면 활동에 몰입할 수 없다(Eccles et al., 1983). 학생들이 실제로 교실에서 추구하는 목표는 비용과 이익 간의 복잡한 절충안에 따라 달라진다.

　　우리는 학생들이 구체적이고, 도달할 수 있으며, 어느 정도의 도전을 제공하는 목표에 더 많은 동기를 부여한다는 것을 알고 있지만(Bandura, 1986; Schunk, 1991), 목표가 도달할 수 없는 것처럼 보이면 학생들은 5장에서 살펴본 것처럼 쉽게 도달할 수 있다고 알고 있는 낮은 수준의 목표에 집중하거나 과제에서 이탈하여 아예 실패를 피함으로써 역량을 높이는 것을 포기하게 된다. 반면 경쟁이 도움이 되지 않는다고 생각할 수도 있지만, 팀 내에서 다른 팀과 경쟁하기 위해 역량을 높이는 데 집중하는 것, 즉 그룹 간의 상대적 향상에 초점을 맞추는 것은 학생들의 수학 성취도를 높이는 것으로 밝혀졌다(Linnenbrink, 2005).

　　심리학자 Albert Bandura(1997)가 자기효능감이라고 불렀던 학생의 동기부여와 계획을 성공적으로 완수할 수 있다는 믿음은 학교를 다니면서 점차 감소하는 경향이 있지만, 교사의 역할이 실질적인 차이를 만들 수 있다는 점도 주목할 필요가 있다. 5학년부터 12학년까지 84개 수학 교실에서 1,571명의 학생을 대상으로 한 연구에 따르면, 긍정적이고 건설적인 피드백을 받은 학생은 성적보다는 학습에 집중할 가능성이 더 높았다(Deevers, 2006).

3) 동기부여와 메타인지 관점의 통합

이 논의는 교실에서의 형성평가와는 거리가 먼 것처럼 보일 수 있지만, 형성평가의 잠재력을 실현하려면 평가가 양날의 검이라는 점을 인식해야 한다. 평가는 수업을 개선할 수 있지만 학습자의 학습 의지, 욕구 및 능력에도 영향을 미칠 수 있다(Harlen & Deakin Crick, 2002). 아직 가장 효과적인 학습 환경에 대한 모든 것을 알 수는 없지만, 메타인지와 동기부여에 관한 기존의 연구는 학생을 학습의 주인으로 활성화하는 것이 필수적인 요소라고 주장한다.

처음에는 대부분의 학생이 학교에서 잘하고 싶어 한다는 사실을 인정하는 것이 중요하다. 부모님의 잔소리를 피하기 위해서라도 학업에 실패하고 싶은 학생은 거의 없다. 그러나 학생들이 추상적인 의미에서 공부를 잘하고 싶다고 해도 학습활동에 참여하는 정도는 여러 가지 요인에 따라 달라진다.

교사가 학생을 학습활동에 참여하게 할 때 학생은 여러 가지 정보를 사용하여 무엇을 할 것인지 결정하는데, 다음의 여섯 가지를 고려할 필요가 있다.

① 과제에 대한 현재 인식: 이 과제가 내가 성공적으로 완수할 수 있는 과제처럼 보이는가?

② 유사한 과제에 대한 이전 경험: 이전에 비슷한 과제를 수행한 적이 있으며, 성공했는가, 실패했는가? 그 일이 즐거웠는가?

③ 과목 또는 과제에 대한 신념: 내가 잘할 수 있다고 생각하는 과목 또는 과제인가, 아니면 내가 어렵다고 생각하는 과목인가?

④ 과목에 대한 능력과 노력의 역할에 대한 신념: 이 과목은 내가 정말 똑똑해야 성공할 수 있다고 생각하는 과목인가, 아니면 정말 열심히 노력하면 성공할

수 있는 과목인가?

⑤ 과목에 대한 관심(개인적 대 상황적): 이 과목은 내가 흥미를 느끼는 과목인가?
(개인적 관심사) 내가 흥미를 가질 수 있는 방식으로 과제가 제시되었나?(상황적
관심사)

⑥ 비용과 혜택: 이 과제를 성공하려면 얼마나 많은 노력을 기울여야 하는가? 그
만한 가치가 있는가? 최선을 다했는데 성공하지 못하면 기분이 어떨까? 창피
할 것인가, 아니면 실패해도 괜찮을 것인가? 다른 사람들이 성공할 가능성이
높은가?

이러한 다양한 요소를 모두 고려하는 것은 분명 복잡한 과정이지만, 학생들은 궁
극적으로 매우 간단한 선택을 한다. 학생들은 웰빙(well-being)을 유지하거나 성장하
는 두 가지 경로(이중 경로) 중 하나를 따라 자신의 에너지를 사용한다. 웰빙을 유지
하기 위해 학생들은 과제에 거의 노력을 기울이지 않을 수 있으며, 따라서 실패하더
라도 '지루한' 과제였기 때문에 노력하지 않았다고 주장할 수 있다. 다른 학생이나
인터넷에서 과제를 베끼거나 '바보 놀이'를 할 수도 있다. 이러한 모든 반응은 행복
감을 유지하는 방법이다. 대안은 자신의 능력을 향상시키기 위해, 다시 말해 성장하
기 위해 모든 위험을 감수하고 과제에 최선을 다하는 것이다.

벨기에의 교육심리학자인 Monique Boekaerts(1993)가 제안한 '이중 처리 자기 조
절 모델'[1](dual-processing self-regulation model)의 중요한 점은 학생이 교실에서 하는
일은 역동적이며 학생의 결정이 빠르게 바뀔 수 있다는 것이다. 교사가 학생들에게
"이 과제는 매우 어렵고, 대부분의 사람은 적어도 세 번은 시도해야 제대로 해낼
수 있습니다"라고 말하면 비용 대비 편익의 균형이 바뀌는 효과가 있다. 성공의 편
익은 더 커지고(어려운 과제를 성공적으로 완료하는 것은 좋은 일이다), 실패의 비용은 더

---

1) 역자 주: 이중 처리 자기 조절 모델(dual-processing-self-regulation model)이란 인간의 행동과 의사
결정이 빠르고 자동적·감정적인 체계와 느리고 숙고적·규칙 기반의 체계라는 두 가지 인지 체계
의 상호작용으로 이루어져 있다는 개념이다. 이 두 체계를 균형 있게 조절하여 충동적 경향을 제어
하고 목표지향적인 전략을 실행하는 것이 자기 조절의 핵심임을 의미한다.

낮아진다(적어도 처음 몇 번의 시도에서는 실패가 예상되기 때문이다). 비용과 편익의 균형이 바뀌었기 때문에 과제에 참여하기를 꺼려 하던 학생도 이제 과제를 선택하게 될수 있다. 교사는 과제를 수수께끼나 풀어야 할 퍼즐로 제시하는 등 학생이 더 흥미를 가질 수 있는 방식으로 과제를 제시할 수 있다. 교사는 학생과 함께 성장 마인드셋(growth mindset)[2] 활동을 수행하여 능력과 재능의 역할에 대한 학생의 견해를 바꿀 수 있다(예: Blackwell, Trzesniewski, & Dweck, 2007 참조). 학생은 자아상에 대한 위협을 낮출 수 있는 방법을 찾아 에너지와 주의를 성장 경로로 전환할 수 있다.

Monique Boekaerts의 모델에 따르면, 가장 중요한 것은 학생들이 웰빙보다는 성장을 활성화하도록 장려하는 학습 환경을 조성하는 것이다. 학생이 웰빙보다 성장을 추구할지 여부를 결정할 때 고려할 수 있는 모든 요소를 예상할 수는 없지만, 올바른 방향으로 주의를 기울이기 위해 할 수 있는 몇 가지 방법이 있다.

다음의 다섯 가지를 고려해 보자.

① 학습목표를 학생과 공유하여 학생이 학습목표에 대한 자신의 진행 상황을 모니터링할 수 있도록 한다.

② 능력은 고정된 것이 아니라 점진적으로 향상된다는 믿음을 심어 준다. 학생들이 더 똑똑해질 수 없다고 생각하면 실패를 피하는 데 에너지를 쏟을 가능성이 높다.

③ 학생들이 자신의 성취도를 다른 학생과 비교하기 어렵게 만든다.

④ 과거의 실패에 대한 검토보다는 미래의 행동에 대한 안내가 포함된 피드백을 제공한다.

⑤ 모든 기회를 활용하여 학습의 주도권을 교사에게서 학생에게 넘겨주어 자율적인 학습자로 성장할 수 있도록 지원한다.

이 모든 것을 할 수 있는 방법을 찾으면 알려 주길 바란다. 무엇을 해야 하는지

---

2) 역자 주: 성장 마인드 셋(growth mindset)이란 경험과 노력을 통해 능력과 지능을 향상시킬 수 있다는 신념을 의미한다.

아는 것과 실행하는 것은 다르다. 자신의 가르침을 지속적으로 발전시키는 것은 매우 어렵다. 좋은 소식은 처음부터 시작할 필요가 없다는 것이다. 오히려 다음 절에 소개된 것과 같이 이미 기술을 개발한 다른 교사들의 성과를 바탕으로 학생들의 성장 경로나 사고방식을 장려할 수 있다.

4. 실제적 기법

학생을 자기 학습의 주인이 되게 하면 학습이 크게 증가한다는 것은 의심의 여지가 없지만 빠른 해결책은 아니다. 많은 교사는 학생들의 자기평가에 대한 첫 번째 시도가 통찰력이 없거나 유용하지 않다는 것을 알게 된다. 나와 함께 일했던 한 교사는 이렇게 말했다. "자기평가는 팬케이크를 만드는 것과 같습니다. 당신은 보통 첫 번째 것을 버리게 됩니다." 또한 자기평가는 다루기 어려운 과정이다. 한 담임교사는 중학교 수학 시간에 발생한 몇 가지 행동 문제를 다루고 있었다. 담임교사는 수학 선생님을 돕기 위해 학생들이 자신의 성취도를 스스로 평가할 수 있도록 다음 문장을 완성하도록 했다. "만약 ……". 한 학생은 이것에 대해 꽤 오랫동안 생각했고, 결국 "더 나은 수학 선생님이 있다면 수학 수업에서 더 잘 배울 것입니다"라고 썼다. 그 학생의 말에는 일리가 있었다. 그러나 담임교사가 그 학생이 쓴 것을 보았을 때 학생에게 이것은 받아들일 수 없다고 말했고, 그래서 학생은 자리로 돌아가 "제가 학교에 적절한 준비물을 가져가고, 수업 시간에 주의를 기울이며 숙제 내용을 기억한다면 수학 수업에서 더 잘 배울 것입니다"라고 고쳐 썼다. 그 학생은 담임교사가 수학 학습을 향상시킬 수 있는 과정에 참여하기를 정말로 원했지만, 담임교사는 무엇에 대해 협의하는지 충분히 알려주지 않았다. 더 중요한 것은 자기평가 활동이 학생 자신이 통제할 수 있는 것에 집중할 수 있도록 충분히 잘 구성되지 않았다는 것이다. 그런 경우에 학생들은 결국 "선생님의 머릿속에 무엇이 있는지 알아맞히기" 게임을 하고, 가치 있는 학습은 거의 또는 전혀 일어나지 않는다. 앞으로 살펴보겠지만 자기평가는 학생과 교사 모두에게 불편할 수 있지만 이점이 크며,

일단 교사가 학생을 학습에 참여시키는 것에 익숙해지면 이전으로 돌아가기 힘들 것이다.

6장에서 설명한 많은 기술은 자기평가를 위해 채택될 수 있지만 학생들이 스스로 학습을 성찰하도록 장려하기 위해 특별히 고안된 몇 가지 기술이 있다. 여기서는 신호등(Traffic Lights), 빨간색 또는 녹색 디스크(Red or Green Disks), 색깔 컵(Colored Cups), 학습 포트폴리오(Learning Portfolios) 및 학습 로그(Learning Logs) 등의 기술에 대해 논의한다.

1) 신호등

많은 교사는 신호등 기법을 사용하여 학생들을 자기 학습의 주인이 되게 한다. 수업 시작 시 교사는 학습 의도 및 관련 성취기준을 학생들과 공유하고, 수업이 끝나면 학생들은 신호등의 세 색깔(빨강, 녹색, 노랑)로 의도한 학습을 달성한 정도를 평가해야 한다. 녹색은 의도한 학습이 달성되었다는 자신감을 나타낸다. 노란색은 의도한 학습이 달성된 정도에 대한 양면성 또는 목적이 부분적으로 충족되었다는 자신감을 나타낸다. 빨간색은 학생이 의도한 것을 학습하지 못했다고 믿는다는 것을 나타낸다. 문제는 이것이 자기 보고이고, 앞서 언급했듯이 자기 보고는 특별히 신뢰할 수 없다는 것이다. 한 교사는 학생들에게 "여기 빨간색은 나와 함께 있고, 녹색은 노란색을 돕고, 노란색은 녹색이 그들이 생각하는 것처럼 이것을 잘 이해했는지 확인합니다"라고 말하면서 이 문제를 해결했다. 녹색의 의미를 "나는 자신감을 느낀다"에서 "나는 이제 이것을 다른 누군가에게 가르칠 준비가 되었다"로 바꿈으로써 그 교사는 학생들이 단지 좋게 보이고 싶어서 녹색을 표시할 가능성을 훨씬 낮췄다.

한편, 시험 준비를 위해 신호등을 사용할 수도 있다. 한 교사는 학생들이 시험 준비하는 방법을 살펴보았고, 많은 학생이 노트의 페이지를 넘기는 것을 주요 전략으로 사용하는 것을 보고 걱정했다. 교사는 많은 학생이 배우지 않은 것을 복습하는 것만큼이나 자신 있는 것을 복습하는 데 많은 시간을 보내는 것을 보고 놀랐다. 시험 준비의 질을 향상시키기 위해 교사는 학생들에게 각 페이지 상단 모서리에 색으로 표시된 점을 찍어 학생들이 자료에 대한 자신감을 표시하도록 권장했다. 시험을 준비할 때 학생들은 공책 모서리에 녹색으로 표시된 자료는 건너뛰고 자신이 덜 이해한 영역에 집중할 수 있었다. 이러한 접근 방식은 결국 자기 보고인 학생 판단의 정확성에 달려 있지만, 이 자기평가의 유일한 확인자가 학생 자신이라는 사실에서 학생들이 정직하게 이해 수준을 표시할 가능성을 높인다.

2) 빨간색 또는 녹색 디스크

한 고등학교의 수학 교사는 한동안 신호등 기법을 사용해 왔지만, 더 많은 실시간 정보를 얻을 수 있는 방법에 대해 생각하기 시작했다. 교사는 학급의 각 학생에게 한쪽은 녹색이고, 다른 쪽은 빨간색인 CD 크기의 디스크를 주었다. 수업이 시작될 때 녹색 면이 위로 향했지만, 수업이 진행됨에 따라 학생들이 교사가 너무 빨리 진행하고 있다고 생각한다는 신호를 보내고자 하면 디스크를 빨간색으로 뒤집었다. 교사는 그해 수업에서 단 한 번의 질문도 하지 않은 학생들이 자신의 혼란스러운 부분을 보여 주기 위해 기꺼이 디스크를 빨간색으로 뒤집는 것을 발견했다.

몇 주 후, 상당히 놀라운 일이 일어났다. 교사는 학생들에게 방정식을 푸는 방법을 보여 주고 있었다. 교사는 자신이 하는 설명에 너무 몰두한 나머지 빨간색 디스크를 표시한 학생이 있는지 확인하는 것을 잊어버렸다. 교실 뒤쪽에 있던 한 학생은 몇 분 전에 디스크를 빨간색으로 뒤집었으나 교사가 빨간색 디스크를 확인하지 않은 것에 점점 더 좌절했다. 학생은 양쪽에 앉아 있는 두 친구를 보았는데, 친구들도 디스크를 빨간색으로 뒤집은 것을 보고 친구들의 디스크 두 개를 함께 잡아 세 개의 디스크를 모두 공중에서 흔들어 교사에게 수업의 속도를 줄이라고 표시했다. 처음 이 이야기를 들었을 때, 나는 이 학생이 유난히 자신감이 넘치는 학생일 것이라고 생각했지만, 점점 더 많은 교사가 이러한 기법을 사용하면서 이런 종류의 상황이 더 많이 등장했다. 교사가 학생들의 정보를 얻기 위해 소통의 창구를 열면 학생들은 그것을 사용할 것이다.

때때로 학생들의 정직함은 무장을 해제할 수 있으며 심지어 무서울 수도 있다. 과학 교사인 Dave Tuffin은 더운 여름 오후에 7학년 학생들과 수업하고 있었다. 교사는 그때의 수업을 "효과가 없다는 것을 알지만 스스로 멈출 수 없는 그런 수업 중 하나"라고 표현했다. 이는 모든 교사에게 친숙한 경험일 것이다. 교사는 수업에 활기를 불어 넣으려고 노력했지만 실제로는 수렁에 빠졌다. 그러자 한 학생이 손을 들고 "선생님, 이거 안 되는 거죠?"라고 말했다. 나중에 교사는 1년 전이라면 그 학생이 그런 식으로 자신을 부끄럽게 했을 때 화가 났을 것이라고 말하면서 자신의 감정을 설명했다. 하지만 몇 달 동안 자신은 학생들이 자신의 학습에 대해 더 많은 책임을 지도록 했고, 그래서 그는 "네가 하는 말이 맞아. 우리는 무엇을 해야 할까?"라고 말했다. 어떤 학생에게 쉬는 시간을 가지거나 과학을 포기하라고 제안하지 않았고, 대신 교실의 전체 학생과 학습을 향상시키는 방법에 대해 성숙한 대화를 나눴다. 아마도 이 이야기에서 가장 중요한 것은 교사의 반응일 것이다. 우리는 5장에서 학생들의 자아를 학습 상황과 분리시키는 것이 얼마나 중요한지 보았지만, 이 이야기는 교사의 자아를 교실에서 분리시키는 것 또한 얼마나 중요한지를 보여 준다. 그 학생은 교사를 난처하게 만들려고 한 것이 아니다. 학생은 교사에게 도움을 요청하고 있었고, 교사는 이것을 깨닫고 기꺼이 도움을 주었다.

3) 색깔 컵

내가 관찰한 다른 교사는 빨간색이나 초록색 디스크 방법을 시도해 보았지만, 형광등 때문에 교실 앞에서 디스크가 선명하게 보이지 않는다는 것을 발견했다. 그래서 파티 가게에 가서 빨간색, 노란색, 그리고 초록색의 색깔 컵을 샀다. 교실에서 학생들은 세 가지 색깔 컵을 한 세트씩 받고, 수업은 초록색 컵을 보여 주는 것으로 시작한다. 만약 학생이 선생님에게 수업이 너무 빠르다는 신호를 보내고 싶다면 노란색 컵을 보여 주고, 질문을 하고 싶다면 빨간색 컵을 표시한다. "왜 어떤 학생이 빨간색 컵을 보여 주었을까요?" 이 교실의 규칙은 한 학생이 빨간색 컵을 보이자마자, 교사가 랜덤 순서 정하기 막대기를 사용하여 임의로 한 학생을 고르고, 선택된 학생은 빨간색 컵을 보인 학생이 제기하는 질문에 답하기 위해 교실 앞으로 가야 한다는 것이다. 교사는 이것을 자신의 교실을 하나의 거대한 '치킨 게임'[3]으로 바꾸는 것이라고 설명했다.

이 기술은 효과적인 형성평가의 두 가지 핵심 구성 요소인 참여와 반응을 깔끔하게 요약한다. 학생이 노란색 또는 초록색을 표시하는 경우에 다른 사람에게 이해한 내용을 설명하도록 요청할 수 있으며, 이를 위해서는 학생들이 자신의 학습을 모니터링하고 참여해야 한다. 그리고 수업 속도에 대한 학생들의 정보 흐름은 교사가 학생들의 학습 요구에 더 잘 대응할 수 있도록 조정하는 데 도움이 된다.

4) 학습 포트폴리오

많은 학교에서 학생들에게 자신의 작품을 담은 포트폴리오를 보관하도록 권장하지만, 예술가의 포트폴리오와 같은 방식으로 최신 작품과 최고 작품을 전시하는 경우가 너무 많다. 학생의 포트폴리오에는 구아슈, 아크릴, 수채화, 기름, 목탄 등이 있을지 모른다. 예를 들어 예술가가 구아슈로 새 작품을 제작하고 이미 포트폴리오에 있는 것보다 더 좋다고 생각하는 경우에는 이전 구아슈 작품을 새 작품으로 교체할 것이다. 이러한 방식으로 최신, 최고의 작품에 초점을 맞추어 만들어 내는 것을 '성과 포트폴리오'라고 하는데, 이는 성적을 부여하기 위한 총괄평가의 근거로 활용될 수 있지만 학습의 과정을 모호하게 만드는 경향이 있다.

능력이 점차 향상된다는 관점에서 볼 때는 '학습 포트폴리오'가 훨씬 더 유용하다. 학생들이 더 나은 과제를 수행하면 이전 작업을 대체하는 대신에 포트폴리오에 추가하여 학생들이 학습 과정을 검토할 수 있도록 한다. 예를 들어, 학생의 설득력 있는 글쓰기의 초기 과제를 돌아보는 것은 학생들이 발전된 정도를 확인하는 데 도움을 줄 수 있으며, 이것은 두 가지의 즉각적인 이점이 있다. 첫째, 무엇이 향상되었

---

3) 역자 주: 치킨 게임(chicken game)이란 어느 한쪽이 양보하지 않으면 양쪽 모두 파국으로 치닫게 되는 극단적인 게임 이론이다. '치킨'은 겁쟁이를 의미하며 도로에서 두 운전자가 정면으로 돌진하다 충돌 직전에 핸들을 먼저 꺾는 이가 지는 자동차 게임에서 유래한다.

는지를 보고 발전의 궤적을 확인하면 학생이 얼마나 더 발전될 수 있는지를 볼 수 있다. 둘째, 향상에 집중하면 학생들이 능력을 고정된 것이 아니라 향상 가능하다고 볼 가능성을 높인다. 5장에서 본 것처럼, 향상 관점은 가장 효과적인 학습자들의 핵심적인 특징이다.

학생들은 매우 어린 나이에도 학습 포트폴리오를 개발하기 시작할 수 있다. 한 유치원 교사는 학생들에게 매달 자화상을 그리도록 하고는 초상화를 학습 포트폴리오에 보관했다. 1월이 되면 학생들은 9월, 10월, 11월, 12월에 그린 네 개의 자화상을 검토하면서 자신이 생각하기에 그림에서 무엇이 더 좋아졌다고 생각하는지에 대해 성찰하는 시간을 가졌다. 수업에서 한 학생은 가장 두드러진 특징으로 "내 팔이 더 이상 나의 머리에서 나오지 않는다"라는 점을 선택했다. 이 학생이 반에서 최고의 화가는 아닐지 모르지만, 계속되는 노력으로 자신이 향상될 것이라는 것을 알게 될 것이다.

5) 학습 일지

교사가 학생의 학습을 성찰하도록 하는 방법으로 유용한 기법 중 하나는 수업이 끝날 때 학생들에게 학습 일지를 작성하게 하는 것이다. 물론 여기에 새로운 것은 없지만 일부 교사는 일반적인 방법에 약간의 변형을 주는 방법이 유용하다고 생각한다. 교사의 한두 가지의 자기평가 질문에 학생들이 답변하게 하는 대신 다음에 제시된 질문 중 세 가지를 골라 응답하게 하는 것이다.

- "오늘 나는 ……을 배웠습니다."
- "나는 ……에 놀랐습니다."
- "제가 이 수업에서 배울 가장 유용한 것은 ……입니다."
- "나는 ……에 관심이 있었습니다……."
- "제가 이 수업에서 가장 좋았던 점은 ……입니다."
- "한 가지 확실하지 않은 것은 ……입니다."

- "제가 더 알아보고 싶은 주요한 것은 ……입니다."
- "이 수업이 끝나면, 저의 느낌은 ……할 것입니다."
- "만약에 ……과 같이 했다면 수업에서 더 많은 것을 얻었을지도 모릅니다."

학생들에게 세 가지 질문 중 어떤 항목에 응답할지 선택권을 주면 학습을 성찰하는 과정에 보다 사려 깊게 접근하도록 장려할 수 있다.

5. 결론

교사는 학습이 일어나는 상황을 설계하는 데 중요한 역할을 하지만, 학습을 하는 사람은 바로 학습자이다. 따라서 학생들이 자신의 학습을 잘 관리할수록 더 잘 배운다는 사실은 놀라운 일이 아니다. 모든 학생은 학습 과정을 관리하는 방법을 익히고 향상시키면서 자신의 학습의 주인이 될 수 있다. 그러나 이것은 쉬운 과정이 아니다. 자신의 학습에 대해 비판적으로 성찰하는 것은 감정적으로 부담이 가기 때문이며, 특히 실패에 익숙한 학생들에게는 그러한 기술을 개발하는 데 시간이 걸린다.

이 장에서는 교사가 학생들의 참여와 요구에 잘 반응하기 위해 사용할 수 있는 여러 가지 실제적인 기법과 함께 연구 결과를 제공했다. 마지막으로, 에필로그에서는 이 책의 주요 주제를 검토하고, 이 책에서 제시된 아이디어를 실제 수업에 적용하려는 교사들에게 필요한 조언을 추가하였다.

에필로그

모든 세대는 사회, 직업 세계, 사람들의 요구 사항에서 전례 없는 변화를 경험하고 있다. 그러나 이번에는 정말 다르다고 믿을 만한 충분한 이유가 있다. 프린스턴 대학의 경제학자인 Alan Blinder(2009)가 지적한 것처럼, 2035년까지 무려 5천만 개의 미국의 일자리가 역외로 밀려날 위험에 처해 있다. 이 중 일부는 저숙련 일자리이기는 하지만 많은 일자리는 그렇지 않다. 중국이 미국을 제치고 세계 최대의 제조업 국가가 되었지만, 미국 근로자의 평균 생산성은 중국의 평균보다 3~4배 높다(United Nations Statistics Division, 2010). 이것은 미국의 근로자가 더 비싼 장비로 작업해서라기보다는 대부분 작업 구성 방식, 지적 재산 사용 등과 같은 무형 자산 덕분이라고 할 수 있다(Kling & Schulz, 2009).

미국은 20세기 후반에 세계 최대 제조업 국가가 되었다. 1910년에서 1940년 사이에 미국과 비슷한 수준의 선진국 대부분에서는 15세 이상의 교육이 고등교육을 받지 않을 사람들에게는 낭비가 될 것이라고 생각했다. 반면 미국에서는 18세까지의 학생들을 위한 대규모 공교육에 엄청난 투자를 하였다(Goldin & Katz, 2008). 이 투자는 새로운 기술을 수용할 수 있을 만큼 충분히 교육을 받은 소비자뿐 아니라 숙련된 노동력을 창출할 수 있었다(Bhidé, 2008).

1910년에서 1940년 사이에 미국의 젊은이들을 교육하기 위해 이루어진 이러한 투자의 중요한 특징은 미래를 예측하려고 하지 않았다는 점이다. 바로 이러한 이유 때문에 이 투자는 성공적일 수 있었다. 이 당시에 제공된 교육은 특정 직업을 목표로 하는 직업훈련(vocational training)이 아닌 일반 교육(general education; 역자 주: 모든 사람에게 공통되는 경험을 내용으로 하는 교육)이었다. 이는 미국의 미래 번영을 보장할 더 많은 사람을 대상으로 하는 '더 좋은' 교육이었다.

읽기와 수학을 향상시키려는 이전 시도를 돌아보면 아마도 매우 우울해질 것이다.

미국의 국가수준 학업성취도(National Assessment of Educational Progress: NAEP; Rampey, Dion, & Donahue, 2009)의 데이터에 따르면, 9세 및 13세의 학업성취도는 일부 향상되기는 하였으나, 17세의 읽기 및 수학 수준은 1970년대 초반과 동일하였다. 그러나 1장에서 보았듯이, 교육 개선의 실패는 주로 교사의 질의 중요성을 인식하지 못하는 데에서 기인한다.

20세기 동안 이루어진 대부분의 교육 개선 정책은 모든 교사가 거의 동일하다고 가정했다. 이제 우리는 교사의 질이 학생들의 성취 수준을 결정하는 가장 중요하고, 유일한 요소이며, 가장 유능한 교사의 수업에서는 불리한 배경을 가진 학생들이 유리한 배경을 가진 학생들만큼 배운다는 것을 알게 되었다. 이처럼 교사의 질의 영향력은 심오하다.

하버드 대학교의 한 연구에 따르면, 우수한 유치원 교사의 효과는 30년 후 해당 학생들의 평균 시간당 급여에 반영된다고 하였다(Chetty et al., 2010). 즉, 이 연구에 따르면, 우수한 유치원 교사가 창출하는 경제적 가치는 연간 약 $320,000라고 추정하였다.

현재 우리는 교사의 질의 중요성에 대해 널리 동의하고 있다. 실제로 학교의 질적 차이는 거의 전적으로 학교 교사의 질적 차이로 설명되는 것으로 보인다. 따라서 학생들의 학업성취도를 높이려면 교사의 질을 높여야 할 것이다.

교사의 수행을 개선하려는 대부분의 시도가 실패했다는 점을 감안할 때, 많은 교육 경제학자들이 교사의 질을 향상시키는 유일한 방법으로 덜 효과적인 교사들을 해고하고 더 나은 교사로 대체하는 방법을 제안하는 것은 당연하다(Hanushek, 2010). 그러나 그러한 변화가 시스템을 통해 작동되기까지는 약 30년 정도의 너무 오랜 시간이 걸린다. 물론 최고로 우수한 교사들이 가르치는 일에 매력을 느끼고 계속 남아 있도록 노력하는 것도 중요할 것이다. 이와 동시에 기존의 연구를 통해서 밝혀진 (학생들의 성취를 향상시키는 데) 효과적인 방법에 초점을 맞춘 전문성 개발을 통해 현직 교사의 수행을 향상시키기 위한 노력이 필요할 것이다.

앞선 2장에서 고찰하였듯이, 다수의 선행 연구들에서 형성평가의 실제가 교사의 분 단위 및 일상적인 교실 활동과 통합될 때 학생의 성취도가 크게 향상(학습 속도가 약 50~70% 정도 증가)된다고 보고하였다. 이러한 학업성취도 향상은 외부 표준화 성취도 검사 결과에서도 나타났다. 심지어 형성평가를 활용하는 방법은 비용이 많이 들지 않는다. 이는 학업성취도를 향상시키기 위해 학급의 규모를 줄이는 방법보다 비용이 약 20배 더 효율적이다. 또한 현재까지 밝혀진 경험적인 연구 결과를 살펴보더라도 이렇게 효과는 크지만, 상대적으로 비용은 적게 드는 방법은 없는 것으로 보인다.

3장부터 7장까지 우리는 다음과 같은 형성평가의 다섯 가지 주요 전략을 살펴보았다.

① 학습 의도와 성취기준의 명료화, 공유 및 이해하기
② 학습 증거 도출하기
③ 학습을 향상시키는 피드백 제공하기
④ 서로를 위한 교육 자원으로서의 학습자 활성화시키기
⑤ 학습자를 자기 학습의 주인이 되도록 활성화시키기

이러한 각 전략이 학생의 학습에 미치는 영향에 대한 증거를 제시하고, 전략을 구현하기 위한 여러 가지 실제적인 기법을 소개하였다. 각각의 기법은 특별한 기술 없이도 사용 가능하며, 모든 연령대에게, 그리고 모든 과목을 가르치는 데 사용하도록 쉽게 조정할 수 있다.

일부 기법은 비교적 새롭지만 대부분은 그렇지 않다. 수백 년은 아니더라도 수십 년 동안 최고의 교사들이 사용해 온 방법이다. 새로운 것은 기술이 아니다. 따라서 새로운 기술보다는 교실에서 활용하는 형성평가 기법들이 어떻게 서로 잘 맞물려 돌아가는지를 보여 주는 프레임워크로 보는 것이 더 적합하다. 또한 각 기법이 학생의 학업성취도에 미치는 영향을 보여 주는 증거이기도 하다.

한편 교사들에게 너무 많은 형성평가 기법을 사용하게 하는 것은 문제가 될 수 있다. 심리학자 Barry Schwartz(2003)가 『선택의 역설: 더 많은 것이 더 적은 이유 (The Paradox of Choice: Why More Is Less)』에서 언급한 바와 같이 너무 많은 선택은 오히려 쓸모없게 되고, 위험할 수 있다는 것이다. 교사가 자신의 수업에 대해서 한 번에 두세 가지 이상을 바꾸려고 하면, 일반적으로 수업은 더 나빠지고 예전 방식으로 되돌아갈 수 있다. 따라서 교사들에게 이 책에 나오는 기법 중 한두 가지만을 선택하여 수업에서 시도해 보기를 권한다. 그런 후 어떤 기법이 효과적이라면, 그다음에는 그것이 몸에 배어 자연스러울 때까지 연습해 보도록 한다. 반면 어떤 기법이 별로 효과적이지 않다면, 이를 수정해서 적용해 보거나 아니면 다른 새로운 기법을 시도해 보도록 한다. 모든 교사에게 동일하게 효과적인 기법은 없지만 교사들은 이 책에서 자신에게 잘 맞는 기법을 찾을 수 있을 것이라고 확신한다. 참고로 형성평가 실행에 대한 교사 학습 공동체(self-help group)를 조직하는 방법에 대한 자세한 지침은 Wiliam과 Leahy(2015)를 참조할 것을 제안한다.

Marianne Williamson(1992)의 저서 『사랑으로의 귀환(A Return to Love)』에서 "우리의 가장 깊은 두려움은 우리가 불충분하다는 것이 아니고, 우리가 헤아릴 수 없을 정도로 강력하다는 것이다"라고 말했다. 우리는 이제 교사가 학생들의 학습에 가장 강력한 영향을 미치고, 교사의 재직 기간 내내 지속적으로 자신의 교수 실제를 크게 개선시킬 수 있다는 것을 알게 되었다. 만약 모든 교사가 자신의 실력이 더 나아질 수 있게 교수 실제를 개선시키고, 학생들의 학습을 향상시킬 수 있는 방안들에 집중할 필요성을 수용한다면 우리는 우리 학생들이 21세기의 불가능할 정도로 복잡하고 예측할 수 없는 세상에서 성공할 수 있도록 준비시킬 수 있을 것이다.

참고문헌

Aaronson, D., Barrow, L., & Sander, W. (2007). Teachers and student achievement in the Chicago public high schools. *Journal of Labor Economics, 25*(1), 95–135.

Adey, P. S., Fairbrother, R. W., Wiliam, D., Johnson, B., & Jones, C. (1999). *A review of research related to learning styles and strategies.* London: King's College London Centre for the Advancement of Thinking.

Agodini, R., & Harris, B. (2016). How teacher and classroom characteristics moderate the effects of four elementary math curricula. *Elementary School Journal, 117*(2), 216–236.

Allal, L., & Lopez, L. M. (2005). Formative assessment of learning: A review of publications in French. In J. Looney (Ed.), *Formative assessment: Improving learning in secondary classrooms* (pp. 241–264). Paris: Organisation for Economic Co-operation and Development.

Anderson, M., & Della Sala, S. (2011). Neuroscience in education: An (opinionated) introduction. In S. Della Sala & M. Anderson (Eds.), *Neuroscience in education: The good, the bad, and the ugly* (pp. 3–12). Oxford, UK: Oxford University Press.

Antil, L. R., Jenkins, J. R., Wayne, S. K., & Vadasy, P. F. (1998). Cooperative learning: Prevalence, conceptualization and the relation between research and practice. *American Educational Research Journal, 35*(3), 419–454.

Arter, J. A., & McTighe, J. (2001). *Scoring rubrics in the classroom.* Thousand Oaks, CA: Corwin Press.

Ashman, G. (2015, April 3). *Can teaching be given a score?* [Blog post]. Accessed at https://gregashman.wordpress.com/2015/04/03/can-teaching-be-given-a-score on August 18, 2015.

Ausubel, D. P. (1968). *Educational psychology: A cognitive view.* New York: Holt, Rinehart and Winston.

Autor, D. H. (2014). Skills, education, and the rise of earnings inequality among the "other 99 percent". *Science, 344*(6186), 843–851.

Autor, D. H., Levy, F., & Murnane, R. J. (2003). The skill content of recent technological change: An empirical exploration. *Quarterly Journal of Economics, 118*(4), 1279–1333.

Babcock, J., Babcock, P., Buhler, J., Cady, J., Cogan, L. S., Houang, R. T., Kher, N., Patrick, J., Rosolova, K., Schmidt, W., Wight, K. (2010). *Breaking the cycle: An international comparison of U.S. mathematics teacher preparation.* East Lansing: Michigan State University Center for Research in Mathematics and Science Education.

Bacolod, M. P. (2007). Do alternative opportunities matter?: The role of female labor markets in the decline of teacher supply and teacher quality 1940–1990. *Review of Economics and Statistics, 89*(4), 737–751.

Bandura, A. (1986). *Social foundations of thought and action: A social cognitive theory.* Englewood Cliffs, NJ: Prentice Hall.

Bandura, A. (1997). *Self-efficacy: The exercise of control.* New York: Freeman.

Bangert-Drowns, R. L., Kulik, C.-L. C., Kulik, J. A., & Morgan, M. (1991). The instructional effect of feedback in test-like events. *Review of Educational Research, 61*(2), 213-238.

Bangert-Drowns, R. L., Kulik, J. A., & Kulik, C.-L. C. (1991). Effects of frequent classroom testing. *Journal of Educational Research, 85*(2), 89-99.

Barber, M., & Mourshed, M. (2007). *How the world's best-performing school systems come out on top.* London: McKinsey.

Barry, D., (Series Producer) & Hardy, E. (Executive Producer). (2010). *The classroom experiment* [Television series]. London: British Broadcasting Corporation.

Baumert, J., Kunter, M., Blum, W., Brunner, M., Voss, T., Jordan, A., Klusmann, U., Kraus, S., Neubrand, M., Tsai, Y. (2010). Teachers' mathematical knowledge, cognitive activation in the classroom, and student progress. *American Educational Research Journal, 47*(1), 133-180.

Bennett, R. E. (2011). Formative assessment: A critical review. *Assessment in Education: Principles, Policy and Practice, 18*(1), 5-25.

Bergan, J. R., Sladeczek, I. E., Schwarz, R. D., & Smith, A. N. (1991). Effects of a measurement and planning system on kindergartners' cognitive development and educational programming. *American Educational Research Journal, 28*(3), 683-714.

Bernstein, B. (1970). Education cannot compensate for society. *New Society, 15*(387), 344-347.

Bhidé, A. V. (2008). *The venturesome economy: How innovation sustains prosperity in a more connected world.* Princeton, NJ: Princeton University Press.

Bjork, R. A. (1994). Memory and metamemory considerations in the training of human beings. In J. Metcalfe & A. P. Shimamura (Eds.), *Metacognition: Knowing about knowing* (pp. 188-205). Cambridge, MA: MIT Press.

Bjork, R. A., & Bjork, E. L. (1992). A new theory of disuse and an old theory of stimulus fluctuation. In A. F. Healy, S. M. Kosslyn, & R. M. Shiffrin (Eds.), *From learning processes to cognitive processes: Essays in honor of William K. Estes* (Vol. 2, pp. 35-67). Hillsdale, NJ: Erlbaum.

Black, D. S., Milam, J., & Sussman, S. (2009). Sitting-meditation interventions among youth: A review of treatment efficacy. *Pediatrics, 124*(3), 532-541.

Black, H. (1986). Assessment for learning. In D. L. Nuttall (Ed.), *Assessing educational achievement* (pp. 7-18). London: Falmer Press.

Black, P. J., & Harrison, C. (2002). *Science inside the black box: Assessment for learning in the science classroom.* London: King's College London Department of Education and Professional Studies.

Black, P. J., Harrison, C., Lee, C., Marshall, B., & Wiliam, D. (2003). *Assessment for learning: Putting it into practice.* Berkshire, England: Open University Press.

Black, P. J., Harrison, C., Lee, C., Marshall, B., & Wiliam, D. (2004). Working inside the black box: Assessment for learning in the classroom. *Phi Delta Kappan, 86*(1), 8–21.

Black, P. J., & Wiliam, D. (1998a). Assessment and classroom learning. *Assessment in Education: Principles, Policy and Practice, 5*(1), 7–73.

Black, P. J., & Wiliam, D. (1998b). *Inside the black box: Raising standards through classroom assessment.* London: King's College London School of Education.

Black, P. J., & Wiliam, D. (2009). Developing the theory of formative assessment. *Educational Assessment, Evaluation and Accountability, 21*(1), 5–31.

Blackwell, L. S., Trzesniewski, K. H., & Dweck, C. S. (2007). Implicit theories of intelligence predict achievement across an adolescent transition: A longitudinal study and an intervention. *Child Development, 78*(1), 246–263.

Blatchford, P., Bassett, P., Brown, P., Martin, C., Russell, A., & Webster, R. (2009). *Deployment and impact of support staff in schools: Characteristics, working conditions and job satisfaction of support staff in schools (strand 1, waves 1–3 in 2004, 2006 and 2008)* (Research Report No. DCSF-RR154). London: Department for Children, Schools and Families.

Blinder, A. (2009). How many U.S. jobs might be offshorable?. *World Economics, 10*(2), 41–48.

Blinder, A. (2010). *How many U.S. jobs might be offshorable?.* Princeton, NJ: Princeton University Center for Economic Policy Studies.

Bloom, B. S. (1969). Some theoretical issues relating to educational evaluation. In H. G. Richey & R. W. Tyler (Eds.), *Educational evaluation: New roles, new means, part 2* (Vol. 68, pp. 26–50). Chicago: University of Chicago Press.

Boaler, J. (2002). *Experiencing school mathematics: Traditional and reform approaches to teaching and their impact on student learning.* Mahwah, NJ: Erlbaum.

Boekaerts, M. (1993). Being concerned with well-being and with learning. *Educational Psychologist, 28*(2), 149–167.

Boekaerts, M. (2006). Self-regulation and effort investment. In K. A. Renninger & I. E. Sigel (Eds.), *Handbook of child psychology: Volume 4–Child psychology in practice* (6th ed., pp. 345–377). New York: Wiley.

Böhlmark, A., & Lindahl, M. (2008). *Does school privatization improve educational achievement?: Evidence from Sweden's voucher reform.* Bonn, Germany: Institute for the Study of Labor.

Bondy, F. (1999, January 13). Out of this world in redefining greatness, Michael Jordan made a lasting impact on an entire generation. *New York Daily News,* p. 2.

Boulet, M. M., Simard, G., & De Melo, D. (1990). Formative evaluation effects on learning music. *Journal of Educational Research, 84*(2), 119–125.

Boykin, A. W., Coleman, S. T., Lilja, A., & Tyler, K. M. (2004). *Building on children's cultural assets in simulated classroom performance environments: Research vistas in the communal learning paradigm*

(Report No. 68). Baltimore: Center for Research on the Education of Students Placed at Risk.

Boykin, A. W., Lilja, A., & Tyler, K. M. (2004). The influence of communal vs. individual learning context on the academic performance in social studies of grade 4–5 African–Americans. *Learning Environments Research, 7*(3), 227–244.

Boyle, G. J. (1995). Myers–Briggs Type Indicator (MBTI): Some psychometric limitations. *Australian Psychologist, 30*(1), 71–74.

Broadfoot, P. M., Daugherty, R., Gardner, J., Gipps, C. V., Harlen, W., James, M., Stobart, G. (1999). *Assessment for learning: Beyond the black box.* Cambridge, England: University of Cambridge School of Education.

Brookhart, S. M. (2004). Classroom assessment: Tensions and intersections in theory and practice. *Teachers College Record, 106*(3), 429–458.

Brookhart, S. M. (2007). Expanding views about formative classroom assessment: A review of the literature. In J. H. McMillan (Ed.), *Formative classroom assessment: Theory into practice* (pp. 43–62). New York: Teachers College Press.

Brookhart, S. M. (2013). *How to create and use rubrics for formative assessment and grading.* Alexandria, V A: Association for Supervision and Curriculum Development. Accessed at www.ascd.org/publications /books/112001/chapters/What–Are–Rubrics –and–Why–Are–They–Important%C2%A2.aspx on April 1, 2017.

Brophy, J. (1981). Teacher praise: A functional analysis. *Review of Educational Research, 51*(1), 5–32.

Brousseau, G. (1984). The crucial role of the didactical contract in the analysis and construction of situations in teaching and learning mathematics (G. Seib, Trans.). In H.–G. Steiner (Ed.), *Theory of mathematics education: ICME 5 topic area and miniconference* (Vol. 54, pp. 110–119). Bielefeld, Germany: Institut für Didaktik der Mathematik der Universität Bielefeld.

Brown, A. L., & Campione, J. C. (1996). Psychological theory and the design of innovative learning environments: On procedures, principles, and systems. In L. Schauble & R. Glaser (Eds.), *Innovations in learning: New environments for education* (pp. 291–292). Hillsdale, NJ: Erlbaum.

Brown, G., & Wragg, E. C. (1993). *Questioning.* London: Routledge.

Bruer, J. T. (1997). Education and the brain: A bridge too far. *Educational Researcher, 26*(8), 4–16.

Bruer, J. T. (1999). In search of … brain–based education. *Phi Delta Kappan, 80*(9), 648–657.

Buddin, R., & Zamarro, G. (2009). Teacher qualifications and student achievement in urban elementary schools. *Journal of Urban Economics, 66*(2), 103–115.

Bulman, G., & Fairlie, R. W. (2016). *Technology and education: Computers, software, and the internet* (NBER Working Paper No. 22237). Cambridge, MA: National Bureau of Economic Research.

Burgess, J. P. (1992). Synthetic physics and nominalist realism. In C. W. Savage & P. Ehrlich (Eds.), *Philosophical and foundational issues in measurement theory* (pp. 119–138). Hillsdale, NJ: Erlbaum.

Bursten, L. (Ed.). (1992). *The IEA study of mathematics III: Student growth and classroom processes.*

Oxford, England: Pergamon Press.

Burute, N., & Jankharia, B. (2009). Teleradiology: The Indian perspective. *Indian Journal of Radiology and Imaging, 19*(1), 16-18.

Butler, D. L., Schnellert, L., & Perry, N. E. (2017). *Developing self-regulating learners*. Toronto, Canada: Pearson.

Butler, D. L., & Winne, P. H. (1995). Feedback and self-regulated learning: A theoretical synthesis. *Review of Educational Research, 65*(3), 245-281.

Butler, R. (1987). Task-involving and ego-involving properties of evaluation: Effects of different feedback conditions on motivational perceptions, interest and performance. *Journal of Educational Psychology, 79*(4), 474-482.

Butler, R. (1988). Enhancing and undermining intrinsic motivation: The effects of taskinvolving and ego-involving evaluation on interest and performance. *British Journal of Educational Psychology, 58*(1), 1-14.

Carnoy, M., Jacobsen, R., Mishel, L., & Rothstein, R. (2005). *The charter school dust-up: Examining the evidence on enrollment and achievement*. Washington, DC: Economic Policy Institute.

Carpenter, T. P., Fennema, E., Peterson, P. L., Chiang, C. P., & Loef, M. (1989). Using knowledge of children's mathematics thinking in classroom teaching: An experimental study. *American Educational Research Journal, 26*(4), 499-531.

Center for Research on Education Outcomes. (2009). *Multiple choice: Charter school performance in 16 states*. Stanford, CA: Author.

Center for Research on Education Outcomes. (2013). *National charter school study 2013*. Stanford, CA: Author.

Chappuis, J., Stiggins, R. J., Chappuis, S., & Arter, J. A. (2012). *Classroom assessment for student learning: Doing it right-using it well* (2nd ed.). Upper Saddle River, NJ: Pearson.

Chetty, R., Friedman, J. N., Hilger, N., Saez, E., Schanzenbach, D., & Yagan, D. (2010). *How does your kindergarten classroom affect your earnings?: Evidence from Project STAR*. Cambridge, MA: Harvard Graduate School of Education.

Chetty, R., Friedman, J. N., & Rockoff, J. E. (2014). Measuring the impacts of teachers I: Evaluating bias in teacher value-added estimates. *American Economic Review, 104*(9), 2593-2632.

Clarke, S. (2001). *Unlocking formative assessment*. London: Hodder & Stoughton.

Clarke, S. (2005). *Formative assessment in the secondary classroom*. London: Hodder & Stoughton.

Claxton, G. (1995). What kind of learning does self-assessment drive?: Developing a "nose" for quality-Comments on Klenowski. *Assessment in Education: Principles, Policy and Practice, 2*(3), 339-343.

Clotfelter, C. T., Hemelt, S. W., & Ladd, H. F. (2016). *Teaching assistants and nonteaching staff: Do they improve student outcomes?*. Washington, DC: Center for Analysis of Longitudinal Data in Education

Research.

Clymer, J. B., & Wiliam, D. (2006/2007). Improving the way we grade science. *Educational Leadership, 64*(4), 36–42.

Coffield, F., Moseley, D., Hall, E., & Ecclestone, K. (2004). *Learning styles and pedagogy in post–16 learning: A systematic and critical review.* London: Learning and Skills Research Centre.

Cohen, E. G. (1994). Restructuring the classroom: Conditions for productive small groups. *Review of Educational Research, 64*(1), 1–35.

Committee on the Study of Teacher Preparation Programs in the United States. (2010). *Preparing teachers: Building evidence for sound policy.* Washington, DC: National Research Council.

Corno, L. (2001). Volitional aspects of self–regulated learning. In B. J. Zimmerman & D. H. Schunk (Eds.), *Self–regulated learning and academic achievement: Theoretical perspectives* (2nd ed., pp. 191–225). Hillsdale, NJ: Erlbaum.

Cowie, B., & Bell, B. (1999). A model of formative assessment in science education. *Assessment in Education: Principles, Policy and Practice, 6*(1), 101–116.

Cronbach, L. J. (1971). Test validation. In R. L. Thorndike (Ed.), *Educational measurement* (2nd ed., pp. 443–507). Washington, DC: American Council on Education.

Crooks, T. J. (1988). The impact of classroom evaluation practices on students. *Review of Educational Research, 58*(4), 438–481.

Crouch, C. H., & Mazur, E. (2001). Peer instruction: Ten years of experience and results. *American Journal of Physics, 69*(9), 970–977.

Csikszentmihalyi, M. (1990). *Flow: The psychology of optimal experience.* New York: Harper & Row.

Cuban, L. (2002). *Oversold and underused: Computers in the classroom.* Cambridge, MA: Harvard University Press.

Cullinane, C., Hillary, J., Andrade, J., & McNamara, S. (2017). *Selective comprehensives 2017: Admissions to high–attaining non–selective schools for disadvantaged pupils.* London: Sutton Trust.

Darling–Hammond, L., Holtzman, D. J., Gatlin, S. J., & Vasquez Heilig, J. (2005). Does teacher preparation matter?: Evidence about teacher certification, Teach for America, and teacher effectiveness. *Education Policy Analysis Archives, 13*(42).

Darrow, A.–A., Johnson, C. M., Miller, A. M., & Williamson, P. (2002). Can students accurately assess themselves?: Predictive validity of student self–reports. *Applications of Research in Music Education, 20*(2), 8–11.

Davies, P., Durbin, C., Clarke, J., & Dale, J. (2004). Developing students' conceptions of quality in geography. *Curriculum Journal, 15*(1), 19–34.

Davis, B. (1997). Listening for differences: An evolving conception of mathematics teaching. *Journal for Research in Mathematics Education, 28*(3), 355–376.

Dawes, L., Mercer, N., & Wegerif, R. (2000). *Thinking together: A programme of activities for developing speaking, listening and thinking skills for children aged 8–11*. Birmingham, England: Imaginative Minds.

Day, J. D., & Cordón, L. A. (1993). Static and dynamic measures of ability: An experimental comparison. *Journal of Educational Psychology, 85*(1), 76–82.

De Bruyckere, P., Kirschner, P. A., & Hulshof, C. D. (2015). *Urban myths about learning and education*. Boston: Elsevier.

Deevers, M. (2006, April). *Linking classroom assessment practices with student motivation in mathematics*. Paper presented at the annual meeting of the American Educational Research Association, San Francisco, CA.

Dekker, S., Lee, N. C., Howard-Jones, P., & Jolles, J. (2012). Neuromyths in education: Prevalence and predictors of misconceptions among teachers. *Frontiers in Psychology, 3*(429), 1–8.

Dempster, F. N. (1991). Synthesis of research on reviews and tests. *Educational Leadership, 48*(7), 71–76.

Denvir, B., & Brown, M. L. (1986a). Understanding of number concepts in low-attaining 7–9 year olds: Part I–Development of descriptive framework and diagnostic instrument. *Educational Studies in Mathematics, 17*(1), 15–36.

Denvir, B., & Brown, M. L. (1986b). Understanding of number concepts in low-attaining 7–9 year olds: Part II–The teaching studies. *Educational Studies in Mathematics, 17*(2), 143–164.

Dillon, J. T. (1988). *Questioning and teaching: A manual of practice*. London: Croom Helm.

Dressel, P. (1957). Facts and fancy in assigning grades. *Basic College Quarterly* (Michigan State University), *2*, 6–12.

Dunlosky, J., Rawson, K. A., Marsh, E. J., Nathan, M. J., & Willingham, D. T. (2013). Improving students' learning with effective learning techniques: Promising directions from cognitive and educational psychology. *Psychological Science in the Public Interest, 14*(1), 4–58.

Durkin, K., & Rittle-Johnson, B. (2012). The effectiveness of using incorrect examples to support learning about decimal magnitude. *Learning and Instruction, 22*(3), 206–214.

Dvorkin, M. (2016). *Jobs involving routine tasks aren't growing*. Accessed at www.stlouisfed.org/on-the-economy/2016/january/jobs-involving-routine-tasks-arent-growing on January 5, 2016.

Dweck, C. S. (1975). The role of expectations and attributions in the alleviation of learned helplessness. *Journal of Personality and Social Psychology, 31*(4), 674–685.

Dweck, C. S. (1986). Motivational processes affecting learning. *American Psychologist, 41*(10), 1040–1048.

Dweck, C. S. (2000). *Self-theories: Their role in motivation, personality, and development*. Philadelphia: Psychology Press.

Dweck, C. S. (2006). *Mindset: The new psychology of success*. New York: Random House.

Dweck, C. S. (2015). Growth. *British Journal of Educational Psychology, 85*(2), 242–245.

Eccles, J. S., Adler, T. F., Futterman, R., Goff, S. B., Kaczala, C. M., Meece, J. L., midgley, C. (1983). Expectancies, values, and academic behaviors. In J. T. Spence (Ed.), *Achievement and achievement motives* (pp. 75–146). San Francisco: Freeman.

Economic Policy Institute. (2010). *Wage and compensation trends: Real hourly wage for all by education, 19 73–2007.* Accessed at www.epi.org/page/-/datazone2008/wage%20comp%20trends/wagebyed_a.xls on May 28, 2010.

Education Commission of the States. (2017, January). *Charter schools–Does the state have a charter school l aw?.* Accessed at http://ecs.force.com/mbdata/mbquestNB2?rep=CS1501 on July 3, 2017.

Education Northwest. (2016). *6+1 Trait® rubrics.* Accessed at http://educationnorthwest.org/traits/traits-rubrics on April 3, 2017.

Educational Testing Service. (2002). *Standards for quality and fairness.* Princeton, NJ: Author.

Elawar, M. C., & Corno, L. (1985). A factorial experiment in teachers' written feedback on student homework: Changing teacher behavior a little rather than a lot. *Journal of Educational Psychology, 77*(2), 162–173.

Elshout-Mohr, M. (1994). Feedback in self-instruction. *European Education, 26*(2), 58–73.

Epstein, D. (2013). *The sports gene: Inside the science of extraordinary athletic performance.* New York: Penguin.

Even, R., & Tirosh, D. (1995). Subject-matter knowledge and knowledge about students as sources of teacher presentations of the subject-matter. *Educational Studies in Mathematics, 29*(1), 1–20.

Even, R., & Tirosh, D. (2002). Teacher knowledge and understanding of students' mathematical learning. In L. D. English (Ed.), *Handbook of international research in mathematics education* (pp. 219–240). Mahwah, NJ: Erlbaum.

Falchikov, N., & Goldfinch, J. (2000). Student peer assessment in higher education: A meta-analysis comparing peer and teacher marks. *Review of Educational Research, 70*(3), 287–322.

Federal Reserve Bank of St. Louis. (n.d.). *Manufacturing sector: Real output–Index 2009=100, quarterly, s easonally adjusted.* Accessed at https://research.stlouisfed.org/fred2/series/OUTMS# on May 10, 2016.

Fennema, E., Carpenter, T. P., Franke, M. L., Levi, L., Jacobs, V. R., & Empson, S. B. (1996). A longitudinal study of learning to use children's thinking in mathematics instruction. *Journal for Research in Mathematics Education, 27*(4), 403–434.

Fernandes, M., & Fontana, D. (1996). Changes in control beliefs in Portuguese primary school pupils as a consequence of the employment of self-assessment strategies. *British Journal of Educational Psychology, 66*(3), 301–313.

Finn, B., & Metcalfe, J. (2010). Scaffolding feedback to maximize long term error correction. *Memory and Cognition, 38*(7), 951–961.

Flavell, J. H. (1976). Metacognitive aspects of problem solving. In L. B. Resnick (Ed.), *The nature of intelligence* (pp. 231–235). Hillsdale, NJ: Erlbaum.

Flynn, J. R. (2007). *What is intelligence?.* Cambridge, England: Cambridge University Press.

Fontana, D., & Fernandes, M. (1994). Improvements in mathematics performance as a consequence of self-assessment in Portuguese primary school pupils. *British Journal of Educational Psychology, 64*(4),

407–417.

Foos, P. W., Mora, J. J., & Tkacz, S. (1994). Student study techniques and the generation effect. *Journal of Educational Psychology, 86*(4), 567–576.

formative. (2017). In Merriam–Webster's online dictionary. Accessed at www.merriam-webster.com/dictionary/formative on June 20, 2017.

Franke, M. L., Carpenter, T. P., Levi, L., & Fennema, E. (2001). Capturing teachers' generative change: A follow-up study of professional development in mathematics. *American Educational Research Journal, 38*(3), 653–689.

Fredericks, A. D. (2007). *The complete idiot's guide to teaching college: Engage and inspire your students from the very first day of class.* Indianapolis, IN: Alpha Books.

Freeman, S., Eddy, S. L., McDonough, M., Smith, M. K., Okoroafor, N., Jordt, H., Wenderoth, M. (2014). Active learning increases student performance in science, engineering, and mathematics. *Proceedings of the National Academy of Sciences of the United States of America, 111*(23), 8410–8415.

Fryer, R. G., Jr. (2014). 21st century inequality: The declining significance of discrimination. *Issues in Science and Technology, XXXI*(1), 27–32.

Fuchs, L. S., & Fuchs, D. (1986). Effects of systematic formative evaluation: A metaanalysis. *Exceptional Children, 53*(3), 199–208.

Garet, M. S., Cronen, S., Eaton, M., Kurki, A., Ludwig, M., Jones, W., Uekawa, K., Falk, A., Bloom, H., Doolittle, F., Zhu, P., Sztejnberg, L., & Silverberg, M. (2008). *The impact of two professional development interventions on early reading instruction and achievement* (NCEE No. 2008-4030). Washington, DC: Institute of Education Sciences, National Center for Education Evaluation and Regional Assistance.

Garet, M. S., Wayne, A. J., Stancavage, F., Taylor, J., Walters, K., Song, M., Braun, S., Hurlburt, S., Zhu, P., Sepanik, S., Doolittle, F., & Warner, E. (2010). *Middle school mathematics professional development impact study: Findings after the first year of implementation* (NCEE No. 2010-4009). Washington, DC: Institute of Education Sciences, National Center for Education Evaluation and Regional Assistance.

Garon-Carrier, G., Boivin, M., Guay, F., Kovas, Y., Dionne, G., Lemelin, J.-P., Séguin, J. R., Vitaro, F., & Tremblay, R. E. (2016). Intrinsic motivation and achievement in mathematics in elementary school: A longitudinal investigation of their association. Child Development, 87 (1), 165–175.

Geballe, B. (2005, July 20). Bill Gates' guinea pigs. *Seattle Weekly,* 1–9.

Gipps, C. V., & Stobart, G. (1997). *Assessment: A teacher's guide to the issues* (3rd ed.). London: Hodder & Stoughton.

Gladwell, M. (2008a, December 15). Most likely to succeed. *New Yorker,* 36–42.

Gladwell, M. (2008b). *Outliers: The story of success.* New York: Little, Brown.

Goe, L., & Bridgeman, B. (2006). *Effects of focus on standards on academic performance.* Unpublished report. Princeton, NJ: Educational Testing Service.

Goldin, C., & Katz, L. F. (2008). *The race between education and technology.* Cambridge, MA: Harvard University Press.

Good, T. L., & Grouws, D. A. (1975). *Process-product relationships in fourth grade mathematics classrooms* (Grant No. NEG-00-3-0123). Columbia: University of Missouri.

Goodgame, D. (2000, August 14). *The game of risk.* Accessed at www.time.com/time/magazine/article/0, 9171,997709,00.html on October 20, 2010.

Goswami, U. (2006). Neuroscience and education: From research to practice?. *Nature Reviews Neuroscience, 7*(5), 406–411.

Gough, D. (2015). Qualitative and mixed methods in systematic reviews. *Systematic Reviews, 4*(181), 1–3.

Gray, E. M., & Tall, D. O. (1994). Duality, ambiguity and flexibility: A "proceptual" view of simple arithmetic. *Journal for Research in Mathematics Education, 25*(2), 116–140.

Hacker, D. J., Dunlosky, J., & Graesser, A. C. (Eds.). (1998). *Metacognition in educational theory and practice.* Mahwah, NJ: Erlbaum.

Hamre, B. K., & Pianta, R. C. (2005). Academic and social advantages for at-risk students placed in high quality first grade classrooms. *Child Development, 76*(5), 949–967.

Hanushek, E. A. (2010). Teacher deselection. In D. Goldhaber & J. Hannaway (Eds.), *Creating a new teaching profession* (pp. 165–180). Washington, DC: Urban Institute Press.

Hanushek, E. A., & Rivkin, S. G. (2006). Teacher quality. In E. A. Hanushek & F. Welch (Eds.), *Handbook of the economics of education* (Vol. 2, pp. 1051–1078). Amsterdam: Elsevier.

Hanushek, E. A., & Rivkin, S. G. (2010). Generalizations about using value-added measures of teacher quality. *American Economic Review, 100*(2), 267–271.

Hanushek, E. A., & Woessmann, L. (2010). *The high cost of low educational performance: The long-run economic impact of improving PISA outcomes.* Paris: Organisation for Economic Co-operation and Development.

Hanushek, E. A., & Woessmann, L. (2015). *Universal basic skills: What countries stand to gain.* Paris: Organisation for Economic Co-operation and Development.

Harlen, W., & Deakin Crick, R. (2002). *A systematic review of the impact of summative assessment and tests on students' motivation for learning.* London: EPPI-Centre, Social Science Research Unit, Institute of Education. Accessed at http://eppi.ioe.ac.uk/cms/LinkClick.aspx?fileticket=rOyQ%2ff4y3TI%3d on August 31, 2010.

Harris, D. N., & Sass, T. R. (2009). *What makes for a good teacher, and who can tell?* (Working Paper No. 30). Washington, DC: National Center for Analysis of Longitudinal Data in Education Research.

Hart, K. M. (Ed.). (1981). *Children's understanding of mathematics: 11–16.* London: John Murray.

Hart, K. M., Brown, M. L., Kerslake, D., Küchemann, D., & Ruddock, G. (1985). *Chelsea diagnostic mathematics tests.* Windsor, England: NFER-Nelson.

Hastie, T., Tibshirani, R., & Friedman, J. H. (2009). *The elements of statistical learning: Data mining, inference, and prediction.* New York: Springer.

Hattie, J., & Timperley, H. (2007). The power of feedback. *Review of Educational Research, 77*(1), 81–112.

Hayes, V. P. (2003). *Using pupil self-evaluation within the formative assessment paradigm as a pedagogical tool.* (Unpublished doctoral dissertation). University of London.

Heid, M. K., Blume, G. W., Zbiek, R. M., & Edwards, B. S. (1999). Factors that influence teachers learning to do interviews to understand students' mathematical understandings. *Educational Studies in Mathematics, 37*(3), 223–249.

Hiebert, J., Gallimore, R., Garnier, H., Givvin, K. B., Hollingsworth, H., Jacobs, J. K. (2003). *Teaching mathematics in seven countries: Results from the TIMSS 1999 video study* (NCES No. 2003–013). Washington, DC: National Center for Education Statistics.

Hill, H. C., & Ball, D. L. (2004). Learning mathematics for teaching: Results from California's mathematics professional development institutes. *Journal for Research in Mathematics Education, 35*(5), 330–351.

Hill, H. C., Rowan, B., & Ball, D. L. (2005). Effects of teachers' mathematical knowledge for teaching on student achievement. *American Educational Research Journal, 42*(2), 371–406.

Hines, T. (1987). Left brain/right brain mythology and implications for management and training. *Academy of Management Review, 12*(4), 600–606.

Hodgen, J., & Wiliam, D. (2006). *Mathematics inside the black box: Assessment for learning in the mathematics classroom.* London: NFER–Nelson.

Howard-Jones, P. (2009). *Neuroscience and education: Issues and opportunities.* London: Institute of Education, University of London.

Howard-Jones, P. (2014). Neuroscience and education: Myths and messages. *Nature Reviews Neuroscience, 15*(12), 817–824.

Howson, J. (2010, May 21). Premium pay for the very few. *Times Educational Supplement*, 24–25.

Hoxby, C., & Rockoff, J. E. (2004). *The impact of charter schools on student achievement.* Cambridge, MA: Harvard University.

Iberlin, J. M. (2017). *Cultivating mindfulness in the classroom.* Bloomington, IN: Marzano Resources.

Ingersoll, R. M. (Ed.). (2007). *A comparative study of teacher preparation and qualifications in six nations.* Philadelphia: Consortium for Policy Research in Education.

Jacob, B. A., & Lefgren, L. (2008). Can principals identify effective teachers? Evidence on subjective performance evaluation in education. *Journal of Labor Economics, 26*(1), 101–136.

Jagger, C., Matthews, R., Melzer, D., Matthews, F., Brayne, C., & MRC Cognitive Function and Ageing Study. (2007). Educational differences in the dynamics of disability incidence, recovery and mortality: Findings from the MRC Cognitive Function and Ageing Study (MRC CFAS). *International Journal of Epidemiology, 36*(2), 358–365.

James, M. (1992). *Assessment for learning.* Paper presented at the annual conference of the Association for Supervision and Curriculum Development, New Orleans, LA.

Johnson, D. W., & Johnson, R. T. (2009). An educational psychology success story: Social interdependence theory and cooperative learning. *Educational Researcher, 38*(5), 365-379.

Johnson, D. W., Johnson, R. T., & Smith, K. A. (1998). Cooperative learning returns to college: What evidence is there that it works?. *Change: The Magazine of Higher Learning, 30*(4), 26-35.

Jones, I., & Alcock, L. (2012). Summative peer assessment of undergraduate calculus using adaptive comparative judgement. In P. Iannone & A. Simpson (Eds.), *Mapping university mathematics assessment practices* (pp. 63-74). Norwich, England: University of East Anglia.

Jones, J., & Wiliam, D. (2007). *Modern foreign languages inside the black box: Assessment for learning in the modern foreign languages classroom.* London: Granada.

Jonsson, A., & Svingby, G. (2007). The use of scoring rubrics: Reliability, validity and educational consequences. *Educational Research Review, 2*(2), 130-144.

Jordan, M. (2009, September 11). *Enshrinement speech to the Naismith memorial basketball hall of fame.* Accessed at www.youtube.com/watch?v=XLzBMGXfK4c on July 7, 2017.

Kahl, S. (2005). Where in the world are formative tests? Right under your nose! *Education Week, 25*(4), 11.

Kahneman, D. (2011). *Thinking, fast and slow.* New York: Farrar, Straus and Giroux.

Kane, T. J., McCaffrey, D. F., Miller, T., & Staiger, D. O. (2013). *Have we identified effective teachers?: Validating measures of effective teaching using random assignment.* Seattle, WA: Bill and Melinda Gates Foundation.

Kane, T. J., Rockoff, J. E., & Staiger, D. O. (2008). What does certification tell us about teacher effectiveness? Evidence from New York city. *Economics of Education Review, 27*(6), 615-631.

Kane, T. J., & Staiger, D. O. (2008). *Estimating teacher impacts on student achievement: An experimental evaluation* (Vol. 14607). Cambridge, MA: National Bureau of Economic Research.

Karmiloff-Smith, A., & Inhelder, B. (1974/1975). If you want to get ahead, get a theory. *Cognition, 3*(3), 195-212.

Keddie, N. (1971). Classroom knowledge. In M. F. D. Young (Ed.), *Knowledge and control: New directions for the sociology of education* (pp. 133-160). London: Collier-Macmillan.

Kirschner, P. A., Sweller, J., & Clark, R. E. (2006). Why minimal guidance during instruction does not work: An analysis of the failure of constructivist, discovery, problem-based, experiential, and inquiry-based teaching. *Educational Psychologist, 41*(2), 75-86.

Kling, A. S., & Schulz, N. (2009). *From poverty to prosperity: Intangible assets, hidden liabilities and the lasting triumph over scarcity.* New York: Encounter Books.

Kluger, A. N., & DeNisi, A. (1996). The effects of feedback interventions on performance: A historical review, a meta-analysis, and a preliminary feedback intervention theory. *Psychological Bulletin, 119*(2), 254-284.

Koedel, C., & Betts, J. R. (2011). Does student sorting invalidate value-added models of teacher effectiveness? An extended analysis of the Rothstein critique. *Education Finance and Policy, 6*(1),

18–42.

Kohn, A. (1994). Grading: The issue is not how but why. *Educational Leadership, 52*(2), 38–41.

Kohn, A. (2006). The trouble with rubrics. *English Journal, 95*(4), 12–15.

Köller, O. (2005). Formative assessment in classrooms: A review of the empirical German literature. In J. Looney (Ed.), *Formative assessment: Improving learning in secondary classrooms* (pp. 265–279). Paris: Organisation for Economic Co-operation and Development.

Krogmann, J., & Van Sant, R. (2000). *Enhancing relationships and improving academics in the elementary school setting by implementing looping.* (Master's project.) Available from The Education Resources Information Center database. (ERIC Number: ED443557)

Kulhavy, R. W. (1977). Feedback in written instruction. *Review of Educational Research, 47*(2), 211–232.

Leahy, S., Lyon, C., Thompson, M., & Wiliam, D. (2005). Classroom assessment: Minute-by-minute, day-by-day. *Educational Leadership, 63*(3), 18–24.

Leahy, S., & Wiliam, D. (2009). *Embedding assessment for learning–A professional development pack.* London: Specialist Schools and Academies Trust.

Leigh, A. (2010). Estimating teacher effectiveness from two-year changes in students' test scores. *Economics of Education Review, 29*(3), 480–488.

Lemov, D. (2010). *Teach like a champion: 49 techniques that put students on the path to college.* San Francisco: Jossey-Bass.

Levin, H. M., Belfield, C., Muennig, P., & Rouse, C. (2007). *The costs and benefits of an excellent education for all of America's children.* New York: Teachers College Press.

Levinson, M. (2016). *Job creation in the manufacturing revival.* Washington, DC: Congressional Research Service.

Lewis, C. C. (2002). *Lesson study: A handbook of teacher-led instructional change.* Philadelphia: Research for Better Schools.

Linnenbrink, E. A. (2005). The dilemma of performance-approach goals: The use of multiple goal contexts to promote students' motivation and learning. *Journal of Educational Psychology, 97*(2), 197–213.

Lipnevich, A. A., & Smith, J. K. (2008). *Response to assessment feedback: The effects of grades, praise, and source of information.* Princeton, NJ: Educational Testing Service.

Lleras-Muney, A. (2005). The relationship between education and adult mortality in the United States. *Review of Economic Studies, 72*(1), 189–221.

Lodico, M. G., Ghatala, E. S., Levin, J. R., Pressley, M., & Bell, J. A. (1983). The effects of strategy-monitoring training on children's selection of effective memory strategies. *Journal of Experimental Child Psychology, 35*(2), 263–277.

Looney, J. (Ed.). (2005). *Formative assessment: Improving learning in secondary classrooms.* Paris: Organisation for Economic Co-operation and Development.

Ma, L. (1999). *Knowing and teaching elementary mathematics: Teachers' understanding of fundamental mathematics in China and the United States.* Mahwah, NJ: Erlbaum.

Machin, S., & McNally, S. (2009, May). *The three Rs: What scope is there for literacy and numeracy policies to raise pupil achievement?.* Paper presented at the Beyond the Resource Constraint: Alternative Ways to Improve Schooling seminar of the Research Institute of Industrial Economics, London, England.

Machin, S., & Wilson, J. (2009). Academy schools and pupil performance. *CentrePiece, 14*(1), 6–7.

Maher, J., & Wiliam, D. (2007, April). *Keeping learning on track in new teacher induction.* Paper presented at the annual conference of the American Educational Research Association, Chicago, IL.

Mangan, J., Pugh, G., & Gray, J. (2007, September). *Examination performance and school expenditure in English secondary schools in a dynamic setting.* Paper presented at the annual conference of the British Educational Research Association, London, England.

Marzano, R. J., Kendall, J. S., & Gaddy, B. B. (1999). *Essential knowledge: The debate over what American students should know.* Denver, CO: McREL.

Massey, C., & Thaler, R. H. (2005). *The loser's curse: Overconfidence vs. market efficiency in the national football league draft.* Chicago: University of Chicago Graduate School of Business.

McCabe, J. (2011). Metacognitive awareness of learning strategies in undergraduates. *Memory and Cognition, 39*(3), 462–476.

McEldowney, J., & Henry, C. (2017). *Everything CCSS: "I can" for K–8 grades.* Accessed at www.thecurriculumcorner.com/thecurriculumcorner123/2014 /10/everything-ccss-i-can-for-k-6-grades on July 7, 2017.

Mehan, H. (1979). *Learning lessons: Social organization in the classroom.* Cambridge, MA: Harvard University Press.

Meiklejohn, J., Phillips, C., Freedman, M. L., Griffin, M. L., Biegel, G., Roach, A., Frank, J., Burke, C., Pinger, L., Soloway, G., Isberg, R., Sibinga, E., Grossman, L., & Saltzman, A. (2012). Integrating mindfulness training into K–12 education: Fostering the resilience of teachers and students. *Mindfulness, 3*(4), 291–307.

Mercer, N., Dawes, L., Wegerif, R., & Sams, C. (2004). Reasoning as a scientist: Ways of helping children to use language to learn science. *British Educational Research Journal, 30*(3), 359–377.

Metcalfe, J., Butterfield, B., Habeck, C., & Stern, Y. (2012). Neural correlates of people's hypercorrection of their false beliefs. *Journal of Cognitive Neuroscience, 24*(7), 1571–1583.

Mevarech, Z., & Kramarski, B. (2014). *Critical maths for innovative societies: The role of metacognitive pedagogies.* Paris: Organisation for Economic Co-operation and Development.

Mirabile, M. P. (2005). Intelligence and football: Testing for differentials in collegiate quarterback passing performance and NFL compensation. *Sport Journal, 8*(2). Accessed at www.thesportjournal.org /article/intelligence-and- football-testing-differentials-collegiate-quarterback-passing-performance -a on August 21, 2010.

Miron, G., & Urschel, J. L. (2010). *Equal or fair?: A study of revenues and expenditures in American charter schools*. Boulder, CO: Education and the Public Interest Center.

Mittler, P. (Ed.). (1973). *Assessment for learning in the mentally handicapped*. Edinburgh, Scotland: Churchill Livingstone.

Morgan, D. (1965). *Guitar: The book that teaches you everything you need to know about playing the guitar*. London: Corgi.

Moss, G., Jewitt, C., Levačić, R., Armstrong, V., Cardini, A., & Castle, F. (2007). *The interactive whiteboards, pedagogy and pupil performance evaluation: An evaluation of the Schools Whiteboard Expansion (SWE) project—London challenge* (Research Report No. RR816). London: Department for Education and Skills.

Muijs, D., Kyriakides, L., van der Werf, G., Creemers, B., Timperley, H., & Earl, L. (2014). State of the art —Teacher effectiveness and professional learning. *School Effectiveness and School Improvement, 25*(2), 231–256.

Mullet, H. G., Butler, A. C., Verdin, B., von Borries, R., & Marsh, E. J. (2014). Delaying feedback promotes transfer of knowledge despite student preferences to receive feedback immediately. *Journal of Applied Research in Memory and Cognition, 3*(3), 222–229.

Mullis, I. V. S., Martin, M. O., & Foy, P. (2008). *TIMSS 2007 international mathematics report: Findings from IEA's Trends in International Mathematics and Science Study at the fourth and eighth grades*. Chestnut Hill, MA: TIMSS & PIRLS International Study Center, Boston College.

National Assessment of Educational Progress. (2005). *NAEP questions tool*. Accessed at nces.ed.gov/nation sreportcard/itmrlsx/search.aspx?subject=mathematics on December 1, 2005.

National Public Radio. (2016, April 18). *Why America's schools have a money problem*. Accessed at www. npr.org/2016/04/18/474256366/why- americas-schools-have-a-money-problem on July 3, 2017.

Natriello, G. (1987). The impact of evaluation processes on students. *Educational Psychologist, 22*(2), 155–175.

Neisser, U. (Ed.). (1998). *The rising curve: Long-term gains in IQ and related measures*. Washington, DC: American Psychological Association.

Nye, B., Konstantopoulos, S., & Hedges, L. V. (2004). How large are teacher effects?. *Educational Evaluation and Policy Analysis, 26*(3), 237–257.

Nyquist, J. B. (2003). *The benefits of reconstruing feedback as a larger system of formative assessment: A meta-analysis*. Unpublished master's thesis, Vanderbilt University.

Office for Standards in Education, Children's Services and Skills. (1999). *Evidence form*. London: Author.

Oláh, L. N., Lawrence, N. R., & Riggan, M. (2010). Learning to learn from benchmark assessment data: How teachers analyze results. *Peabody Journal of Education, 85*(2), 226–245.

Organisation for Economic Co-operation and Development. (2010). *Education at a glance*. Paris: Author.

Organisation for Economic Co-operation and Development. (2016). *PISA 2015 results: Excellence and equity in education* (Vol. I). Paris: Author.

Panadero, E., & Jonsson, A. (2013). The use of scoring rubrics for formative assessment purposes revisited: A review. *Educational Research Review, 9,* 129-144.

Pane, J. F., Griffin, B. A., McCaffrey, D. F., & Karam, R. (2014). Effectiveness of cognitive tutor algebra I at scale. *Educational Evaluation and Policy Analysis, 36*(2), 127-144.

Papert, S. A. (1998, June 2). *Child power: Keys to the new learning of the digital century.* Paper presented at the 11th Colin Cherry Memorial Lecture on Communication, London, England.

Pashler, H., McDaniel, M., Rohrer, D., & Bjork, R. (2008). Learning styles: Concepts and evidence. *Psychological Science in the Public Interest, 9*(3), 105-119.

Patel, R., Kelly, S., Amadeo, C., Gracey, S., & Meyer, B. (2009). *Beyond Leitch: Skills policy for the upturn.* London: Learning and Skills Network.

Piasta, S. B., Logan, J. A., Pelatti, C. Y., Capps, J. L., & Petrill, S. A. (2015). Professional development for early childhood educators: Efforts to improve math and science learning opportunities in early childhood classrooms. *Journal of Educational Psychology, 107*(2), 407-422.

Pickeral, R. (2009, September 9). Jordan the competitor. *Charlotte Observer,* C1.

Pirsig, R. M. (1991). *Lila: An inquiry into morals.* New York: Bantam Books.

Polanyi, M. (1958). *Personal knowledge.* Chicago: University of Chicago Press.

Polanyi, M. (1966). *The tacit dimension.* New York: Doubleday.

Polya, G. (1945). *How to solve it: A new aspect of mathematical method.* Princeton, NJ: Princeton University Press.

Popham, W. J. (2006). Phony formative assessments: Buyer beware! *Educational Leadership, 64*(3), 86-87.

Programme for International Student Assessment. (2007). *PISA 2006: Science competencies for tomorrow's world* (Vol. I). Paris: Organisation for Economic Co-operation and Development.

Programme for International Student Assessment. (2010). PISA *2009 results: What students know and can do-Student performance in reading, mathematics and science* (Vol. I). Paris: Organisation for Economic Co-operation and Development.

Rampey, B. D., Dion, G. S., & Donahue, P. L. (2009). *NAEP 2008: Trends in academic progress* (NCES No. 2009-479). Washington, DC: U.S. Department of Education.

Raven, J. (1960). *Guide to the standard progressive matrices: Sets A, B, C, D and E.* London: Lewis.

Reeves, D. B. (2008). Leading to change: Effective grading practices. *Educational Leadership, 65*(5), 85-87.

Relearning by Design. (2000). *What is a rubric?.* Accessed at www.pepartnership.org/resources/search/least-restrictive-environment/rubrics. aspx on April 9, 2017.

Rempel, K. D. (2012). Mindfulness for children and youth: A review of the literature with an argument for school-based implementation. *Canadian Journal of Counselling and Psychotherapy, 46*(3), 201-220.

Ritter, S., Anderson, J. R., Koedinger, K. R., & Corbett, A. (2007). Cognitive tutor: Applied research in mathematics education. *Psychonomic Bulletin & Review, 14*(2), 249-255.

Rivkin, S. G., Hanushek, E. A., & Kain, J. F. (2005). Teachers, schools and academic achievement.

Econometrica, 73(2), 417–458.

Rockoff, J. E. (2004). The impact of individual teachers on student achievement: Evidence from panel data. *American Economic Review, 94*(2), 247–252.

Rogers, T., & Feller, A. (2016). Discouraged by peer excellence: Exposure to exemplary peer performance causes quitting. *Psychological Science, 27*(3), 365–374.

Rothstein, J. (2010). Teacher quality in educational production: Tracking, decay, and student achievement. *Quarterly Journal of Economics, 125*(1), 175–214.

Rowan, B., Harrison, D. M., & Hayes, A. (2004). Using instructional logs to study mathematics curriculum and teaching in the early grades. *Elementary School Journal, 105*(1), 103–127.

Rowe, M. B. (1974). Wait time and rewards as instructional variables: Their influence on language, logic and fate control. *Journal of Research in Science Teaching, 11*(2), 81–94.

Ryan, R. M., & Deci, E. L. (2000). Intrinsic and extrinsic motivations: Classic definitions and new directions. *Contemporary Educational Psychology, 25*(1), 54–67.

Ryle, G. (1949). *The concept of mind.* London: Hutchinson.

Sadler, D. R. (1989). Formative assessment and the design of instructional systems. *Instructional Science, 18*(2), 119–144.

Sadler, P. M. (1998). Psychometric models of student conceptions in science: Reconciling qualitative studies and distractor-driven assessment instruments. *Journal of Research in Science Teaching, 35*(3), 265–296.

Sahlberg, P. (2015, March 31). Q: What makes Finnish teachers so special? A: It's not brains. *The Guardian.* Accessed at www.theguardian.com/ education/2015/mar/31/finnish-teachers-special-train-teach? CMP=share_btn_tw on April 4, 2015.

Sanders, W. L., & Rivers, J. C. (1996). *Cumulative and residual effects of teachers on future student academic achievement.* Knoxville, TN: University of Tennessee Value-Added Research and Assessment Center. Accessed at www.heartland.org/custom/semod_policybot/pdf/3048.pdf on August 21, 2010.

Saphier, J. (2005). Masters of motivation. In R. DuFour, R. Eaker, & R. DuFour (Eds.), *On common ground: The power of professional learning communities* (pp. 85–113). Bloomington, IN: Solution Tree Press.

Schacter, J. (2000). Does individual tutoring produce optimal learning?. *American Educational Research Journal, 37*(3), 801–829.

Schoenfeld, A. H. (1985). *Mathematical problem solving.* New York: Academic Press.

Schoenfeld, A. H. (1989). Explorations of students' mathematical beliefs and behavior. *Journal for Research in Mathematics Education, 20*(4), 338–355.

Schunk, D. H. (1991). Self-efficacy and academic motivation. *Educational Psychologist, 26*(3-4), 207–231.

Schwartz, B. (2003). *The paradox of choice: Why more is less.* New York: Ecco.

Scriven, M. (1967). The methodology of evaluation. In R. W. Tyler, R. M. Gagné, & M. Scriven (Eds.),

Perspectives of curriculum evaluation (Vol. 1, pp. 39–83). Chicago: RAND.

Serwer, A. (2010, June 5). *John Wooden's best coaching tip: Listen* [Blog post]. Accessed at http://money.cnn.com/2010/06/05/news/newsmakers/john_wooden_ obituary_fortune.fortune/index.htm on January 1, 2011.

Shepard, L. A. (2008). Formative assessment: Caveat emptor. In C. A. Dwyer (Ed.), *The future of assessment: Shaping teaching and learning* (pp. 279–303). Mahwah, NJ: Erlbaum.

Shepard, L. A., Hammerness, K., Darling-Hammond, L., Rust, F., Snowden, J. B., Gordon, E. (2005). Assessment. In L. Darling-Hammond & J. Bransford (Eds.), *Preparing teachers for a changing world: What teachers should learn and be able to do* (pp. 275–326). San Francisco: Jossey-Bass.

Shute, V. J. (2008). Focus on formative feedback. *Review of Educational Research, 78*(1), 153–189.

Siegel, D. J. (2007). *The mindful brain: Reflection and attunement in the cultivation of wellbeing.* New York: Norton.

Simmons, M., & Cope, P. (1993). Angle and rotation: Effects of different types of feedback on the quality of response. *Educational Studies in Mathematics, 24*(2), 163–176.

Slater, H., Davies, N., & Burgess, S. (2008). *Do teachers matter?: Measuring the variation in teacher effectiveness in England* (Working Paper No. 09/212). Bristol, England: Bristol Institute of Public Affairs.

Slavin, R. E. (1995). *Cooperative learning: Theory, research, and practice* (2nd ed.). Boston: Allyn & Bacon.

Slavin, R. E., Hurley, E. A., & Chamberlain, A. M. (2003). Cooperative learning and achievement. In W. M. Reynolds & G. J. Miller (Eds.), *Handbook of psychology: Volume 7-Educational psychology* (pp. 177–198). Hoboken, NJ: Wiley.

Slavin, R. E., & Lake, C. (2008). Effective programs in elementary mathematics: A bestevidence synthesis. *Review of Educational Research, 78*(3), 427–515.

Slavin, R. E., Lake, C., Chambers, B., Cheung, A., & Davis, S. (2009). Effective reading programs for the elementary grades: A best-evidence synthesis. *Review of Educational Research, 79*(4), 1391–1466.

Slavin, R. E., Lake, C., & Groff, C. (2009). Effective programs in middle and high school mathematics: A best-evidence synthesis. *Review of Educational Research, 79*(3), 839–911.

Smiles, S. (1862). *Self-help with illustrations of character and conduct.* London: Murray.

Smith, I. (2008). *Sharing learning outcomes.* Cambridge, England: Cambridge Education.

Smithers, A., & Robinson, P. (2009). *Specialist science schools.* Buckingham, England: University of Buckingham Centre for Education and Employment Research.

Soderstrom, N. C., & Bjork, R. A. (2015). Learning versus performance: An integrative review. *Perspectives on Psychological Science, 10*(2), 176–199.

Spradbery, J. (1976). Conservative pupils?: Pupil resistance to curriculum innovation in mathematics. In M. F. D. Young & G. Whitty (Eds.), *Explorations into the politics of school knowledge* (pp. 236–243). Driffield, England: Nafferton.

Springer, L., Stanne, M. E., & Donovan, S. S. (1999). Effects of small-group learning on undergraduates in science, mathematics, engineering and technology: A metaanalysis. *Review of Educational Research, 69*(1), 21-51.

Springer, M. G., Ballou, D., Hamilton, L., Le, V.-N., Lockwood, J. R., McCaffrey, D., Pepper, M., & Stecher, B. (2010). *Teacher pay for performance: Experimental evidence from the project on incentives in teaching.* Nashville, TN: National Center on Performance Incentives.

Stanovich, K. E. (1986). Matthew effects in reading: Some consequences of individual differences in the acquisition of literacy. *Reading Research Quarterly, 21*(4), 360-407.

Stevens, R. J., & Slavin, R. E. (1995). Effects of a cooperative learning approach in reading and writing on academically handicapped and nonhandicapped students. *Elementary School Journal, 95*(3), 241-262.

Stiggins, R. J. (2001). *Student-involved classroom assessment* (3rd ed.). Upper Saddle River, NJ: Prentice Hall.

Stiggins, R. J. (2002). Assessment crisis: The absence of assessment FOR learning. *Phi Delta Kappan, 83*(10), 758-765.

Stiggins, R. J. (2005). *Assessment FOR learning defined.* Portland, OR: Assessment Training Institute.

Stiggins, R. J., & Chappuis, J. (2006). What a difference a word makes: Assessment FOR learning rather than assessment OF learning helps students succeed. *Journal of Staff Development, 27*(1), 10-15.

Stigler, J. W., & Hiebert, J. (1999). *The teaching gap: Best ideas from the world's teachers for improving education in the classroom.* New York: Free Press.

Sutton, R. (1995). *Assessment for learning.* Salford, England: RS.

Thrupp, M. (1999). *Schools making a difference: Let's be realistic!.* Buckingham, England: Open University Press.

Tobin, K. (1987). The role of wait time in higher cognitive level learning. *Review of Educational Research, 57*(1), 69-95.

Torrance, E. P. (1962). *Guiding creative talent.* Englewood Cliffs, NJ: Prentice Hall.

Torrance, E. P., & Templeton, D. E. (1963). *Minnesota tests of creative thinking.* Minneapolis, MN: University of Minnesota College of Education.

Toulmin, S. (2001). *Return to reason.* Cambridge, MA: Harvard University Press.

Tucker, M. S. (Ed.). (2011). *Surpassing Shanghai: An agenda for American education built on the world's leading systems.* Cambridge, MA: Harvard Education Press.

Tuttle, C. C., Gill, B., Gleason, P., Knechtel, V., Nichols-Barrer, I., & Resch, A. (2013). *KIPP middle schools: Impacts on achievement and other outcomes.* Washington, DC: Mathematica Policy Research.

United Nations Statistics Division. (2010). *National accounts main aggregates database.* Accessed at http://unstats.un.org/unsd/snaama/dnlList.asp on November 1, 2010.

United States Bureau of Labor Statistics. (2013). *Occupational employment projections to 2022.* Washington, DC: Author.

United States Bureau of Labor Statistics. (2016, December 2). *All employees: Manufacturing-current employment statistics establishment survey.* Accessed at http://research.stlouisfed.org/fred2/data/MA NEMP.txt on December 12, 2016.

United States Bureau of Labor Statistics. (2017, July 3). *Data retrieval: Labor force statistics (CPS).* Accessed at www.bls.gov/webapps/legacy/cpsatab4.htm on July 3, 2017.

Vasquez Heilig, J., & Jez, S. J. (2010). *Teach for America: A review of the evidence.* Tempe: Arizona State University Education Policy Research Unit.

Vinner, S. (1997). From intuition to inhibition-Mathematics, education and other endangered species. In E. Pehkonen (Ed.), *Proceedings of the 21st conference of the international group for the psychology of mathematics education* (Vol. 1, pp. 63-78). Lahti, Finland: University of Helsinki Lahti Research and Training Centre.

Wainer, H., & Zwerling, H. L. (2006). Evidence that smaller schools do not improve student achievement. *Phi Delta Kappan, 88*(4), 300-303.

Waugh, E. (2001). *Decline and fall.* London: Penguin.

Webb, N. M. (1991). Task-related verbal interaction and mathematics learning in small groups. *Journal for Research in Mathematics Education, 22*(5), 366-389.

Weisberg, D. S., Keil, F. C., Goodstein, J., Rawson, E., & Gray, J. R. (2008). The seductive allure of neuroscience explanations. *Journal of Cognitive Neuroscience, 20*(3), 470-477.

Weiss, I. R., Pasley, J. D., Smith, P. S., Banilower, E. R., & Heck, D. J. (2003). *Looking inside the classroom: A study of K-12 mathematics and science education in the United States.* Chapel Hill, NC: Horizon Research.

Welch, J., & Welch, S. (2005). *Winning.* New York: Harper Business.

White, B. Y., & Frederiksen, J. R. (1998). Inquiry, modeling, and metacognition: Making science accessible to all students. *Cognition and Instruction, 16*(1), 3-118.

White, M. A. (1971). The view from the student's desk. In M. L. Silberman (Ed.), *The experience of schooling* (pp. 337-345). New York: Holt, Rinehart and Winston.

Wieman, C. E. (2014). Large-scale comparison of science teaching methods sends clear message. *Proceedings of the National Academy of Sciences of the United States of America, 111*(23), 8319-8320.

Wiener, N. (1948). *Cybernetics, or control and communication in the animal and the machine.* New York: Wiley.

Wigfield, A., Eccles, J. S., & Rodriguez, D. (1998). The development of children's motivation in school contexts. In P. D. Pearson & A. Iran-Nejad (Eds.), *Review of research in education* (Vol. 23, pp. 73-118). Washington, DC: American Educational Research Association.

Wiggins, G., & McTighe, J. (2000). *Understanding by design.* New York: Prentice Hall.

Wiliam, D. (2005, April). *Measuring "intelligence": What can we learn and how can we move forward?.* Paper presented at the annual meeting of the American Educational Research Association, Montreal,

Quebec, Canada.

Wiliam, D. (2006). Assessment: Learning communities can use it to engineer a bridge connecting teaching and learning. *Journal of Staff Development, 27*(1), 16–20.

Wiliam, D. (2007a). Content then process: Teacher learning communities in the service of formative assessment. In D. B. Reeves (Ed.), *Ahead of the curve: The power of assessment to transform teaching and learning* (pp. 183–204). Bloomington, IN: Solution Tree Press.

Wiliam, D. (2007b). Keeping learning on track: Classroom assessment and the regulation of learning. In F. K. Lester Jr. (Ed.), *Second handbook of research on mathematics teaching and learning* (pp. 1053–1098). Greenwich, CT: Information Age.

Wiliam, D. (2009). An integrative summary of the research literature and implications for a new theory of formative assessment. In H. L. Andrade & G. J. Cizek (Eds.), *Handbook of formative assessment* (pp. 18–90). New York: Taylor & Francis.

Wiliam, D. (2013). *Principled curriculum design.* London: Specialist Schools and Academies Trust.

Wiliam, D. (2016). *Leadership for teacher learning: Creating a culture where all teachers improve so that all students succeed.* West Palm Beach, FL: Learning Sciences International.

Wiliam, D. (in press a). *Creating the schools our children need: Why what we're doing right now won't help much, and what we can do instead.* Cambridge, MA: Harvard Education Press.

Wiliam, D. (in press b). Feedback: At the heart of–but definitely not all of–formative assessment. In A. A. Lipnevich & J. K. Smith (Eds.), *Cambridge handbook of instructional feedback.* Cambridge, England: Cambridge University Press.

Wiliam, D., & Black, P. J. (1996). Meanings and consequences: A basis for distinguishing formative and summative functions of assessment?. *British Educational Research Journal, 22*(5), 537–548.

Wiliam, D., & Leahy, S. (2015). *Embedding formative assessment: Practical techniques for K–12 classrooms.* West Palm Beach, FL: Learning Sciences International.

Wiliam, D., Lee, C., Harrison, C., & Black, P. J. (2004). Teachers developing assessment for learning: Impact on student achievement. *Assessment in Education: Principles, Policy and Practice, 11*(1), 49–65.

Wiliam, D., & Lester, F. K., Jr. (2008). On the purpose of mathematics education research: Making productive contributions to policy and practice. In L. D. English (Ed.), *Handbook of international research in mathematics education* (2nd ed., pp. 32–48). New York: Routledge.

Wiliam, D., & Thompson, M. (2008). Integrating assessment with instruction: What will it take to make it work?. In C. A. Dwyer (Ed.), T*he future of assessment: Shaping teaching and learning* (pp. 53–82). Mahwah, NJ: Erlbaum.

Williamson, M. (1992). *A return to love.* New York: HarperCollins.

Willingham, D. T. (2009). *Why don't students like school?: A cognitive scientist answers questions about how the mind works and what it means for the classroom.* San Francisco: Jossey-Bass.

Wilson, M., & Draney, K. (2004). Some links between large-scale and classroom assessments: The case of the BEAR assessment system. In M. Wilson (Ed.), *Towards coherence between classroom assessment and accountability: The 103rd yearbook of the national society for the study of education, Part II* (pp. 132-154). Chicago: University of Chicago Press.

Winne, P. H. (1996). A metacognitive view of individual differences in self-regulated learning. *Learning and Individual Differences, 8*(4), 327-353.

Winters, M. A., & Cowen, J. M. (2013). Who would stay, who would be dismissed? An empirical consideration of value-added teacher retention policies. *Educational Researcher, 42*(6), 330-337.

Wolff, H., (Writer) & Jackson, M. (Director). (1983). The future is further away than you think [Television series episode]. In M. Jackson (Producer), *Q.E.D.* England: British Broadcasting Company.

Wondratschek, V., Edmark, K., & Frölich, M. (2014). *The short-and long-term effects of school choice on student outcomes-Evidence from a school choice reform in Sweden* (Discussion Paper No. 7898). Bonn, Germany: Institute for the Study of Labor.

Wylie, E. C., & Wiliam, D. (2006, April). *Diagnostic questions: Is there value in just one?* Paper presented at the annual meeting of the National Council on Measurement in Education, San Francisco, CA.

Yeh, S. S. (2006). *Raising student achievement through rapid assessment and test reform.* New York: Teachers College Press.

Yeh, S. S. (2009). The cost-effectiveness of NBPTS teacher certification. *Evaluation Review, 34*(3), 220-241.

찾아보기

저자 소개

딜런 윌리엄(Dylan Wiliam) 박사는 북미, 영국 및 기타 여러 국가에서 교육자들과 함께 활동하며 연구에 기반한 효과적인 형성평가의 실제를 개발하고 안내하는 자문가이다.

런던대학교 교육학연구소 부소장을 역임하였으며, 도시 공립학교에서 가르치고 대규모 시험 프로그램을 관리하며 대학 행정직을 수행하는 등 교육 분야의 최전선에서 다양한 직책을 맡아 왔다. 2003년부터 2006년까지는 프린스턴, 뉴저지에 위치한 ETS(Educational Testing Service)에서 선임 연구 이사로 활동했다.

활동 초기에는 도시 지역의 공립학교에서 물리학과 수학을 가르쳤으며, 이후 런던대학교 첼시칼리지(현재 킹스칼리지 런던의 일부) 교수진에 합류해 수학 분야에서 혁신적인 평가 방안을 개발했고 킹스칼리지 수학교육 프로그램의 지도직을 맡았다. 3년 동안 학교 평가 및 시험 컨소시엄(Consortium for Assessment and Testing in Schools)의 학술 자문으로 활동하며 영국과 웨일스의 국가 교육과정을 위한 다양한 평가 방안을 개발했다. 이후 킹스칼리지로 돌아가 교육대학 학장직을 맡았으며, 대학 부총장직으로 승진했다.

1998년, 폴 블랙(Paul Black)과 함께 형성평가에 대한 주요 연구를 종합한 리뷰 논문을 공동 저술했으며, 이후 영국과 미국에서 많은 교육자와 협력하여 학습을 지원하는 형성평가의 실천 방안을 개발하는 데 힘썼다.

그는 교육학 박사 학위뿐 아니라 수학과 수학교육 분야에서 여러 학위를 가지고 있다. 추가 저술은 www.dylanwiliam.net에서 확인할 수 있으며, X에서 @dylanwiliam을 팔로우하여 소식을 확인할 수 있다.

역자 소개

손원숙(Son WonSuk)

University of Illinois at Urbana-Champaign 교육측정 및 평가 박사
전 한국교육과정평가원 연구위원
현 경북대학교 사범대학 교수

〈주요 역서 및 논문〉
현장 교사를 위한 효과적인 피드백 방법(공역, 학지사, 2020)
교실평가의 원리와 실제: 기준참조수업과의 연계(공역, 교육과학사, 2015)
대학생용 자기평가 수행 척도(K-SaPS) 타당화(한국교육학회, 2023) 외 다수

김동욱(Kim DongUk)

경북대학교 대학원 교육학 박사
현 경북대학교 사범대학 강사, 가은초등학교 교사

〈주요 저서 및 논문〉
예비 교사를 위한 교육심리학(공저, 어가, 2022)
초등학생용 수업의 질 평가 척도 개발 및 타당화(한국교육평가학회, 2020) 외 다수

노현종(Noh HyeonJong)

경북대학교 대학원 교육학 박사
현 경북대학교 사범대학 강사, 대구대청초등학교 수석교사

〈주요 저·역서 및 논문〉
예비 교사를 위한 교육심리학(공저, 어가, 2022)
현장 교사를 위한 효과적인 피드백 방법(공역, 학지사, 2020)
초등학생용 평가에 대한 태도 척도(SATA-Q) 개발 및 타당화(한국교육평가학회, 2018) 외 다수

박상현(Park SangHyeon)

경북대학교 대학원 교육학 박사
현 경북대학교 사범대학 및 대구교육대학교 교육대학원 강사, 사동초등학교 교사

〈주요 저·역서 및 논문〉
예비 교사를 위한 교육심리학(공저, 어가, 2022)
현장 교사를 위한 효과적인 피드백 방법(공역, 학지사, 2020)
Examining Trajectories of Early Adolescents' Life Satisfaction in South Korea Using a Growth Mixture Model(Applied Research in Quality of Life, 2020) 외 다수

당신이 모르던 형성평가 이야기
- 평가는 어떻게 학생의 학습을 돕는가
Embedded Formative Assessment, 2nd Edition

2025년 3월 10일 1판 1쇄 인쇄
2025년 3월 20일 1판 1쇄 발행

지은이 • Dylan Wiliam
옮긴이 • 손원숙 · 김동욱 · 노현종 · 박상현
펴낸이 • 김진환
펴낸곳 • (주) **학지사**
　　　　04031 서울특별시 마포구 양화로 15길 20 마인드월드빌딩
대표전화 • 02-330-5114　　팩스 • 02-324-2345
등록번호 • 제313-2006-000265호

홈페이지 • http://www.hakjisa.co.kr
인스타그램 • https://www.instagram.com/hakjisabook

ISBN 978-89-997-3375-8　93370

정가 18,000원